Grandes pensadores

Grandes pensadores

UM PANORAMA DAS MAIS IMPORTANTES IDEIAS PARA LIDAR
COM OS PRINCIPAIS PROBLEMAS DE NOSSO TEMPO

THE SCHOOL OF LIFE

SEXTANTE

Título original: *Great Thinkers*

Copyright © 2016 por The School of Life
Copyright da tradução © 2018 por GMT Editores Ltda.
Todos os direitos reservados. Nenhuma parte deste livro pode ser utilizada ou reproduzida sob quaisquer meios existentes sem autorização por escrito dos editores.

tradução: Beatriz Medina
preparo de originais: Rafaella Lemos
revisão: Luís Américo e Silvia Rebello (BR75)
projeto gráfico: FLOK, Berlim
ilustrações: Stuart Patience
adaptação de projeto gráfico e diagramação: Valéria Teixeira
capa: Natali Nabekura
impressão e acabamento: Lis Gráfica e Editora Ltda.

CIP-BRASIL. CATALOGAÇÃO NA PUBLICAÇÃO
SINDICATO NACIONAL DOS EDITORES DE LIVROS, RJ

S394g

    The School of Life
       Grandes pensadores / The School of Life ; tradução Beatriz Medina. - 1. ed. - Rio de Janeiro : Sextante, 2023.
       352 p. ; 23 cm.

       Tradução de: Great thinkers
       ISBN 978-65-5564-560-6

       1. Intelectuais - Visão política e social. 2. Cultura - Aspectos sociais. 3. Filosofia. 4. Sociologia. I. Medina, Beatriz. II. Título.

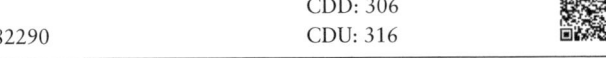

23-82290
       CDD: 306
       CDU: 316

Meri Gleice Rodrigues de Souza - Bibliotecária - CRB-7/6439

Todos os direitos reservados, no Brasil, por
GMT Editores Ltda.
Rua Voluntários da Pátria, 45 – Gr. 1.404 – Botafogo
22270-000 – Rio de Janeiro – RJ
Tel.: (21) 2538-4100 – Fax: (21) 2286-9244
E-mail: atendimento@sextante.com.br
www.sextante.com.br

Sumário

Introdução	7
Filosofia	11
Platão	12
Aristóteles	18
Os estoicos	23
Epicuro	28
Santo Agostinho	32
São Tomás de Aquino	36
Michel de Montaigne	41
La Rochefoucauld	46
Baruch Spinoza	50
Arthur Schopenhauer	55
Georg Hegel	60
Friedrich Nietzsche	66
Martin Heidegger	71
Jean-Paul Sartre	76
Albert Camus	81
Teoria política	87
Nicolau Maquiavel	88
Thomas Hobbes	92
Jean-Jacques Rousseau	96
Adam Smith	100
Karl Marx	105
John Ruskin	114
Henry David Thoreau	120
Matthew Arnold	126
William Morris	131
John Rawls	136
Filosofia oriental	141
Buda	142
Lao-Tsé	146
Confúcio	152
Sen no Rikyū	157
Matsuo Bashō	160

Sociologia	165
São Bento	166
Alexis de Tocqueville	172
Max Weber	182
Émile Durkheim	189
Margaret Mead	195
Theodor Adorno	202
Rachel Carson	207
Psicologia	213
Sigmund Freud	214
Anna Freud	222
Melanie Klein	229
Donald Winnicott	233
John Bowlby	239
Arte e Arquitetura	245
Andrea Palladio	246
Johannes Vermeer	252
Caspar David Friedrich	257
Henri Matisse	262
Edward Hopper	266
Oscar Niemeyer	272
Louis Kahn	277
Coco Chanel	281
Jane Jacobs	286
Cy Twombly	293
Andy Warhol	297
Dieter Rams	303
Christo e Jeanne-Claude	310
Literatura	315
Jane Austen	316
Johann Wolfgang von Goethe	322
Liev Tolstói	330
Marcel Proust	336
Virginia Woolf	342
Créditos	348

Introdução

Este livro reúne o cânone de The School of Life: é nossa seleção dos grandes pensadores nos campos da filosofia, da teoria política, da sociologia, da psicanálise, das artes plásticas, da arquitetura e da literatura que consideramos ter mais a nos oferecer nos dias de hoje.

A ideia de montar um "cânone" pode parecer meio estranha, talvez até opressiva. Parece injusto deixar tanta gente de fora. E, aliás, quem decide? Será que as pessoas que fizeram o cânone não foram tendenciosas?

Admitimos com satisfação que fomos tendenciosos, sim. Por vezes nos ensinaram a pensar mal disso, como se as únicas informações boas fossem as que não trazem absolutamente nenhuma intenção nem desígnio e deixam tudo a cargo do público. Essa ênfase na neutralidade é compreensível. Em termos históricos, sobretudo no século XX, houve muitas tendências ruins por aí. Mas, em última análise, acreditamos que a meta não é ser completamente imparcial, mas apresentar tendências "boas", ou seja, que favoreçam uma seleção de pensadores que nos apontem ideias valiosas e importantes. Em The School of Life, temos uma forte inclinação a favor da inteligência emocional e do uso da cultura como ferramenta de conforto e esclarecimento.

Temos algumas opiniões bastante específicas sobre o que coloca alguém na categoria de "grande" pensador. Em geral, grandes pensadores são incluídos em obras enciclopédicas com base em sua reputação: faz-se uma lista dos nomes mais influentes e das ideias que moldaram de forma mais memorável o mundo intelectual. No entanto, temos em mente um objetivo diferente: queremos descobrir quais ideias nos ajudam a lidar com alguns dos principais problemas de nossa época. Para nós, o "grande" pensador é aquele cujas ideias têm maior probabilidade de serem úteis para nossa vida hoje.

Por ser necessariamente muito seletivo, um cânone está sempre vulnerável a ataques. Porém temos uma visão otimista da seleção, que é uma necessidade simplesmente inescapável num mundo rico em informações. O ideal não é evitar sermos seletivos; o real desafio é tentarmos ser seletivos da melhor maneira possível. Aos nossos olhos, isso significa escolher pensadores que possam esclarecer algumas das maiores dificuldades que enfrentamos em nossa vida política, profissional e pessoal. Não somos historiadores que recuperam ideias pelas ideias; somos filósofos aplicados buscando conceitos intelectuais que possam ser colocados em ação aqui e agora.

Trabalhamos muito para fazer os pensadores deste livro soarem simples, fáceis e (esperamos) fascinantes. No passado, muitos deles foram presos numa armadilha cruel. Eles tinham a dizer coisas imensamente relevantes e importantes. Mas o *modo* como o fizeram garantiu que não fossem ouvidos. Como seus livros eram um pouco densos demais, algumas de suas ideias soaram estranhas e muitos dos seus conceitos fundamentais ficaram sujeitos a se perder em meio a uma confusão de informações secundárias. Eis os princípios que usamos para selecionar as ideias de cada pensador que consideramos mais importantes:

- Apenas umas poucas coisas ditas por qualquer mente, por maior que seja, têm alguma probabilidade de ter importância crucial e duradoura.

- Esses pontos-chave são separáveis do corpo completo da obra de um pensador.

- Somos criaturas dadas ao esquecimento e sujeitas à pressão do tempo. Tendemos a esquecer os detalhes tortuosos de uma discussão prolongada e complexa. Assim, precisamos que as mensagens centrais sejam explicadas de forma simples e memorável.

- Apesar do que nos diz a cultura acadêmica, o contexto não é decisivo. Verdades importantes podem ser encontradas em lugares estranhos e ser retiradas deles; podem estar na China do século III, num salão aristocrático de Paris do século XVIII ou na casinha de uma aldeia alpina do século XIX. Porém o que sempre importa no final é o que elas podem fazer por nós hoje.

- É um paradoxo trágico que certas maneiras de mostrar reverência pelos grandes pensadores acabem impedindo que eles tenham algum impacto no mundo – o extremo oposto do que uma reverência busca obter. Ser um pouco informal com os grandes pensadores é a maior homenagem que podemos prestar a eles.

- Nosso fio condutor é o de que grandes ideias deveriam ser amplamente conhecidas e desempenhar um papel em nossa vida.

Dito isso, reconhecemos que há um receio justificado em relação à "simplificação". Esse receio – alimentado pelo mundo acadêmico – é de que, ao simplificar, iremos inevitavelmente trair e omitir o que realmente importa. Entendemos essa ansiedade, mas não queremos deixá-la triunfar, pois também temos consciência do perigo de lhe dar ouvidos em excesso. A complexidade desnecessária pode fazer com que boas ideias sejam totalmente ignoradas. Achamos que as verdades importantes sobre como deveríamos levar a vida são capazes de receber uma formulação popular. Somos contra a visão trágica de que o que é importante está condenado a ser sempre impopular ou incompreensível para a maioria dos cidadãos.

A popularização, sob nosso ponto de vista, é uma tarefa nobre e grandiosa, principalmente num mundo democrático voltado aos consumidores, onde a cultura de elite mais ou menos perdeu influência. É isso que torna reais as ideias na vida de uma sociedade. E, de qualquer modo, nossa vida nunca é inteiramente livresca ou intelectual. Somos sempre impelidos por pensamentos objetivos que sirvam como guias para nossa conduta e, em certa medida, dependemos deles. São essas as ideias que importam para o desenvolvimento cotidiano de uma comunidade. O preciosismo pode ser a ruína dos melhores conceitos.

Até hoje, o mundo moderno deixou o estudo e a transmissão das ideias culturais principalmente a cargo dos departamentos de humanidades das universidades. Seu foco principal tem sido tentar entender o valor dos grandes pensadores em si e por si. Aqui, de modo um tanto herético, fazemos algo bem diferente: queremos saber o que eles podem fazer por *nós*.

Garimpamos a história para trazer a você as ideias que consideramos ter maior relevância para o nosso tempo. Teremos sido bem-sucedidos se, nos dias e anos por vir, você se flagrar recorrendo a elas para esclarecer os dilemas e as tristezas da vida cotidiana.

Filosofia

Platão

c.428-c.348 a.C.

Atenas, 2.400 anos atrás. É um lugar compacto, cerca de 250 mil pessoas moram ali. Há belos banhos públicos, teatros, templos, mercados com arcadas e ginásios. A arte prospera, a ciência também. É possível conseguir peixes excelentes no porto do Pireu. Faz calor durante mais da metade do ano.

Esse também é o lar do primeiro filósofo verdadeiro – e provavelmente o maior – do mundo: Platão.

Nascido numa família rica e proeminente da cidade, Platão dedicou a vida a um só objetivo: ajudar as pessoas a atingirem um estado que chamava de εὐδαιμονία, ou *eudaimonia*.

Essa palavra grega peculiar e fascinante é um pouco difícil de traduzir. Quase significa "felicidade", mas na verdade está mais próxima de "satisfação", porque "felicidade" sugere uma alegria efusiva contínua, enquanto "satisfação" é mais compatível com períodos de grande dor e sofrimento – que parecem ser parte inevitável até mesmo de uma vida boa.

Como Platão propunha tornar as pessoas mais satisfeitas? Quatro ideias centrais se destacam em sua obra:

1. Pense mais

Platão propunha que, em grande medida, nossa vida dá errado porque quase nunca dedicamos o tempo necessário a pensar meticulosa, suficiente e logicamente sobre nossos planos. Então acabamos tendo valores, carreiras e relacionamentos errados. Platão queria trazer ordem e clareza à nossa mente.

Ele observou que muitas das ideias que temos provêm do que a maioria das pessoas pensa – o que os gregos chamavam de "doxa" e nós chamamos de "senso comum". E repetidamente, nos 36 livros que escreveu, Platão demonstrou que o senso comum está eivado de erros, preconceitos e superstições. Ideias populares sobre amor, fama, dinheiro e bondade simplesmente não passam pelo crivo da razão.

Platão também notou como as pessoas se orgulhavam de ser guiadas pelos próprios instintos ou paixões (tomando decisões impulsivas com base apenas "na maneira como se sentiam") e comparou essa situação a ser perigosamente arrastado por uma parelha de cavalos selvagens vendados.

Como Freud ficou satisfeito em reconhecer, Platão foi o inventor da terapia, insistindo que aprendêssemos a submeter todos os nossos pensamentos e sentimentos à razão. Como escreveu várias vezes, a essência da filosofia se resume a um comando: γνῶθι σεαυτόν – "conheça a si mesmo".

2. Ame com mais sabedoria

Platão é um dos grandes teóricos dos relacionamentos. Seu livro *O banquete* é uma tentativa de explicar o que o amor realmente é. Nele conta-se a história de um jantar oferecido por Agatão, um belo poeta, que convida um grupo de amigos para comer, beber e falar sobre o amor.

Os convidados têm opiniões diferentes sobre o que é o amor. Platão atribui a seu velho amigo Sócrates – um dos principais personagens desse e de todos os seus livros – uma teoria muito útil e interessante. É mais ou menos assim: quando você se apaixona, o que realmente acontece é que vê na outra pessoa alguma boa qualidade que você não tem. Talvez o outro se mantenha calmo quando você fica agitado; ou seja disciplinado, enquanto você é bagunçado; ou seja eloquente, enquanto você tem dificuldade em se expressar.

A fantasia por trás do amor é a de que, ao se aproximar da outra pessoa, você pode vir a ser um pouco como ela é. Ela pode ajudá-lo a realizar o seu pleno potencial.

Aos olhos de Platão, o amor é essencialmente um tipo de educação: você não poderia realmente amar alguém se não quisesse ser aperfeiçoado por esse alguém. O amor deveria se resumir a duas pessoas tentando amadurecer juntas – e ajudando uma à outra a crescer. Isso significa que você precisa se unir a alguém que contenha um pedacinho fundamental que falta à sua evolução: as virtudes que você não tem.

Hoje em dia isso soa esquisitíssimo, pois, em nossa interpretação, tendemos a achar que amar é encontrar alguém perfeito exatamente como é. No calor das discussões, os amantes às vezes dizem um ao outro: "Se você me amasse de verdade, não tentaria me mudar."

Platão pensa de forma diametralmente oposta. Ele quer que entremos nos relacionamentos de um modo muito menos combativo, com menos orgulho. Deveríamos aceitar que estamos em construção e permitir que nossos amantes nos ensinem algumas coisas. Um bom relacionamento tem que significar que não amaremos o outro exatamente como ele é. Trata-se de comprometer-se a ajudar o outro a se tornar a melhor versão de si mesmo, de suportar os períodos tempestuosos que isso inevitavelmente envolve e de não resistir às tentativas do outro para nos aperfeiçoar.

3. A importância da beleza

Praticamente todo mundo gosta de coisas bonitas. Mas costumamos considerar um pouco misterioso o poder que elas exercem sobre nós e, numa perspectiva mais ampla, achar que a beleza não é algo tão importante assim.

Porém Platão sugeria que importa muito o tipo de casa, templo, panela ou escultura que temos à nossa volta.

Ninguém antes dele havia feito a pergunta fundamental: por que gostamos de coisas bonitas? E Platão encontrou uma razão fascinante: isso acontece porque reconhecemos nelas uma parte do "bem".

Existem muitas coisas boas a que aspiramos ser: bondosos, gentis, harmoniosos, equilibrados, calmos, fortes, dignos. Essas são qualidades das pessoas. Mas também são qualidades dos objetos. Ficamos comovidos e emocionados quando encontramos nos objetos as qualidades de que precisamos e que faltam em nossa vida.

Portanto os objetos belos têm uma função importantíssima. Eles nos convidam a evoluir em sua direção, a nos tornarmos como eles são. A beleza pode educar a alma.

E isso implica que a feiura também é coisa séria, pois desfila diante de nós características perigosas e corrompidas. Ela nos estimula a ser como ela é – descuidada, caótica, grosseira –, tornando muito mais difícil ser sábio, bondoso e calmo.

Platão considera a arte terapêutica: é dever dos poetas e pintores (e, hoje, de romancistas, produtores de televisão e designers) nos ajudar a ter uma vida boa.

Ele acreditava na censura das artes. Não é o paradoxo que parece. Se os artistas podem nos ajudar a viver bem, infelizmente também podem dar prestígio e um ar de glamour a atitudes e ideias imprestáveis. O fato de alguém ser um artista não garante que o poder da arte será usado sabiamente.

É por isso que Platão acreditava que os artistas deveriam trabalhar sob o comando de filósofos que lhes dariam as ideias certas e lhes pediriam que as tornassem convincentes e populares. A arte deveria ser um tipo de propaganda – ou publicidade – do bem.

4. Mudando a sociedade

Platão passou muito tempo pensando em como o governo e a sociedade idealmente deveriam ser. Ele foi o primeiro pensador utópico do mundo.

Nisso, inspirou-se na grande rival de Atenas: Esparta. A cidade era uma verdadeira máquina de produzir excelentes soldados. Tudo que os espartanos faziam – o modo de criar os filhos, a organização da economia, as pessoas que admiravam, o modo de fazer sexo, o que comiam – tinha em vista esse único objetivo. E Esparta era imensamente bem-sucedida do ponto de vista militar.

Mas não era com isso que Platão estava preocupado. Ele queria saber como uma sociedade poderia ser eficiente não em produzir soldados, mas *eudaimonia*. Como confiavelmente ajudar as pessoas na direção da satisfação?

No livro *A república*, Platão identifica algumas mudanças que deveriam ser feitas:

a. Precisamos de novos heróis
A sociedade ateniense dedicava muito prestígio aos ricos, como o aristocrata decadente Alcibíades, e às celebridades do esporte, como o lutador Mílon de Crotona. Nada disso impressionava Platão; é importante saber

bem quais pessoas admiramos, pois as celebridades influenciam nossa mentalidade, nossas ideias e nossa conduta. E heróis ruins dão um ar de glamour a falhas de caráter.

Portanto Platão queria dar a Atenas novas celebridades e substituir a safra da época por pessoas idealmente sábias e boas, a quem chamava de "guardiões": exemplos de conduta para o bom desenvolvimento de todos. Essas pessoas se distinguiriam por seu histórico de serviços prestados ao público, pelo recato, pelos hábitos simples, pelo desagrado com as luzes da fama e pela experiência ampla e profunda. Seriam as pessoas mais homenageadas e admiradas da sociedade.

b. Precisamos de censura

Hoje a censura nos deixa apreensivos. Porém Platão tinha medo do tipo errado de liberdade: Atenas era um território livre para os piores vendedores de opiniões. Noções religiosas malucas e ideias enganosamente boas (mas na verdade perigosas) sugavam o entusiasmo das massas e levavam Atenas a governos desastrosos e guerras desaconselháveis (como um fatídico ataque a Esparta).

Para Platão, a exposição constante a uma tempestade de vozes confusas é péssima para nós, razão por que ele queria limitar as atividades de oradores públicos e pregadores perigosos. Hoje em dia, ele veria com maus olhos o poder dos meios de comunicação de massa.

c. Precisamos de uma educação melhor

Platão acreditava apaixonadamente na educação, mas queria reformar a grade curricular. O principal não é aprender apenas matemática ou ortografia, mas a sermos bons: precisamos aprender a ter coragem, autocontrole, sensatez, independência e calma.

Para colocar isso em prática, Platão fundou em Atenas uma escola chamada Academia, que prosperou durante mais de 400 anos. As pessoas iam para lá simplesmente aprender a viver e morrer bem.

É fascinante e mesmo triste que as modernas instituições acadêmicas tenham banido essa ambição. Se um estudante aparecesse na Universidade de Oxford ou em Harvard querendo aprender a viver, os professores chamariam a polícia – ou o hospício.

d. Precisamos de uma infância melhor

As famílias fazem o melhor que podem. E às vezes as crianças dão sorte.

Os pais são equilibrados, bons mestres, confiáveis, maduros e sábios. Mas é muito comum que os pais transmitam aos filhos suas confusões e seus defeitos.

Platão achava que criar bem os filhos era uma das habilidades mais difíceis (e mais necessárias) de aprender. Ele era extremamente solidário à criança cujo desenvolvimento é afetado pelo ambiente doméstico errado.

Assim, propunha que, na verdade, seria melhor para muitas crianças aprender a ver a vida não com os próprios pais, mas com guardiões sábios e pagos pelo Estado. Ele recomendava que uma porção considerável da geração seguinte fosse criada por pessoas mais qualificadas que os próprios pais.

Conclusão

As ideias de Platão continuam profundamente fascinantes e provocadoras. O que as une são a ambição e o idealismo. Ele queria que a filosofia fosse uma ferramenta para nos ajudar a mudar o mundo. Deveríamos continuar nos inspirando em seu exemplo.

Aristóteles

384-322 a.C.

Aristóteles nasceu em meados de 384 a.C., no antigo reino grego da Macedônia, onde seu pai era médico real. Ele cresceu e se tornou o filósofo mais influente que já existiu, com apelidos modestos como "o mestre" ou simplesmente "o filósofo". Uma de suas maiores realizações foi ser o tutor de Alexandre, o Grande, que pouco depois de receber suas orientações saiu numa jornada para conquistar todo o mundo conhecido.

Aristóteles estudou em Atenas, trabalhou vários anos com Platão e depois seguiu o próprio caminho. Fundou um centro de pesquisa e ensino chamado Liceu. As escolas secundárias francesas, chamadas de *lycées*, receberam o nome em homenagem a esse empreendimento. Ele gostava de andar enquanto ensinava e discutia ideias. Seus seguidores eram então conhecidos como peripatéticos (errantes). Seus vários livros são, na verdade, anotações de aulas.

Aristóteles era fascinado pelo modo como as coisas funcionam. Como um embrião de galinha se desenvolve dentro do ovo? Como a lula se reproduz? Por que uma planta cresce bem num lugar, mas não em outro?

E, o mais importante, o que faz a vida humana e a sociedade como um todo correrem bem? Para Aristóteles, a filosofia tratava da sabedoria prática. Eis quatro grandes questões filosóficas a que respondeu:

1. O que torna as pessoas felizes?

Em *Ética a Nicômaco* – que recebeu esse nome porque foi organizado por seu filho Nicômaco –, Aristóteles se entregou à tarefa de identificar os fatores que levavam as pessoas a terem uma vida boa ou não. Ele sugeriu que todas as pessoas boas e bem-sucedidas têm virtudes bem definidas e propôs que deveríamos nos aperfeiçoar em identificar essas virtudes para podermos cultivá-las em nós e honrá-las nos outros.

Aristóteles também observou que toda virtude parece estar bem no meio entre dois vícios, ocupando o meio-termo entre dois extremos de caráter. Por exemplo, no quarto livro de sua *Ética*, sob o título encantador de "Virtudes e vícios conversacionais", Aristóteles examina de que modo as pessoas são melhores ou piores ao conversarem umas com as outras – bufonaria, sagacidade, grosseria.

Aristóteles reconhecia que saber manter uma boa conversa é um dos ingredientes principais da vida boa. Alguns erram por lhes faltar um senso de humor sutil; esse é o chato, "inútil para qualquer espécie de intercâmbio social, pois em nada contribui e em tudo acha razão para se ofender". Mas outros levam o humor ao excesso: "o bufão não consegue resistir a uma piada e não poupa a si mesmo nem aos outros, dizendo coisas que um homem de tato jamais sonharia falar." Assim, o virtuoso é quem fica no meio-termo: alguém que é espirituoso mas tem tato.

Num exame fascinante de personalidades e comportamentos, Aristóteles analisa "a deficiência", "o excesso" e "o meio-termo" em relação a uma série de virtudes. Não podemos mudar nosso comportamento de uma hora para outra em nenhuma dessas áreas, mas a mudança é possível com o tempo. O bem moral, diz Aristóteles, é um resultado do hábito. Exige tempo, prática, incentivo. Assim, Aristóteles acha que uma pessoa a quem faltem virtudes deveria ser considerada desafortunada, não perversa. Ela não precisa passar por descomposturas nem ser jogada na prisão, mas encontrar professores melhores e ter mais orientação.

2. Para que serve a arte?

Na época de Aristóteles, a arte campeã de público era a tragédia. Os atenienses assistiam a peças violentas em festivais que eram realizados em imensos teatros ao ar livre. Ésquilo, Eurípides e Sófocles eram nomes conhecidos por todos. Aristóteles escreveu um manual sobre como criar boas peças: a *Poética*. Esse livro está repleto de ótimas dicas. Por exemplo: ao escrever uma peça, não podemos esquecer de incluir *peripécias*, mudanças da fortuna nas quais, para o herói, a situação passa de ótima a horrível. Nem da *anagnórise*, o momento da revelação dramática em que o herói de repente reconhece que sua vida está indo por um caminho muito errado e que é, de fato, uma *catástrofe*.

Mas para que realmente serve a tragédia? Por que razão uma comunidade inteira se reúne para assistir às coisas horríveis que acontecem aos protagonistas? Édipo, na peça de Sófocles, mata o próprio pai sem querer, se casa com a mãe, descobre que fez tudo isso e arranca os olhos por remorso e desespero. A resposta de Aristóteles é a *catarse*, um tipo de purificação: a gente se livra de algo ruim. Nesse caso, purificação das emoções – especificamente de nossa confusão em torno dos sentimentos de medo e piedade.

Tabela de virtudes e vícios

Esfera da ação e da emoção	Excesso	Meio-termo	Deficiência
Medo e confiança	Temeridade *thrasytēs*	Coragem *andreia*	Covardia *deilia*
Prazer e dor	Licenciosidade *akolasia*	Temperança *sōphrosynē*	Insensibilidade *anaisthēsia*
Ganhos e gastos (menor)	Prodigalidade *asōtia*	Liberalidade *eleutheriotēs*	Iliberalidade *aneleutheria*
Ganhos e gastos (maior)	Vulgaridade *apeirokalia, banausia*	Magnificência *megaloprepeia*	Mesquinhez *mikroprepeia*
Honra e desonra (maior)	Vaidade *chaunotēs*	Magnanimidade *megalopsūchia*	Pusilanimidade *mikropsūchia*
Honra e desonra (menor)	Ambição *philotimia*	Ambição adequada	Falta de ambição *aphilotimia*
Raiva	Irascibilidade *orgilotēs*	Paciência *prāotēs*	Falta de ânimo *aorgēsia*
Autoexpressão	Jactância *alazoneia*	Veracidade *alētheia*	Autodepreciação *eirōneia*
Conversação	Bufonaria *bōmolochia*	Sagacidade *eutrapelia*	Grosseria *agroikia*

Esfera da ação e da emoção	Excesso	Meio-termo	Deficiência
Conduta social	Obsequiosidade *areskeia* Lisonja *kolakeia*	Amistosidade *philia (?)*	Mau humor *duskolia (duseris)*
Vergonha	Timidez *kataplēxis*	Recato *aidōs*	Falta de vergonha *anaischuntia*
Indignação	Inveja *phthonos*	Indignação justa *nemesis*	Diversão maliciosa *epichairekakia*

Costumamos encontrar problemas nessa área: temos o coração duro, não demonstramos piedade quando ela é merecida e tendemos a exagerar o medo ou a não ficar suficientemente amedrontados. A tragédia nos lembra que coisas terríveis podem acontecer a pessoas decentes, inclusive a nós. Uma pequena falha pode representar a destruição de uma vida inteira. Portanto deveríamos ter mais piedade e compaixão daqueles que cometem ações desastrosas. Precisamos reaprender, coletiva e regularmente, essas verdades fundamentais. A tarefa da arte, do ponto de vista de Aristóteles, é fazer as verdades profundas da vida permanecerem vivas em nossa mente.

3. Para que servem os amigos?

Nos livros 8 e 9 da *Ética a Nicômaco*, Aristóteles identifica três tipos de amizade. Há aquela que surge quando as pessoas estão buscando diversão e seu principal interesse é o próprio prazer e a oportunidade do momento, que o outro oferece. Também há amizades que, na verdade, são contatos estratégicos, em que as pessoas têm prazer com a companhia do outro apenas na medida em que têm esperança de se aproveitar disso.

E há o amigo verdadeiro. Não é alguém que simplesmente se parece com você; é alguém que não é você, mas com quem você se preocupa tanto quanto se preocupa consigo mesmo. As tristezas do verdadeiro amigo são suas. As alegrias dele são suas. Isso deixa você mais vulnerável, caso algo aconteça a essa pessoa. Mas também é imensamente fortalecedor. Você se alivia da pequenez de seus próprios pensamentos e preocupações e se expande em direção à vida do outro. Juntos, vocês ficam maiores, mais inteligentes, mais resilientes, mais justos. Vocês compartilham as virtudes e anulam os defeitos um do outro. A amizade nos ensina o que devemos ser. De forma praticamente literal, é a melhor parte da vida.

4. Como transmitir ideias num mundo tão agitado?

Como muita gente, Aristóteles se espantava com o fato de que o melhor argumento nem sempre vence o debate nem ganha apoio popular. Ele queria saber por que isso acontece e o que fazer para resolver. Para tal, teve muitas oportunidades de observação. Em Atenas, muitas decisões eram tomadas em assembleias públicas, geralmente na Ágora, a praça da cidade, e os oradores competiam entre si para influenciar a opinião popular.

Aristóteles mostrou que plateias e indivíduos são influenciados por muitos fatores, sem se ater estritamente à lógica e aos fatos em questão. É enlouquecedor e muita gente séria não suporta esse fato, por isso evita o espaço público e o debate popular. Aristóteles era mais ambicioso. Ele inventou o que até hoje chamamos de retórica: a arte de fazer os outros concordarem conosco. Ele queria que pessoas ponderadas, sérias e bem-intencionadas aprendessem a ser convincentes, a atingir aqueles que ainda não concordavam com elas.

Ele aponta algumas questões atemporais: é preciso apaziguar o medo dos outros, é preciso ver o lado emocional da questão – o orgulho de alguém está em jogo?; alguém está constrangido? – e então contorná-lo. É preciso fazer graça, porque o tempo de atenção é curto, e talvez seja necessário usar exemplos e ilustrações para dar vida à sua posição.

Somos alunos atentos de Aristóteles. Hoje, a filosofia não nos parece a mais prática das atividades, talvez porque, recentemente, não tenhamos dado atenção suficiente a este grande pensador.

Os estoicos

O estoicismo foi uma filosofia que floresceu na antiguidade grega e romana por mais ou menos 400 anos, com apoio generalizado entre todas as classes da sociedade. Ele tinha uma ambição muito grande e extremamente prática: ensinar às pessoas a manterem a calma e a bravura diante das maiores dores e angústias.

Ainda prestamos tributo a essa escola filosófica sempre que chamamos de "estoica" a pessoa que se mostra forte e resignada nos momentos difíceis: quando perde a chave, quando é humilhada no trabalho, rejeitada no amor ou cai em desgraça na sociedade. Dentre todas as filosofias, o estoicismo talvez continue a ser a mais relevante e útil em nossos tempos incertos e inquietantes.

Muitas centenas de filósofos praticaram o estoicismo, mas dois personagens se destacam como nossos melhores guias: Sêneca (4 a.C.-65 d.C.), político e escritor romano, tutor de Nero; e Marco Aurélio (121-180 d.C.), o bondoso e magnânimo imperador romano (que filosofava nas horas livres enquanto combatia as hordas germânicas nos limites do império). Até os dias de hoje sua obra é extremamente legível e muito consoladora, ideal para noites insones, viveiros ideais para paranoias e terrores desenfreados.

O estoicismo pode nos ajudar a lidar com quatro problemas especificamente:

1. Ansiedade

A qualquer momento muitas coisas terríveis podem acontecer. A forma como costumam tentar nos animar quando estamos tomados de ansiedade é dizer que, no fim das contas, tudo ficará bem: o e-mail constrangedor talvez não seja descoberto, as vendas ainda podem melhorar, pode ser que não haja nenhum escândalo...

Mas os estoicos se opõem veementemente a essa estratégia por acreditarem que a ansiedade prospera na lacuna entre o que *tememos* que aconteça e o que *esperamos* que aconteça. Quanto maior a lacuna, maiores as oscilações e perturbações do humor.

Para recuperar a calma, precisamos esmagar de maneira sistemática e inteligente até o último vestígio de esperança. Em vez de nos tranquilizar com histórias otimistas, os estoicos propunham que é muito melhor aceitar corajosamente a pior das hipóteses – e então ficar totalmente à vontade com ela. Quando olhamos nossos medos frente a frente e imaginamos como seria a vida se eles se realizassem, chegamos a uma percepção crucial: *nós suportaríamos.* Mesmo que tenhamos que ir para a prisão, que percamos todo o nosso dinheiro, que sejamos publicamente envergonhados, que a pessoa amada nos deixe ou que o tumor seja maligno (os estoicos acreditavam piamente no suicídio).

Em geral, não ousamos fazer mais do que vislumbrar as horríveis eventualidades com os olhos bem fechados. Assim, elas mantêm um domínio sádico sobre nós. Em vez disso, como disse Sêneca: "Para reduzir tua preocupação, supõe que o que temes certamente *acontecerá*." Ao amigo torturado pelo terror de ser preso, Sêneca respondeu sem rodeios: "A prisão será sempre suportada por quem entendeu corretamente a existência."

Os estoicos sugeriam que reservássemos um tempo para treinar as piores hipóteses. Por exemplo, deveríamos marcar uma semana por ano em que só comeríamos pão velho e dormiríamos no chão da cozinha com apenas um cobertor para pararmos de ter tanto medo de sermos demitidos ou presos.

Então perceberíamos, como diz Marco Aurélio, que "é preciso muito pouco para uma vida feliz".

Toda manhã, o bom estoico realizará a *præmeditatio*: uma antecipação de todas as coisas pavorosas que podem ocorrer nas horas que virão. Nas palavras endurecedoras de Sêneca: "Mortal nasceste, mortais deste à luz. Então conta com tudo, espera que tudo te aconteça."

O estoicismo é nada menos que um ensaio elegante e inteligente da catástrofe.

2. Fúria

Ficamos zangados, principalmente com os políticos e com nossos parceiros e filhos. Quebramos coisas e magoamos os outros. Os estoicos consideravam perigoso se entregar à raiva, mas, principalmente, algo estúpido a se fazer, pois, em sua análise, as explosões de fúria têm apenas uma causa: a visão incorreta da existência. Elas são os frutos amargos da ingenuidade.

Do ponto de vista estoico, a raiva é causada pelo choque violento entre esperança e realidade. Não gritamos sempre que algo triste nos acontece; só quando é triste *e* inesperado. Para sermos mais calmos, portanto, temos que aprender a esperar muito menos da vida. *É claro* que as pessoas que amamos vão nos decepcionar, *naturalmente* nossos colegas vão falhar conosco, *inevitavelmente* nossos amigos vão mentir para nós... Nada disso deveria ser surpresa. Essas situações podem nos deixar tristes. Mas, se formos estoicos, nunca deveriam nos deixar com raiva.

A pessoa sábia deve ter como meta alcançar um estado em que simplesmente nada possa perturbar sua paz de espírito de uma hora para outra. Todas as tragédias já devem ter sido avaliadas de antemão. "Que necessidade há de chorar por partes da vida? A vida inteira pede lágrimas", ponderou Sêneca.

3. Paranoia

É fácil pensar que fomos escolhidos para sofrer coisas terríveis. E nos perguntamos por que elas aconteceram justamente com a gente. Depois nos dilaceramos com culpa ou destilamos veneno amargo contra o mundo.

Os estoicos esperam que não façamos nem uma coisa nem outra: pode não ser culpa nossa nem de ninguém. Embora não religiosos, os estoicos eram fascinados por Fortuna, a deusa romana da sorte, que consideravam a metáfora perfeita do destino. Fortuna, que tinha santuários espalhados por todo o império, era popularmente considerada a controladora do destino dos seres humanos e vista como uma mistura apavorante e aleatória de generosidade, capricho e malícia. Nada de meritocracia. Ela era representada segurando, numa das mãos, uma cornucópia cheia de coisas boas (dinheiro, amor, etc.) e, na outra, uma cana de leme, pronta para mudar o rumo da sua vida. Dependendo do humor, ela poderia lhe arranjar um emprego perfeito ou um lindo relacionamento e, no minuto seguinte, simplesmente porque teve vontade, faria você morrer engasgado com uma espinha de peixe.

Para o estoico, uma prioridade urgente é respeitar o fato de que grande parte da vida sempre estará nas mãos desse personagem desatinado. "Não há nada que Fortuna não ouse fazer", avisou Sêneca.

Entender isso com antecedência deve fazer com que desconfiemos do sucesso e sejamos gentis com nós mesmos quando fracassamos. Em todos os sentidos, não merecemos quase nada do que recebemos.

A tarefa do sábio, portanto, é nunca acreditar nos dons da fortuna: fama, dinheiro, poder, amor, saúde; nada disso é nosso. Nossa relação com eles deve ser o tempo todo leve e de profunda cautela.

4. Perda da perspectiva

Naturalmente exageramos nossa importância. Os incidentes da nossa vida parecem muito grandes, pairando sobre nossa visão de mundo. Então ficamos estressados e em pânico, praguejamos e atiramos coisas no outro lado do cômodo.

Vista da região de formação de estrelas S106, Telescópio Hubble, NASA

Para recuperar a compostura, precisamos regularmente nos reduzir a nossos próprios olhos. Temos que abrir mão da ilusão muito normal, mas muito perturbadora, de que o que fazemos e quem somos realmente importa.

Os estoicos eram ótimos astrônomos e recomendavam a contemplação do céu a todos os estudantes de filosofia. Ao caminhar num fim de tarde, olhe para cima e veja os planetas Vênus e Júpiter brilhando à medida que o céu escurece. Quando o crepúsculo se aprofundar, você verá algumas estrelas e constelações – Aldebarã, Andrômeda, Áries e muitas outras. É um indício da extensão inimaginável do espaço ao longo do sistema solar, da galáxia e do cosmo. Essa visão tem um efeito calmante que os estoicos reverenciavam, pois, contra esse pano de fundo, percebemos que nenhum dos nossos problemas, decepções e esperanças tem relevância.

Nada que nos aconteça ou que façamos tem qualquer consequência de uma perspectiva cósmica. Ainda bem.

Conclusão

Precisamos dos estoicos mais do que nunca. Todos os dias nos vemos diante de situações que eles compreendiam e para as quais queriam nos preparar.

Seus ensinamentos são sombrios e graves, mas, ao mesmo tempo, profundamente consoladores e, em certos momentos, até mesmo engraçados.

Eles nos convidam a nos sentirmos heroicos e desafiadores em face dos nossos muitos problemas.

Como Sêneca nos lembrava, aludindo à possibilidade do suicídio: "Olha teus pulsos. Neles, a qualquer momento, está a liberdade."

Para contrabalançar o otimismo ingênuo e irritantemente alegre de nossa época, não há nada melhor do que a sabedoria calmante e agridoce desses antigos sábios.

Epicuro

341-270 a.C.

O antigo filósofo grego Epicuro nasceu em 341 a.C. na ilha de Samos, a alguns quilômetros do litoral da moderna Turquia. Ele tinha uma barba compridíssima, escreveu mais de 300 livros e foi um dos filósofos mais famosos de seu tempo.

O que o tornou famoso foi seu foco hábil e implacável num tema específico: a *felicidade*. Antes, os filósofos queriam saber como ser bom; Epicuro insistia que queria se concentrar em como ser *feliz*.

Poucos filósofos tinham admitido seus interesses de forma tão franca e sensata. Isso chocou muita gente, principalmente quando souberam que Epicuro abrira uma escola de felicidade chamada "O jardim". A ideia do que acontecia lá dentro era, ao mesmo tempo, chocante e profundamente excitante. Alguns epicuristas insatisfeitos vazaram informações sobre o que acontecia na escola, o que foi muito prejudicial. Timócrates disse que Epicuro tinha que vomitar duas vezes por dia porque passava todo o tempo num sofá sendo alimentado com peixes e carnes caras por um grupo de escravos. E Diótimo, o estoico, publicou 50 cartas obscenas, que afirmou terem sido escritas por Epicuro a alguns alunos jovens quando estava bêbado e sexualmente obcecado. É devido a essas fofocas que às vezes, ainda hoje, usamos o adjetivo "epicurista" para descrever luxo e decadência.

Mas essas associações são infundadas. A verdade sobre Epicuro é muito menos fabulosa, mas muito mais interessante. O filósofo grego realmente se concentrava em felicidade e prazer, mas não tinha nenhum interesse em orgias e refeições caras. Ele só possuía dois mantos e vivia de pão, azeitonas e, como guloseima ocasional, uma ou outra fatia de queijo. Depois de estudar a felicidade com paciência durante muitos anos, Epicuro chegou a um conjunto de conclusões notáveis e revolucionárias sobre o que realmente necessitamos para sermos felizes, conclusões totalmente contrárias aos pressupostos de sua época – e da nossa.

Epicuro propôs que, normalmente, cometemos três erros ao pensar sobre a felicidade:

1. Pensamos que precisamos de relacionamentos românticos

Naquela época, assim como hoje, as pessoas eram obcecadas pelo amor. Mas Epicuro observou que felicidade e amor (quanto mais o casamento) quase nunca andam juntos. Há ciúme, mal-entendidos e amargura demais. O sexo é sempre complicado e raramente está em harmonia com a afeição. Seria melhor, concluiu, nunca apostar muito nos relacionamentos. Por outro lado, ele observou que a maioria das amizades é gratificante: nelas somos bem-educados, buscamos o consenso, não somos possessivos nem repreendemos ou censuramos. Mas o problema é que não vemos os amigos com frequência suficiente. Deixamos o trabalho e a família assumirem a prioridade. Não temos tempo. Eles moram longe demais.

2. Pensamos que precisamos de muito dinheiro

Naquela época, assim como hoje, as pessoas eram obcecadas pela carreira, motivadas pelo desejo de dinheiro e aplauso. Mas Epicuro enfatizava as dificuldades do trabalho: a inveja, as fofocas, as ambições frustradas.

Ele acreditava que, para o trabalho ser realmente satisfatório, precisamos trabalhar sozinhos ou em grupos bem pequenos e fazer algo que seja significativo para nós, que pareça ajudar os outros de alguma forma ou tornar o mundo melhor. Não é realmente dinheiro e prestígio o que queremos; é a sensação de realização por meio do trabalho.

3. Apostamos demais no luxo

Sonhamos com o luxo: uma linda casa, cômodos elegantes, uma vista agradável. Imaginamos viagens a locais idílicos onde possamos descansar e deixar que cuidem de nós...

Mas Epicuro discordava de nossos anseios. Por trás da fantasia do luxo, ele acreditava que o que realmente queremos é calma. Mas a calma não pode surgir simplesmente pela mudança da paisagem ou a posse de uma mansão deliciosa.

A calma é uma qualidade interior que resulta da análise; ela vem quando filtramos nossas preocupações e as entendemos corretamente. Portanto precisamos de bastante tempo para ler, escrever e, mais do que tudo, para aproveitar o apoio regular de um bom ouvinte: uma pessoa solidária, bondosa e inteligente que, na época de Epicuro, seria um filósofo e hoje chamaríamos de terapeuta.

Com essa análise da felicidade nas mãos, Epicuro fez três inovações importantes:

- Em primeiro lugar, decidiu que moraria junto com os amigos. Nada de encontrá-los apenas de vez em quando. Ele comprou um terreno perto de Atenas por um preço modesto e construiu um lugar onde ele e seus amigos poderiam morar lado a lado permanentemente. Todos tinham seus aposentos e havia áreas comuns no térreo e fora do edifício. Dessa maneira, os moradores estariam sempre cercados de amigos divertidos e bondosos, com a mesma visão de mundo. As pessoas se revezavam no cuidado às crianças. Todos comiam juntos. Podia-se conversar nos corredores até tarde da noite. Foi a primeira verdadeira comuna do mundo.

- Em segundo lugar, todos na comuna pararam de trabalhar para os outros. Aceitaram o corte na renda em troca de poderem se concentrar em trabalhos gratificantes. Alguns amigos de Epicuro se dedicaram à agricultura, outros à culinária, alguns a fazer móveis e obras de arte. Tinham muito menos dinheiro, mas muito mais satisfação.

- Em terceiro lugar, Epicuro e seus amigos se dedicavam a encontrar a calma por meio da análise e de ideias racionais. Dedicavam um período de tempo todos os dias a refletir sobre suas ansiedades, melhorando seu entendimento da própria psique e dominando as grandes questões da filosofia.

A experiência de vida de Epicuro fez escola. Surgiram em todo o Mediterrâneo comunidades epicuristas, que atraíram milhares de seguidores. Os centros prosperaram durante gerações, até serem violentamente reprimidos no século V por uma Igreja cristã ciumenta e agressiva. Mas mesmo assim sua essência sobreviveu, pois muitos deles se transformaram em mosteiros.

A influência de Epicuro chegou à Idade Moderna. Karl Marx fez seu doutorado sobre ele e o considerava seu filósofo favorito. No fundo, o que chamamos de comunismo é apenas uma versão maior – e um tanto mais autoritária e menos alegre – do epicurismo.

Até hoje Epicuro continua a ser um guia indispensável para a vida nas sociedades avançadas do capitalismo de consumo porque a publicidade em que esse sistema se baseia funciona inteligentemente, causando em todos certa confusão sobre o que se considera necessário para ser feliz.

Um número extraordinário de anúncios se concentra nas mesmas três coisas que Epicuro identificou como falsas fontes de felicidade: o amor romântico, o sucesso profissional e o luxo.

Os anúncios não funcionariam tão bem se não tivessem uma noção precisa de quais são nossas necessidades reais. Mas, embora nos excitem ao evocá-las, recusam-se a saciá-las adequadamente. Os anúncios de cerveja nos mostram grupos de amigos abraçados, mas só nos vendem bebidas alcoólicas (que acabamos tomando sozinhos). Anúncios de relógios chiques nos mostram profissionais de alta posição caminhando decididos para o escritório, mas não sabem como atender ao desejo por um trabalho intrinsecamente satisfatório. E os anúncios de praias tropicais podem nos empolgar com sua serenidade, mas não conseguem, sozinhos, oferecer a verdadeira calma que ansiamos.

Epicuro nos convida a mudar nosso entendimento sobre nós mesmos e, desse modo, alterar a sociedade. Não devemos nos exaurir nem exaurir o planeta numa corrida atrás de coisas que não poderiam nos satisfazer mesmo que as obtivéssemos. Precisamos voltar à filosofia e ter muito mais seriedade quando a questão é como ser feliz.

Santo Agostinho

354-430 d.C.

A gostinho foi um filósofo cristão que viveu no início do século V na periferia do Império Romano, que estava em rápido declínio, na cidade norte-africana de Hipona (atual Annaba, na Argélia). Ele trabalhou como bispo durante mais de 30 anos, mostrando-se popular e oferecendo orientações inspiradoras à congregação, quase toda formada de devotos pobres e sem instrução. Em seus últimos dias, uma tribo germânica conhecida como vândalos deixou Hipona em cinzas, destruiu as legiões e fugiu com as moças da cidade, mas deixou absolutamente intocada a catedral e a biblioteca de Agostinho, por respeito às realizações do idoso filósofo.

Ele é importante para os não cristãos de hoje em razão das coisas que criticava em Roma, seus valores e sua visão de mundo – e porque Roma tem muito em comum com o Ocidente moderno, principalmente com os Estados Unidos, que reverenciaram tanto o império que quiseram que sua capital à beira do rio Potomac parecesse ter sido magicamente transportada das margens do Tibre.

Os romanos acreditavam em duas coisas especificamente:

1. Felicidade terrena

Em termos gerais, eles eram otimistas. Os construtores da Pont du Gard e do Coliseu tinham fé na tecnologia, no poder dos seres humanos de dominarem a si mesmos e em sua capacidade de controlar a natureza e planejar a própria felicidade e satisfação. Em escritores como Cícero e Plutarco encontra-se certo grau de orgulho, ambição e confiança no futuro que, com algumas revisões, não pareceria fora de lugar nas páginas das revistas modernas. Os romanos eram ávidos praticantes do que hoje chamaríamos de autoajuda, treinando seu público para alcançar mais sucesso e eficiência. A seus olhos, o animal humano era algo eminentemente passível de ser aperfeiçoado.

2. Uma ordem social justa

Durante longos períodos, os romanos acreditaram que sua sociedade se distinguia pela justiça: *justitia*. Embora a herança fosse um fator importante, eles também acreditavam que pessoas com ambição e inteligência poderiam ser bem-sucedidas. Todos confiavam que o exército era meritocrático. Acreditava-se que a capacidade de ganhar dinheiro refletia tanto as habilidades práticas de alguém quanto certo grau de virtude interior. Portanto a exibição de riquezas era considerada um comportamento honrado e uma questão de orgulho. O consumo era ostentatório, e a fama, um ideal respeitabilíssimo.

Santo Agostinho discordava veementemente dessas duas atitudes. Em sua obra-prima *A cidade de Deus*, ele as dissecou de um modo que continua relevante a quem quer que abrigue dúvidas sobre elas – mesmo que as soluções propostas, tiradas da teologia cristã, só tenham grande apelo para um público cristão. Eis as refutações de Agostinho:

1. Somos todos pervertidos lascivos, loucos, erráticos e iludidos, sem qualquer possibilidade terrena de felicidade

Foi Agostinho quem inventou a ideia do "pecado original". Ele propôs que todos os seres humanos, não apenas este ou aquele exemplo infeliz, são corruptos, porque, sem saber, todos nós somos herdeiros dos pecados de Adão. Nossa natureza pecaminosa dá origem ao que Agostinho chamou de *libido dominandi* – o desejo de dominar –, que fica evidente no modo violento, tacanho e impiedoso com que tratamos os outros e o mundo que nos cerca. Não somos capazes de amar direito, pois estamos constantemente à mercê de nosso egoísmo e de nosso orgulho. Nosso poder de raciocínio e compreensão é frágil ao extremo. A lascívia, uma preocupação específica de Agostinho, que passou boa parte da juventude fantasiando sobre mulheres na igreja, nos persegue dia e noite. Não conseguimos nos entender, caçamos ilusões, somos afligidos pela ansiedade... Agostinho concluiu seu ataque repreendendo todos aqueles filósofos que "desejaram, com espantosa loucura, ser felizes aqui na Terra e atingir a felicidade pelo esforço próprio".

Pode soar deprimente, mas talvez seja fonte de um estranho alívio nos dizerem que nossa vida é torta não por coincidência, mas por definição, porque somos humanos e nada humano jamais poderá ser completamente reto (sendo a perfeição prerrogativa exclusiva do divino). Somos criaturas destinadas a intuir a virtude e o amor, embora jamais capazes de assegurá-los para nós. Nossos relacionamentos, carreiras e países necessariamente não são como gostaríamos que fossem. Não é nada que fizemos; as chances estão contra nós desde o princípio.

O pessimismo agostiniano retira parte da pressão que podemos sentir (principalmente tarde da noite, nos fins de domingo e a qualquer momento depois dos 40 anos) se aos poucos nos resignamos com a natureza imperfeita de praticamente tudo que somos e fazemos. Não deveríamos nos enraivecer nem sentir que fomos perseguidos ou escolhidos para uma punição indevida. Essa simplesmente é a condição humana, cujo legado também podemos chamar, mesmo que não acreditemos na teologia de Agostinho, de "pecado original".

2. Todas as hierarquias são injustas; não há justiça social; os que estão no topo não serão todos naturalmente bons nem os que estão embaixo, maus – e vice-versa.

Os romanos, em seus momentos de maior ambição, acreditaram que sua sociedade tinha características fortemente meritocráticas. A família tendia a influenciar as oportunidades, mas só com isso não se chegava perto do topo; era preciso recorrer a virtudes e capacidades genuínas. Acima de tudo, eles viam a grandeza do Estado romano como sinal dos méritos coletivos da população romana. Os romanos dominavam grandes regiões da Terra porque mereciam. O império era a recompensa de sua virtude. Essa é uma opinião imensamente tentadora hoje em dia para quem está em grandes empresas ou em Estados desenvolvidos: ver sua grande prosperidade e seu grande poder como apenas recompensas por seu mérito.

Que alegações arrogantes, pretensiosas e cruéis, comentou Agostinho. Nunca houve nem pode haver *justitia* em Roma nem em lugar nenhum da Terra. Deus não dá riqueza e poder aos bons – nem necessariamente condenou à pobreza os que não os têm. A ordem social era uma grande mistura de merecedores e não merecedores; além disso, qualquer tentativa dos seres humanos de separar as pessoas entre boas e más era um pecado grave, uma tentativa de se apropriar de uma tarefa que só Deus poderia executar – e mesmo assim só no fim dos tempos, no Dia do Juízo, ao som de trombetas e das falanges de anjos.

Agostinho fazia a distinção entre o que ele chamava de duas "cidades": a Cidade dos Homens e a Cidade de Deus. Esta última era o ideal, o paraíso celeste, onde os bons finalmente dominariam, o poder estaria adequadamente aliado à justiça e a virtude reinaria. Mas os homens jamais poderiam construir uma cidade como essa e nunca deveriam se supor capazes disso. Estavam condenados a residir apenas na Cidade dos Homens, ou Cidade Terrena, que era uma sociedade inerentemente defeituosa, onde a riqueza jamais acompanharia corretamente a virtude. Na formulação de Agostinho: "A verdadeira justiça não tem existência, a não ser naquela república cujo fundador e governante é Cristo." Isto é, a distribuição inteiramente justa de recompensas não é algo que possamos ou devamos esperar na Terra.

Mais uma vez, isso pode soar desolador, mas torna a filosofia de Agostinho extremamente generosa em relação ao fracasso, à pobreza e à derrota – nossos e dos outros. Ao contrário do que os romanos afirmavam, o fracasso terreno não indica que uma pessoa é inerentemente má – assim como o triunfo também não significa nada muito profundo. Não cabe aos seres humanos julgar-se entre si por sinais exteriores de sucesso. Dessa análise flui a falta de moralismo e de esnobismo. Nosso dever é sermos céticos a respeito do poder e generosos com a fraqueza.

Não precisamos ser cristãos para nos confortarmos com essas duas questões. Elas são as dádivas universais da religião à filosofia política e à psicologia humana. E se mantêm como lembretes permanentes dos riscos e da crueldade de acreditar que a vida pode ser perfeita ou que a pobreza e a obscuridade sejam indicativos confiáveis do vício.

São Tomás de Aquino

1225-1274

A princípio, parece estranho que possamos aprender com ele. Tomás de Aquino foi um santo medieval que, segundo dizem, em momentos de alta empolgação levitava e tinha visões da Virgem Maria. Ele se interessava muito em explicar como os anjos falam e se movem. Ainda assim...

Ele continua a ser uma figura importante porque nos ajuda com um problema que nos atormenta até hoje: como podemos conciliar religião com ciência e a fé com a razão. Tomás de Aquino era um filósofo e um santo. Ao recusar-se a perder a fé e, ao mesmo tempo, a crer cegamente, desenvolveu um novo entendimento sobre o lugar da razão na vida humana. A contribuição monumental de Tomás de Aquino foi ensinar à civilização europeia ocidental que todos os seres humanos – e não só os cristãos – podiam ter acesso a grandes verdades sempre que utilizassem a maior dádiva que Deus ofereceu aos seres humanos: a razão. Ele rompeu um impasse do pensamento cristão: a questão de como os não cristãos podiam ter sabedoria e, ao mesmo tempo, não demonstrar interesse em

Jesus ou mesmo em qualquer conhecimento dele. Tomás de Aquino universalizou a inteligência e abriu a mente cristã às ideias de toda a humanidade, de todas as épocas e todos os continentes. O mundo moderno, na medida em que insiste que boas ideias podem vir de qualquer lugar, independentemente de credo ou origem, tem uma dívida imensa com ele.

Tomás de Aquino nasceu em 1225 numa família nobre da Itália. Quando jovem, foi estudar na Universidade de Nápoles e lá entrou em contato com uma fonte de conhecimento que estava sendo redescoberta bem nessa época: os autores da antiguidade greco-latina, que haviam sido rejeitados por acadêmicos cristãos. Na universidade, Tomás de Aquino também sofreu influência dos dominicanos, uma nova ordem de monges que, ao contrário de outras, acreditava que era preciso viver no mundo exterior, e não no claustro.

Contra a vontade da família, Tomás de Aquino decidiu se juntar à ordem. A reação questionável da família foi sequestrá-lo e trancá-lo numa torre de sua propriedade. Aquino escreveu cartas desesperadas ao papa, defendendo seu caso e implorando para ser libertado. No entanto, o papa estava ocupado com questões políticas e assim Tomás de Aquino continuou trancado. Ele passava o tempo escrevendo cartas a monges dominicanos e dando aulas às irmãs. De acordo com uma lenda, nesse período a família chegou a lhe oferecer uma prostituta na esperança de que pudesse seduzi-lo e acabar com sua ideia de ser monge, mas o rapaz expulsou a moça brandindo uma barra de ferro.

Ao ver que aquilo não daria em nada, a família finalmente destrancou a porta e o rapaz – que a seus olhos era um cabeça-dura – entrou para a ordem dominicana de uma vez por todas. Tomás de Aquino retomou a educação interrompida e foi para a Universidade de Paris, onde foi um aluno muito calado, mas autor extremamente prolífico, produzindo quase 200 textos sobre teologia cristã em menos de três décadas. Seus livros têm títulos belos e estranhos, como a *Suma teológica* e a *Suma contra os gentios*. Ele também se tornou um professor influente e extremamente popular e acabou recebendo permissão da liderança dominicana para fundar a própria escola em Nápoles. Sua devoção ao conhecimento era tanta que, mesmo no momento de sua morte (com 49 anos), dizem que estava trabalhando num longo comentário sobre o *Cântico dos Cânticos*. Depois de morto, foi canonizado pela Igreja Católica e hoje é padroeiro dos professores.

Uma das principais ambições intelectuais de Tomás de Aquino era entender como as pessoas poderiam saber o que é certo ou errado – uma preocupação nada acadêmica, pois, como cristão, ele queria saber como alguém poderia ter certeza de que suas ações lhe permitiriam ir para o céu. Ele sabia que muitas ideias que pareciam certíssimas não eram obra de cristãos. Por exemplo, admirava especialmente Aristóteles, homem que desconhecia completamente as verdades do Evangelho. Foi em resposta a esse dilema que Tomás de Aquino desenvolveu um argumento importantíssimo a favor da compatibilidade entre crença religiosa e pensamento racional.

Tomás de Aquino sabia que muitos grandes filósofos eram pagãos, mas isso não os impedira de ter boas ideias, porque, como agora propunha, o mundo podia muito bem ser explorado usando-se apenas a razão. Para explicar como isso poderia funcionar, ele propôs que o universo e toda a sua dinâmica operavam de acordo com dois tipos de lei: a "lei natural" e a "lei eterna" divina.

Para ele, muitas "leis" poderiam ser decifradas a partir de nossa própria experiência do mundo. Poderíamos descobrir por conta própria como fundir ferro, construir um aqueduto ou organizar uma economia de maneira justa. Essas eram as leis naturais. Mas havia outras leis "eternas" reveladas, isto é, conclusões a que a razão não chegaria sozinha. Segundo seu ponto de vista, para saber se depois da morte seremos julgados por um Deus misericordioso ou se Jesus era ao mesmo tempo humano e divino, dependemos da revelação nos livros sagrados; teríamos de aceitá-los com base na confiança numa autoridade superior.

Num comentário que escreveu sobre o filósofo romano Boécio, Tomás de Aquino desafiou um pressuposto predominante na época: "A mente humana não pode conhecer qualquer verdade a menos que seja iluminada pela luz de Deus." Essa era a visão segundo a qual tudo que é importante entendermos tem que vir da única fonte aprovada: Deus. Mas foi em oposição a essa ideia que Tomás argumentou: "Não é necessário que a mente humana seja dotada por alguma nova luz de Deus para entender as coisas que estão em seu campo natural de conhecimento."

A jogada radical de Tomás de Aquino permitiu que fosse reservado um espaço importante também para a "lei natural". Ele defendia a relevância da observação e da experiência pessoal. Receava que a Bíblia, por ser uma fonte tão prestigiada, encobrisse a observação; as pessoas ficariam tão impressionadas com a revelação vinda da autoridade que descartariam o poder da observação e tudo que podemos descobrir por conta própria.

A questão de Tomás de Aquino era que tanto a lei natural quanto a lei eterna revelada são importantes. Ele defendia que, em essência, elas não se opõem. Os problemas surgem quando insistimos exclusivamente numa delas. A que mais precisamos desenvolver depende do viés que temos no momento.

Hoje, a tensão entre a autoridade superior e a experiência pessoal permanece, embora, naturalmente, a "revelação" da autoridade superior não signifique consultar a Bíblia, mas recorrer à ciência organizada. A versão moderna é a recusa de todo tipo de conhecimento que não conte com o apoio de experimentos, dados, modelos matemáticos e referências de publicações em periódicos revisadas por pares.

Hoje, as artes, a literatura e a filosofia estão na posição que Tomás de Aquino definiu para a lei natural. Essas disciplinas buscam entender o mundo com base na experiência pessoal, na observação e no pensamento individual. Não vêm com o selo da autoridade superior (ou seja, da ciência nos dias de hoje, não da Bíblia).

Os contemporâneos de Tomás de Aquino conheciam bem os antigos gregos e romanos, mas adotavam o ponto de vista de que os "pagãos" simplesmente não teriam nada relevante a dizer sobre nenhum dos tópicos que consideravam realmente importantes. A culpa não era dos antigos – eles tinham vivido antes de Jesus. Entretanto, considerava-se que eles estavam errados a respeito da questão mais importante da vida: a crença religiosa. Esse defeito parecia tão terrível que nada mais que os filósofos pagãos tivessem pensado poderia ser útil ou importante. Tomás de Aquino argumentava que pessoas equivocadas sobre alguns assuntos fundamentais ainda podem ter muito a nos ensinar. Ele estava diagnosticando uma forma de esnobismo intelectual. Temos a tendência a desdenhar de uma ideia qualquer por causa de sua origem; parece que não daremos ouvidos a nada que não tenha vindo do lugar certo. Podemos definir o "lugar certo" como os laboratórios do Massachusetts Institute of Technology – não como a Bíblia –, mas o impulso ainda é o mesmo.

Assim, um ateu modernista em Londres nos dias de hoje pode achar inacreditável que tenha algo a aprender com a leitura do *Evangelho segundo João*. A Bíblia, pensa ele, está obviamente errada em questões fundamentais. Contém erros primitivos sobre a origem do mundo, está cheia de supostos milagres. E esse modo de pensar é semelhante ao dos cristãos medievais a respeito dos antigos escritores pagãos.

A questão principal para Tomás de Aquino é que a lei natural é uma subdivisão da lei eterna e pode ser descoberta pela faculdade da razão independente. Ele dá como exemplo a recomendação de Jesus: "Fazei aos outros o que quereis que vos façam." Jesus até pode ter dado a essa ideia uma formulação especialmente memorável, mas na verdade ela é a pedra fundamental dos princípios morais na maioria das sociedades em todos os tempos. Como é possível? A razão para isso, defendia Aquino, é que a lei natural não precisa da intervenção direta de Deus para se tornar conhecida pelo homem. Ao apenas aplicar o raciocínio cuidadoso já estamos, intuitivamente, seguindo as intenções de Deus. Tomás de Aquino admitia que, em algumas situações, Deus só age pela lei divina, que está fora dos limites da razão humana, e deu o exemplo das revelações proféticas e das visitas de anjos. No entanto, a maior parte do conhecimento útil pode ser encontrada no terreno da lei natural.

As ideias de Tomás de Aquino se desenvolveram numa época em que a cultura islâmica passava por dilemas muito parecidos em relação a como conciliar fé e razão. Durante muito tempo, os califados islâmicos da Espanha, do Marrocos e do Egito prosperaram, gerando grande riqueza de novos conhecimentos científicos e filosóficos. No entanto, devido à crescente influência de líderes religiosos rígidos, eles se tornaram mais dogmáticos e opressores na época em que Tomás de Aquino nasceu. Por exemplo, reagiram com violência contra o filósofo islâmico Averróis (cujo nome árabe era Ibn Rushd). Como Aquino, Averróis foi profundamente influenciado por Aristóteles e defendia que razão e religião eram compatíveis. Porém os califados – ansiosos por nunca se afastarem das palavras literais de Deus – proibiram as ideias de Averróis e queimaram seus livros.

Tomás de Aquino leu Averróis e viu que ele e o estudioso muçulmano se dedicavam a projetos semelhantes. Ele sabia que a rejeição cada vez mais radical da razão pelo mundo muçulmano estava prejudicando sua próspera cultura intelectual.

Embora fosse um homem de profunda fé, Tomás ofereceu um arcabouço filosófico para o processo da dúvida e da investigação científica. E ele nos lembra que a sabedoria (isto é, as ideias de que precisamos) pode vir de múltiplas fontes: tanto da intuição quanto da racionalidade, tanto da ciência quanto da revelação, tanto de pagãos quanto de monges. Ele é simpático a todos eles e aproveita e usa tudo que funciona, sem se preocupar com a origem das ideias. Isso parece óbvio até notarmos com que frequência não agimos assim em nossa vida – desdenhamos de ideias vindas de fontes (aparentemente) "erradas", alguém com o sotaque errado, um jornal com uma posição política diferente da nossa, um estilo de prosa que parece complicado ou simples demais ou uma velha com gorro de lã.

Michel de Montaigne

1533-1592

Geralmente, achamos que os filósofos deveriam se orgulhar de seu grande cérebro e ser fãs do pensamento, da autorreflexão e da análise racional.

Mas há um filósofo, nascido na França em 1533, cuja abordagem é diferente e revigorante. Michel de Montaigne foi um intelectual que se dedicou a criticar a arrogância dos intelectuais. Nos *Ensaios*, sua grande obra-prima, ele passa a imagem de alguém implacavelmente sábio e inteligente – mas também sempre modesto e ávido por refutar as pretensões da erudição. Como se não bastasse, é extremamente engraçado: "Saber que dissemos ou fizemos algo estúpido não é nada; temos que aprender uma lição mais ampla e importante: que não passamos de imbecis [...] no trono mais alto do mundo, estamos sentados, imóveis, sobre a bunda." E, para não esquecermos: "Reis e filósofos cagam, assim como as damas."

Montaigne era um filho da Renascença, e os antigos filósofos, populares em sua época, tinham explicado que nossos poderes de raciocínio poderiam nos conferir a felicidade e a grandeza negadas a outras criaturas.

A razão nos permitia controlar nossas paixões e abrandar as exigências selvagens do corpo, escreveram filósofos como Cícero. A razão era uma ferramenta sofisticada e quase divina que nos oferecia o domínio sobre o mundo e sobre nós mesmos. Mas essa caracterização da razão humana enfurecia Montaigne. Depois de conviver com filósofos e acadêmicos, ele escreveu: "Na prática, milhares de mulherezinhas, em suas aldeias, tiveram vidas mais gentis, estáveis e constantes do que [Cícero]."

Sua questão não era que os seres humanos não possam raciocinar, mas que tendem a ser arrogantes demais em relação ao próprio cérebro. "Nossa vida consiste em parte de loucura, parte de sabedoria", escreveu. "Quem escreve sobre ela apenas por respeito e regra deixa mais de metade da vida para trás."

Talvez o exemplo mais óbvio de nossa loucura seja a dificuldade de viver com um corpo humano. Nosso corpo fede, dói, verga, pulsa, lateja e envelhece. Montaigne foi o primeiro e talvez o único filósofo do mundo a falar longamente sobre a impotência, que lhe parecia um ótimo exemplo de como nossa mente é louca e frágil.

Ele tinha um amigo que ficara impotente com uma mulher de quem gostava muito. O filósofo não culpava seu pênis: "A não ser na impotência genuína, nunca mais se é incapaz quando se é capaz de fazê-lo uma vez." O problema era a mente, a noção opressora de que temos controle completo de nosso corpo e o horror de se afastar de um retrato injusto da normalidade. A solução era redesenhar o retrato; ao aceitar a perda do domínio sobre o pênis como possibilidade inofensiva no amor é que se conseguiria evitar sua ocorrência – como o homem afetado acabou por descobrir. Na cama com uma mulher, ele aprendeu a "admitir previamente que estava sujeito a essa enfermidade e falar abertamente sobre ela, aliviando assim as tensões da alma. Ao portar a moléstia como algo a ser esperado, seu senso de constrição pouco cresceu e lhe pesou menos".

A franqueza de Montaigne permitia que as tensões da alma do próprio leitor se aliviassem. O homem que fracassasse com a namorada e fosse incapaz de algo além de murmurar desculpas poderia recuperar as forças e aliviar a ansiedade da amada aceitando que sua impotência pertence a um amplo terreno de contratempos sexuais, nem muito raros nem muito peculiares. Montaigne conheceu um nobre que, depois de não conseguir manter a ereção com uma mulher, fugiu para casa, cortou o pênis fora e o mandou à dama para "expiar sua ofensa". Em vez disso, Montaigne propunha que:

> Se [os casais] não estão prontos, não deveriam apressar as coisas. Em vez de cair na desgraça perpétua, atingidos pelo desespero na primeira rejeição, é melhor [...] esperar o momento oportuno [...] O homem que sofre uma rejeição deveria fazer tentativas e abordagens delicadas com várias pequenas incursões; não deveria persistir teimosamente em se provar inadequado de uma vez por todas.

Ao longo de toda a sua obra, Montaigne considerou que pum, pênis e cocô eram tópicos sérios para contemplação. Por exemplo, ele contou aos leitores que gostava de silêncio no vaso sanitário: "De todas as operações naturais, essa é aquela durante a qual menos tolero de bom grado ser interrompido."

Os antigos filósofos recomendavam que tentássemos tomar como exemplo a vida de certas pessoas estimadas, normalmente filósofos. Na tradição cristã, o modelo de vida deveria ser Cristo. A ideia de seguir um exemplo é atraente; sugere que precisamos encontrar alguém que guie e ilumine nosso caminho. Mas importa muito que tipo de retrato existe. Se vemos indícios de algo em outros, prestaremos atenção nisso dentro de nós; se os outros calam sobre alguma coisa, podemos ficar cegos àquilo ou só vivenciá-lo com vergonha. Montaigne é revigorante porque nos oferece uma vida reconhecível como nossa mas ainda assim inspiradora – um ideal muito humano.

A academia era profundamente prestigiada na época de Montaigne, assim como é na nossa. Montaigne era um excelente acadêmico, mas odiava o pedantismo. Só queria aprender coisas úteis e era implacável com a academia por seu isolamento. "Se fosse sábio, o homem mediria o verdadeiro valor de tudo por sua utilidade e propriedade na vida", disse. Só vale a pena compreender o que nos faz sentirmo-nos melhor.

Montaigne percebia esnobismo e pretensão em muitas áreas e constantemente tentava trazer nossos pés de volta ao chão.

> Invadir uma fortaleza, chefiar uma embaixada, governar uma nação são feitos reluzentes. Refutar, rir, comprar, vender, amar, odiar e conviver com a família – e consigo – com gentileza e justiça, não ser desleixado nem falso consigo, tudo isso é muito mais notável, mais raro e mais difícil. O que quer que digam, essas vidas recolhidas cumprem, dessa maneira, deveres que, pelo menos, são tão tensos e difíceis quanto os de outras vidas.

Nessa linha, Montaigne zombava de livros difíceis de ler. Ele admitiu aos leitores que achava Platão bastante chato e que só queria se divertir com os livros:

> Não estou disposto a surrar meu cérebro por qualquer coisa, nem mesmo em nome da erudição, por mais preciosa que seja. Nos livros, só busco me dar prazer com um passatempo honrado [...] Quando encontro trechos difíceis em minha leitura, nunca roo as unhas por isso: depois de uma tentativa ou duas, deixo-o para lá [...] Quando um livro me cansa, pego outro.

Ele sabia ser bastante ácido com os filósofos incompreensíveis: "A dificuldade é uma moeda que os cultos conjuram para não revelar a fatuidade de seus estudos e que a estupidez humana anseia por aceitar como pagamento."

Montaigne observou como uma cultura acadêmica intimidadora fez com que todos nós estudássemos os livros dos outros antes de estudar a própria mente. Ainda assim, como ele dizia: "Somos mais ricos do que pensamos, cada um de nós."

Podemos todos chegar a ideias sábias se deixarmos de pensar que somos inadequados para a tarefa por não termos 2 mil anos, não nos interessarmos pelos temas dos diálogos de Platão e levarmos uma vida dita ordinária. "Pode-se anexar toda a filosofia moral a uma vida privada comum tão bem quanto àquela de material mais rico."

Talvez fosse para reforçar essa questão que Montaigne dava tantas informações exatamente sobre quão ordinária era a sua vida – e por isso queria nos dizer:

> *Que não gostava de maçã.*
> "Não sou apaixonado [...] por fruta alguma, exceto melões."
> *Que tinha uma relação complicada com rabanetes.*
> "Antes de tudo, descobri que os rabanetes concordavam comigo; depois, que não; agora, concordam de novo."
> *Que praticava a higiene dental mais avançada.*
> "Meus dentes [...] sempre foram excelentes [...] Desde a infância aprendi a esfregá-los no guardanapo, tanto ao acordar quanto antes e depois das refeições."
> *Que comia depressa demais.*

"Com minha pressa, é comum morder a língua e, às vezes, os dedos."

E que gostava de limpar a boca.

"Eu poderia jantar facilmente sem toalha de mesa, mas me sinto muito desconfortável jantando sem um guardanapo limpo [...] Lamento que não tenhamos continuado a moda iniciada por nossos monarcas, trocando os guardanapos a cada mudança de prato."

Trivialidades, talvez, mas lembretes simbólicos de que há um "eu" pensante por trás de seu livro, que uma filosofia moral nasceu – e assim pode nascer outra vez – de uma alma ordinária que come frutas.

Não há necessidade de esmorecer se, por fora, não nos parecemos em nada com os que ruminaram no passado.

No retrato redesenhado por Montaigne do ser humano adequado e semirracional, é possível não falar grego, soltar pum, mudar de ideia depois de uma refeição, entediar-se com livros, ser impotente e não conhecer nenhum dos antigos filósofos.

Uma vida ordinária e virtuosa que se esforce para alcançar a sabedoria, mas nunca se afaste muito da loucura, já é realização suficiente.

Montaigne continua a ser o grande intelectual legível com quem podemos rir dos intelectuais e das pretensões de todo tipo. Ele foi um sopro de ar fresco nos corredores fechados, esnobes e etéreos da academia do século XVI – e, infelizmente, como a academia não mudou muito, continua a ser uma inspiração e um consolo para todos nós que nos sentimos rotineiramente oprimidos pelo pedantismo e pela arrogância das pessoas consideradas inteligentes.

La Rochefoucauld

1613-1680

Há uma crença de que a filosofia, quando feita adequadamente, deve soar densa, proibitiva, um pouco confusa, como se tivesse sido mal traduzida do alemão. Mas, na aurora da Era Moderna, viveu um filósofo francês que confiava numa forma muito diferente de apresentar os próprios pensamentos, um homem que escreveu um livro fininho, que mal chega a 60 páginas e, com razão, pode ser considerado uma das verdadeiras obras-primas da filosofia. Um compêndio de observações mordazes e melancólicas sobre a condição humana, cada uma com no máximo duas frases, que guarda um número excepcional de lições oportunas, sábias e estranhamente consoladoras para nossa época moralmente confusa e distraída.

O duque de La Rochefoucauld nasceu em Paris em 1613 e, apesar das muitas vantagens iniciais (riqueza, contatos, boa aparência e um nome muito antigo e respeitado), teve uma vida difícil e, muitas vezes, miserável. Apaixonou-se por algumas duquesas que não o tratavam bem; foi parar na prisão depois de algumas manobras políticas atrapalhadas mas honrosas; foi forçado a se exilar de sua amada Paris em quatro ocasiões; nunca avançou tanto quanto queria na corte; levou um tiro no olho durante uma rebelião e quase ficou cego; perdeu quase todo o seu dinheiro; e alguns inimigos publicaram um texto falso que afirmavam ser suas memórias, cheio de insultos a pessoas de quem ele gostava e dependia – as quais, então, se voltaram contra ele e se recusaram a acreditar em sua inocência.

Depois de tudo isso – traição, prisão, empobrecimento, insultos, plágio e difamação –, pode-se prontamente perdoar La Rochefoucauld por declarar que não aguentava mais a vida agitada e que, daí em diante, se dedicaria a objetivos mais calmos e contemplativos. Assim, ele pendurou a espada e começou a passar seu tempo nas salas de dois importantes personagens intelectuais da época, a marquesa de Sablé e a condessa de La Fayette, que convidavam escritores e artistas regularmente a seus salões parisienses para discutir os grandes temas da vida – geralmente acompanhados de limonada e petiscos.

Os salões recompensavam o brilho e o humor inteligente. Não eram salas de palestra nem seminários e ali não havia tolerância com linguagem pesada e pomposa; conquistar os ouvintes exigia habilidades específicas que acabaram por moldar a mente e a obra de La Rochefoucauld.

Foi nos salões que ele desenvolveu o gênero literário que o tornou famoso: a máxima, ou aforismo, uma declaração sucinta que habilmente captura uma percepção sombria sobre a alma humana e nos lembra alguma verdade sábia e, em geral, desconfortável. Em boas mãos, o aforismo causa impacto em menos de três segundos (o orador pode estar competindo com a chegada de uma torta de aspargos).

Nos salões, La Rochefoucauld aperfeiçoou e aprimorou os 504 aforismos que o tornaram famoso. Ele observava as reações dos outros convidados e assim refinava seu trabalho. Seus aforismos tratavam de uma gama de tópicos psicológicos, embora questões de inveja, vaidade, amor e ambição fossem temas recorrentes. Um aforismo típico de La Rochefoucauld começa dirigindo-se ao leitor com "Nós" ou "Quem", convidando ao consentimento com delicada coação. Então o aforismo subverte alguma noção aceita sobre a natureza humana numa direção cínica ou cética. É no último terço da máxima que vem a picada, que em geral nos faz rir, como pode acontecer quando somos forçados a admitir a falsidade de uma posição sentimental ou hipócrita anterior.

Talvez o mais clássico e perfeito de todos os aforismos de La Rochefoucauld seja:

> Todos nós temos força suficiente para suportar os infortúnios dos outros.

Ele é seguido de perto por este, igualmente eficaz:

> Há algumas pessoas que nunca se apaixonariam se ninguém lhes dissesse que isso existe.

E o não menos célebre:

> Quem recusa elogios na primeira vez que são oferecidos o faz porque gostaria de ouvi-los uma segunda vez.

Voltaire disse que as *Máximas* de La Rochefoucauld foi o livro que mais intensamente moldou o caráter do povo francês, dando-lhe o gosto pela reflexão psicológica, pela precisão e pelo ceticismo. Por trás de quase todas as máximas há um desafio a alguma visão ordinária e lisonjeira que temos de nós. La Rochefoucauld adora revelar a dívida que a bondade tem com o egoísmo e insiste que nunca estamos longe de sermos vaidosos, arrogantes, egoístas e mesquinhos – e, na verdade, nunca mais próximos do que quando confiamos em nossa própria virtude.

Depois de sofrer indevidamente em seu nome, ele desconfiava principalmente do amor romântico:

> A razão por que os amantes nunca se cansam da companhia um do outro é que nunca falam de nada além de si mesmos.

> Se alguém julgasse o amor de acordo com a maioria dos efeitos que produz, ele passaria com justeza por ódio, e não por bondade.

> Dizer que nunca flerta é, em si, uma forma de flerte.

Não é fácil como parece. Nietzsche, profundamente inspirado por La

Rochefoucauld, escreveu aforismos (reunidos em seu livro *Humano, demasiadamente humano*) aos quais falta toda aquela mistura de treva e sensatez do francês.

> Alguns homens suspiraram porque suas mulheres foram raptadas; a maioria, porque ninguém quis raptá-las.

La Rochefoucauld escrevia daquele jeito porque queria que suas ideias convencessem pessoas que ele sabia que tinham pouco tempo e que não necessariamente estavam do lado dele. Se desde então a maioria dos filósofos (com algumas exceções) não sentiu necessidade de escrever com a mesma elegância, concisão e humor inteligente, foi porque confiou (desastrosamente) que, se as ideias forem importantes, o estilo com que são transmitidas não deverá importar.

La Rochefoucauld sabia que não é assim. A maioria de nós é tão distraída que quem quiser nos transmitir uma ideia terá de usar todos os artifícios da arte para chamar nossa atenção e cauterizar nosso tédio pelo tempo necessário. A história da filosofia seria muito diferente se todos os seus praticantes tivessem imaginado que escreviam para um público impaciente, e não profissional, com a mente divagante em meio a um barulhento salão parisiense.

Baruch Spinoza

1632-1677

Baruch Spinoza foi um filósofo holandês do século XVII que tentou reinventar a religião, afastando-a de algo baseado na superstição e em ideias de intervenção divina direta e transformando-a numa disciplina bem mais impessoal, quase científica, mas mesmo assim serenamente consoladora.

Baruch – a palavra significa "abençoado" em hebraico – nasceu em 1632 no bairro judeu de Amsterdã, um centro próspero de pensamento e comércio judaico.

Seus ancestrais eram judeus sefardis que tinham fugido da Espanha depois de sua expulsão pelos católicos em 1492. Baruch, uma criança estudiosa e muito inteligente, recebeu uma educação judaica intensamente tradicional: frequentou a *yeshivá*, escola judaica local, cumpriu todos os rituais e guardou todos os grandes feriados e festas.

Mas aos poucos começou a se distanciar da fé de seus ancestrais. "Embora eu tenha sido educado desde a infância nas crenças aceitas sobre as Escrituras", escreveu ele mais tarde, com característica cautela, "senti-me afinal destinado a abraçar [outros] pontos de vista".

Inteiramente desenvolvidas, suas ideias seriam expressas na grande obra *Ética*, toda escrita em latim e publicada em 1677. Nela, Spinoza questionou diretamente os maiores dogmas do judaísmo e da religião organizada em geral:

- Deus não é uma pessoa que esteja fora da natureza.
- Não há ninguém para ouvir nossas preces.
- Nem para criar milagres.
- Nem para nos punir por nossos delitos.
- Não há vida após a morte.
- O homem não é a criatura escolhida por Deus.
- A Bíblia foi escrita por pessoas comuns.
- Deus não é um artesão nem um arquiteto. Também não é rei nem estrategista militar que peça aos crentes para empunhar a espada sagrada. Deus não vê nada nem espera nada. Ele não julga nem sequer recompensa os virtuosos com a vida após a morte. Todas as representações de Deus como uma pessoa são projeções da imaginação.
- Tudo no calendário litúrgico tradicional é pura asneira e superstição.

No entanto, apesar de tudo isso, é extraordinário que Spinoza não se declarasse ateu. Ele insistia que continuava um defensor ferrenho de Deus.

Deus tem um papel absolutamente central na *Ética* de Spinoza, mas não parece nem um pouco com o Deus que assombra as páginas do Antigo Testamento.

O Deus de Spinoza é totalmente impessoal e indistinguível do que poderíamos chamar de natureza, existência ou alma do mundo: Deus é o universo e suas leis; Deus é razão e verdade; Deus é a força que anima tudo que é e pode ser. Deus é a causa de tudo, mas é a causa *eterna*. Ele não participa de mudanças. Ele não está no tempo. Não pode ser individuado.

Spinoza escreve: "Tudo que é, é em Deus, e nada pode existir ou ser concebido sem Deus."

Ao longo de seu texto, Spinoza estava ávido por criticar a ideia de oração. Na oração, o indivíduo apela a Deus para mudar o modo como o universo funciona. Mas o filósofo argumenta que isso está completamente errado. A tarefa dos seres humanos é tentar entender como e por que as coisas são como são – e então aceitá-las em vez de protestar contra o funcionamento da existência enviando mensagenzinhas ao céu.

Como explica Spinoza, com beleza cáustica: "Quem ama Deus não pode aspirar a que Deus tenha de amá-lo em troca."

Em outras palavras, só o narcisismo ingênuo (mas talvez muito comovente) levaria alguém a acreditar num Deus que criou as leis eternas da física e imaginar que esse mesmo Deus se interessaria em distorcer as regras da existência para melhorar de algum modo sua vida.

Spinoza foi profundamente influenciado pela filosofia dos estoicos da Grécia e da Roma antigas. Eles defendiam que a sabedoria não está em protestar contra o jeito como as coisas são, mas na tentativa contínua de entender como o mundo é – e depois curvar-se serenamente à necessidade.

Sêneca, o filósofo favorito de Spinoza, comparou os seres humanos a cães na coleira, puxados em várias direções pelas necessidades da vida. Quanto mais resistimos contra o que é necessário, mais somos estrangulados, portanto o sábio deve sempre se empenhar para entender, com antecedência, como são as coisas – por exemplo, como é o amor ou como a política funciona – e então mudar de direção para não ser estrangulado sem necessidade. É esse tipo de atitude estoica que permeia toda a filosofia de Spinoza.

Tradicionalmente, entender Deus significava estudar a Bíblia e outros textos sagrados. Mas Spinoza apresenta outra ideia.

A melhor maneira de conhecer Deus é entender como a vida e o universo funcionam; é pelo conhecimento da psicologia, da filosofia e das ciências naturais que se passa a entender Deus.

Na religião tradicional, os crentes pedem favores especiais a Deus. Spinoza propõe que, em vez disso, deveríamos entender o que Deus quer – e o melhor jeito de fazer isso é estudando tudo que há. Com o raciocínio, podemos ascender a um ponto de vista eterno e divino.

Spinoza faz uma distinção famosa entre dois modos de ver a vida. Podemos vê-la de forma egoísta, a partir de nosso ponto de vista limitado, como ele diz: *Sub specie durationis* – sob o aspecto do tempo. Ou podemos olhar as coisas de modo global e eterno: *Sub specie aeternitatis* – sob o aspecto da eternidade.

Nossa natureza faz com que estejamos sempre divididos entre os dois. A vida sensual nos puxa para uma visão parcial, submetida ao tempo.

Mas nossa inteligência racional pode nos dar um acesso especial a outro ponto de vista. E pode, de forma bastante literal, permitir – e aqui Spinoza se torna lindamente lírico – que participemos da totalidade eterna.

Normalmente, dizemos que é "ruim" o que é ruim para nós e "bom" o que aumenta nosso poder e nossa vantagem. Porém ser verdadeiramente ético exige elevar-se acima dessas preocupações locais. Spinoza vislumbrava sua filosofia como um caminho para uma vida baseada em estar livre da culpa, da tristeza, da pena e da vergonha.

A felicidade envolve alinhar nossa vontade com a do universo. O universo – Deus – tem seus projetos e nossa tarefa é entendê-los em vez de protestar contra eles. A pessoa livre é consciente das necessidades que nos impelem a todos.

Spinoza escreve que o sábio, aquele que entende como e por que as coisas são, "possui complacência (*acquiescentia*) de espírito eternamente verdadeira".

Não é preciso dizer que essas ideias criaram problemas gravíssimos para Spinoza. Em 1656, ele foi banido da comunidade judaica de Amsterdã. Os rabinos baixaram um decreto, um *herém*, contra o filósofo: "Por decreto dos anjos", dizia, "e por ordem dos homens santos, excomungamos, expulsamos, amaldiçoamos e condenamos Baruch de Spinoza [...] com todas as maldições escritas no Livro da Lei. Maldito seja durante o dia e maldito seja à noite; maldito seja ao se deitar e maldito seja ao se levantar."

Baruch Spinoza andando com livro na mão em Amsterdã, rejeitado pela comunidade local judaica

Spinoza foi forçado a fugir de Amsterdã e acabou se instalando em Haia, onde viveu tranquilo e em paz, trabalhando com polimento de lentes e como tutor particular até sua morte em 1677.

A obra de Spinoza foi praticamente ignorada. No século XIX, Hegel se interessou por ela, assim como Wittgenstein – e alguns estudiosos do século XX.

Porém, no geral, Spinoza nos oferece um alerta contra as falhas da filosofia.

Ética é um dos livros mais lindos do mundo. Contém uma avaliação calmante da vida, que restaura nossa perspectiva e substitui o Deus de superstição por um panteísmo sábio e consolador.

Ainda assim, a obra de Spinoza não conseguiu convencer mais do que alguns poucos a abandonarem a religião tradicional e avançarem rumo a um sistema de crenças sábio e racional.

As razões são, de certo modo, simples e banais.

Spinoza, como tantos filósofos antes e depois dele, não foi capaz de entender que o que leva as pessoas à religião não é apenas a razão, mas, o que é muito mais importante, a emoção, a crença, o medo e a tradição.

As pessoas se apegam a suas crenças porque gostam dos rituais, das refeições em comum, das tradições anuais, da bela arquitetura, da música e da linguagem sonora lida na sinagoga, na mesquita ou na igreja.

Ética de Spinoza provavelmente contém muito mais sabedoria do que a Bíblia, mas, por não ter a mesma estrutura de apoio, continua a ser uma obra marginal, estudada aqui e ali em universidades do Ocidente, enquanto a religião tradicional – que ele achava que já estava fora de moda na década de 1670 – continua a prosperar e convencer.

Se quisermos substituir as crenças tradicionais, temos de lembrar que a religião conta com a ajuda de rituais, tradições, obras de arte e do desejo de pertencimento, coisas que Spinoza, apesar de sua grande sabedoria, ignorou por sua própria conta e risco em sua ousada tentativa de substituir a Bíblia.

Arthur Schopenhauer

1788-1860

Arthur Schopenhauer foi um filósofo alemão do século XIX que merece ser lembrado hoje pelas ideias contidas em sua grande obra *O mundo como vontade e representação*.

Schopenhauer foi o primeiro filósofo ocidental sério a se interessar pelo budismo – e seu pensamento pode ser lido como uma interpretação ocidental e uma resposta ao pessimismo esclarecido encontrado no pensamento budista.

"Em meu décimo sétimo ano", escreveu ele num texto autobiográfico, "fui tomado pelo sofrimento da vida, como Buda em sua juventude ao ver doença, velhice, dor e morte. A verdade é que este mundo não poderia ser a obra de um Ser todo-amoroso, mas de um demônio, que trouxe à existência criaturas para se deliciar com seu sofrimento." E, como Buda, sua meta era dissecar e encontrar uma solução para esse sofrimento.

É principalmente por culpa das universidades que Schopenhauer é ensinado de maneira tão acadêmica, o que impediu que fosse amplamente conhecido, lido e seguido. Ainda assim, na verdade, esse é um homem que, como Buda, merece discípulos, escolas, obras de arte e mosteiros que ponham suas ideias em prática.

A filosofia de Schopenhauer começa dando nome a uma força principal dentro de nós que, segundo ele, é mais poderosa que tudo – nossa razão ou senso moral e lógico, que ele chama de querer-viver. O querer-viver é uma força constante que nos empurra para a frente, faz com que nos agarremos à existência e busquemos o que é melhor para nós. É cega, surda e muito insistente. E aquilo em que mais se concentra é o sexo. Da adolescência em diante, essa Vontade vibra dentro de nós, virando nossa cabeça constantemente para fantasias eróticas e nos levando a fazer coisas esquisitíssimas, das quais a mais esquisita de todas é se apaixonar.

Schopenhauer tinha muito respeito pelo amor, como se deve ter por um furacão ou um tigre. Ele via com péssimos olhos o transtorno causado a pessoas inteligentes pelas paixões – que hoje chamaríamos de *crushes* –, mas se recusava a concebê-las como desproporcionais ou acidentais. A seus olhos, o amor está ligado ao projeto oculto mais importante (e sofrido) do querer-viver e, portanto, de toda a nossa vida: ter filhos.

"Por que tanto barulho e confusão sobre o amor? Por que tanta urgência, alvoroço, angústia e esforço?", perguntou. "Porque a meta suprema de todos os casos de amor [...] na verdade é mais importante do que todas as outras metas da vida de qualquer um; portanto é bastante digna da profunda seriedade com que todos a buscam."

O romantismo domina a vida porque "[o] que é decidido por ele é, nada mais, nada menos, a *composição da próxima geração* [...] a existência e a constituição especial da raça humana nos tempos vindouros".

É claro que raramente pensamos nas crianças do futuro quando convidamos alguém para um encontro. Mas, na opinião de Schopenhauer, isso acontece simplesmente porque o intelecto "permanece muito excluído das resoluções reais e decisões secretas da própria vontade".

Por que esse logro seria necessário? Porque, para Schopenhauer, jamais conseguiríamos nos reproduzir se antes não perdêssemos a cabeça – quase literalmente. Ele era um homem profundamente oposto ao tédio, à rotina, à despesa e ao absoluto sacrifício de ter filhos.

Além disso, argumentava que, na maior parte do tempo, se nosso intelecto estivesse propriamente encarregado de escolher por quem se apaixonar, selecionaríamos pessoas extremamente diferentes daquelas com quem acabamos ficando.

Porém, em última análise, somos impelidos a nos apaixonar não por pessoas com quem nos daríamos bem, mas pelas que o querer-viver reconhece como parceiras ideais para produzir o que Schopenhauer chamou, sem meias palavras, de "filhos equilibrados". Todos nós, seja como for, somos um pouco desequilibrados, pensava ele; somos um pouco masculinos ou femininos demais, altos ou baixos demais, racionais ou impulsivos demais. Caso permitíssemos que esses desequilíbrios persistissem ou se agravassem na geração seguinte, em pouco tempo a raça humana se afundaria na esquisitice.

O querer-viver, portanto, tem de nos empurrar para pessoas que possam, por conta de seus desequilíbrios compensadores, eliminar nossos problemas – um nariz grande combinado com um pequeno promete um nariz perfeito. Ele argumentava que pessoas baixinhas costumam se apaixonar por pessoas altas, e homens mais femininos, por mulheres mais masculinas e assertivas.

Infelizmente, essa teoria da atração levou Schopenhauer a uma conclusão desoladora: a pessoa extremamente adequada para produzir um filho equilibrado quase nunca é muito adequada para nós (embora não possamos perceber na hora porque estamos cegos pelo querer-viver). Não deveríamos nos surpreender com casamentos entre pessoas que nunca seriam amigas: "O amor [...] se lança sobre pessoas que, além do sexo, seriam odiosas, desprezíveis e até repugnantes para nós. Mas a vontade da espécie é tão mais poderosa que a dos indivíduos que os amantes deixam tudo de lado, julgam tudo incorretamente e se unem para sempre a um objeto de sofrimento."

A capacidade do querer-viver de promover os próprios interesses em vez da nossa felicidade, conclui a teoria de Schopenhauer, pode ser sentida com clareza especial naquele momento solitário e bastante assustador logo depois do orgasmo: "Imediatamente após a cópula, ouve-se a risada do diabo."

Diante do espetáculo humano, Schopenhauer sente muita pena de nós. Somos exatamente como animais – só que, devido a nossa maior autoconsciência, ainda mais infelizes.

Há alguns trechos pungentes em que ele fala de diferentes animais, porém se concentra principalmente na toupeira: uma monstruosidade atrofiada que habita corredores estreitos e úmidos, raramente vê a luz do dia e cujos rebentos parecem vermes gelatinosos – mas que ainda assim faz tudo que pode para sobreviver e se perpetuar.

Somos exatamente como ela e igualmente dignos de pena, impelidos freneticamente a avançar, arranjar bons empregos para impressionar possíveis parceiros, nos perguntando eternamente se vamos encontrar a "pessoa certa" (imaginando que ela nos fará felizes), até que, afinal, somos seduzidos por alguém por tempo suficiente para produzir um filho e depois passamos os 40 anos seguintes em sofrimento para expiar nosso erro.

Schopenhauer é bela e comicamente lúgubre a respeito da natureza humana:

> Há somente um erro inato, que é a noção de que existimos para sermos felizes [...] Enquanto persistimos nesse erro inato [...] o mundo nos parece cheio de contradições. Afinal, a cada passo, nas coisas grandes e pequenas, estamos fadados a sentir que o mundo e a vida não são certamente organizados com o propósito de trazer contentamento. É por isso que o rosto de quase todos os velhos está marcado por essa decepção.

O pensador oferece duas soluções para lidar com os problemas da existência. A primeira é para os raros indivíduos que ele chama de "sábios".

Com esforço heroico, os sábios são capazes de se elevar acima das exigências do querer-viver: eles veem dentro de si os impulsos naturais para o egoísmo, o sexo e a vaidade... e os superam. Vencem seus desejos, moram sozinhos (geralmente longe das grandes cidades), nunca se casam e sufocam o apetite por fama e status.

No budismo, destaca Schopenhauer, essa pessoa é chamada de monge – mas ele reconhece que só um pequeníssimo número de nós consegue escolher uma vida dessas.

A segunda opção, mais disponível e realista, é passar o máximo de tempo possível em contato com a arte e a filosofia, cuja tarefa é erguer um espelho diante dos esforços frenéticos e do torvelinho infeliz criado em todos nós pelo querer-viver. Talvez não consigamos suprimir o querer-viver com frequência, mas numa noite no teatro ou num passeio com um livro de poesia podemos nos distanciar do cotidiano e olhar a vida sem ilusões.

A arte que Schopenhauer mais amava é o oposto do sentimental: as tragédias gregas, os aforismos de La Rochefoucauld e as teorias políticas de Hobbes e Maquiavel. Essas obras falam francamente de egoísmo, de sofrimento e dos horrores da vida conjugal – e estendem uma solidariedade trágica, digna e melancólica à raça humana.

É apropriado que a própria obra de Schopenhauer se encaixe perfeitamente em sua descrição do que a filosofia e a arte devem fazer. Ela também é profundamente consoladora em seu pessimismo amargo e mórbido. Por exemplo, ele nos diz:

"Casar-se significa fazer todo o possível para se tornar um objeto de asco para o outro."

"Toda história de vida é a história do sofrimento."

"A vida não tem valor intrínseco, mas é mantida em movimento por mera carência e ilusão."

Depois de passar muito tempo tentando sem sucesso se tornar famoso e ter bons relacionamentos, no fim da vida Schopenhauer acabou encontrando um público que adorava seus textos. Ele morava num apartamento em Frankfurt, em paz com seu cão, um poodle branco que se chamava Atman, a alma do mundo dos budistas – mas que as crianças da vizinhança chamavam de Sra. Schopenhauer. Pouco antes de sua morte, um escultor fez um famoso busto seu. Ele morreu em 1860, com 72 anos, tendo alcançado a calma e a serenidade.

É um sábio para nosso tempo, alguém cujo busto deveria ser tão disseminado e tão reverenciado quanto o Buda que ele amava.

Georg Hegel

1770-1831

Georg Wilhelm Friedrich Hegel nasceu em Stuttgart em 1770. Teve uma vida típica de classe média; era obcecado pela carreira e por sua renda. Foi editor de jornal e depois diretor de escola antes de se tornar professor universitário. Nunca chegou a conseguir controlar o próprio cabelo. Mais velho, gostava de ir à ópera. Apreciava muito o champanhe. Em termos intelectuais, era aventureiro, mas por fora era respeitável e convencional – e se orgulhava disso. Ele ascendeu na árvore acadêmica e atingiu o ramo mais alto – reitor da Universidade de Berlim – em 1830 (quando tinha 60 anos). Morreu no ano seguinte.

Hegel teve uma influência terrível na filosofia. Ele escreve pessimamente. É confuso e complicado, quando deveria ser claro e direto. E se aproveitou de uma fraqueza da natureza humana: a confiança que a prosa incompreensível com aparência de seriedade suscita. Ele fez parecer que a marca da leitura de pensamentos profundos é não entender direito o que está acontecendo. Isso tornou a filosofia muito mais fraca no mundo do que deveria. E o mundo pagou um preço alto pelos problemas de comunicação de Hegel. Ele tornou muito mais difícil ouvir as coisas valiosas que tem a nos dizer. Entre elas, destaca-se um pequeno número de lições:

1. Partes importantes de nós podem ser encontradas na história

Hegel foi raro entre os filósofos por levar a história a sério. Em sua época, os europeus costumavam considerar o passado "primitivo" – e se orgulhar de todo o progresso feito para nos levar à Era Moderna.

Porém Hegel preferia acreditar que toda época pode ser considerada um repositório de um tipo específico de sabedoria. Ela manifestará com clareza rara determinadas atitudes e ideias muito úteis que, então, submergem, se tornam indisponíveis ou mais confusas em períodos posteriores. Precisamos voltar no tempo e resgatar coisas que desapareceram, mesmo numa época dita avançada.

Assim, por exemplo, talvez precisemos garimpar a história da Grécia Antiga para entender inteiramente a ideia do que uma comunidade poderia ser; a Idade Média, como nenhuma outra, pode nos ensinar o papel da honra; uma visão inspiradora de como o dinheiro pode financiar a arte se encontra na Florença do século XIV, mesmo que nesse período fossem comuns atitudes horrorosas em relação às crianças e aos direitos da mulher.

Hegel afirmava que o progresso nunca é linear. O presente pode ser melhor em alguns aspectos, mas é provável que, em outros, seja pior do que o passado. Há sabedoria em todos os estágios, o que aponta para a tarefa do historiador: resgatar aquelas ideias mais necessárias para contrabalançar os pontos cegos do presente.

Isso significa que o que ficamos tentados a chamar de nostalgia pode ter um toque de sabedoria. Quando alguém diz que a vida era melhor na década de 1950 ou que admira os valores vitorianos de frugalidade, autossuficiência e trabalho duro, é tentador responder que o relógio não anda para trás e que, de qualquer modo, havia tanta coisa errada nessas épocas que seria horroroso voltar. Porém há uma atitude mais compreensiva que Hegel aproveitou na *Fenomenologia do espírito*, sua obra terminada em 1807. É a opinião de que cada época contém alguma noção importante que, infelizmente, está enterrada num conjunto confuso de erros. Assim, é claro que, em termos gerais, seria terrível voltar no tempo, mas a nostalgia se agarra ao que era bom. E esse aspecto bom é algo em que ainda precisamos prestar atenção no presente. Hegel imaginou uma história ideal em que, aos poucos, todos os aspectos bons do passado seriam libertados das coisas infelizes que os acompanharam. E que o futuro melhor aos poucos amalgamaria todos eles. Temos o que aprender com o industrial do século XIX e com os hippies de 1968, com o bispo medieval e com o camponês francês do século XVIII.

"A história do mundo", diz ele, "é o registro do esforço da mente para entender a si mesma." Nos diversos momentos da história, diferentes aspectos da mente são mais dominantes. O mesmo acontece em microescala na nossa vida. Na infância, a fascinação ou a confiança podem estar mais à frente; na pré-adolescência, podem ser a conformidade e o desejo de agradar a quem é considerado superior; na adolescência, o tema da dúvida pode aparecer ostensivamente. Mais tarde, pode haver episódios de pragmatismo, a experiência da autoridade ou o medo da morte. Em cada um desses estágios, aprendemos gradualmente sobre nós mesmos, e é preciso passar por todos eles para compreender inteiramente quem somos. O quadro ideal da maturidade seria a sabedoria acumulada do que foi aprendido em todas as idades.

2. Aprenda com as ideias de que não gosta

Hegel acreditava muito em aprender com nossos inimigos intelectuais, com pontos de vista dos quais discordamos ou que nos parecem estranhos. Isso porque ele defendia que há uma grande probabilidade de haver pedacinhos de verdade espalhados mesmo em lugares peculiares e nada atraentes – e que deveríamos desenterrá-los, perguntando sempre: "Que fração de razão e bom senso pode estar contida em fenômenos assustadores ou estranhos?"

O nacionalismo, por exemplo, teve muitas manifestações terríveis (mesmo na época de Hegel). Assim, a tentação das pessoas ponderadas é abrir mão completamente dessa ideia. Mas a jogada de Hegel foi perguntar que boa ideia ou necessidade importante poderia se esconder na história sangrenta do nacionalismo – uma necessidade à espera de reconhecimento e interpretação. Ele propôs que as pessoas têm a necessidade de sentir orgulho de seu lugar de origem, de se identificar com algo que vai além das próprias realizações, de ancorar a identidade além do ego. Ele sugeriu que esse é um requisito inevitável e frutífero, algo que mantém seu valor mesmo que alguns movimentos e políticos especialmente medonhos explorem essa necessidade e a levem em direções catastróficas.

Hegel é o herói que pensou que ideias muito importantes podem estar nas mãos de pessoas que consideramos indignas até mesmo de desprezo.

3. O progresso é confuso

Hegel acreditava que o mundo faz progressos, mas sempre se lançando de um extremo a outro em busca de sobrecompensar o erro anterior. Ele propôs que, em geral, são necessários três movimentos para se encontrar o equilíbrio correto em qualquer questão, processo a que chamou de "dialética".

Durante sua vida, ele ressaltou que os governos tinham melhorado, mas não diretamente. O sistema falho, sufocante e injusto de monarquia hereditária tradicional do século XVIII foi abolido pela Revolução Francesa – cujos líderes quiseram dar voz própria à maioria do povo.

Porém o que deveria ter sido o nascimento pacífico do governo representativo acabou na anarquia e no caos do Terror. Este, por sua vez, levou ao surgimento de Napoleão, que restaurou a ordem e assegurou oportunidades para o talento e a capacidade – mas também se excedeu e adotou um militarismo violento, tiranizando o resto da Europa e pisoteando a liberdade que professara amar. Finalmente surgiu a moderna "constituição equilibrada", uma organização que balanceou com mais sensatez a representatividade popular com os direitos das minorias e uma autoridade centralizada razoável. Mas essa solução exigiu pelo menos 40 anos e um banho de sangue incalculável para ser alcançada.

Em nosso tempo, pense no lento caminho rumo a uma atitude sensata em relação ao sexo. Os vitorianos impuseram repressão em excesso. Mas a década de 1960 pode ter sido liberal demais. Talvez só na década de 2020 encontremos o equilíbrio correto entre os extremos.

Hegel tira um pouco do peso de nossas costas ao insistir que o progresso sempre será lento e complicado. Ele acrescenta que o que acontece na história também ocorre com os indivíduos. Também aprendemos devagar e fazemos correções imensas e excessivas. Vejamos o desenvolvimento de nossa vida emocional. Aos 20 anos, podemos estar com alguém com tanta intensidade emocional que nos sentimos sufocados; portanto nos libertamos e escolhemos alguém mais frio e reservado, que também pode se tornar opressivo com o tempo. Talvez façamos 52 antes de mais ou menos acertar nesse aspecto.

Isso pode parecer uma terrível perda de tempo. Mas Hegel insiste que o caminho doloroso de erro em erro é inevitável, algo com que temos que contar e precisamos aceitar quando planejamos a vida ou contemplamos a confusão nos livros de história ou nos noticiários noturnos.

4. A arte tem um propósito

Hegel rejeita a ideia de "arte pela arte". Em sua obra mais impressionante – *Estética* –, ele defende que pintura, música, arquitetura, literatura e design têm uma tarefa importante a cumprir. Precisamos deles para que percepções importantes se tornem úteis e poderosas em nossa vida. A arte é a "apresentação sensual das ideias".

Apenas saber um fato costuma nos deixar frios. Em teoria, acreditamos que o conflito na Síria é importante; na prática, nos desligamos do assunto. Em princípio, sabemos que deveríamos ser mais tolerantes com nossos parceiros. Mas essa convicção abstrata é esquecida à menor provocação (um jornal amassado no saguão, uma manobra imperfeita para estacionar o carro).

A questão da arte, percebe Hegel, não é tanto inventar ideias espantosas, novas ou estranhas, mas fazer os pensamentos bons, importantes e úteis que geralmente já conhecemos grudarem na nossa cabeça.

5. Precisamos de novas instituições

Hegel tinha uma visão muito positiva das instituições e do poder que elas podem exercer. A ideia de um indivíduo pode ser profunda. Mas ela será ineficaz e transitória, a menos que seja incorporada por uma instituição. As ideias de Jesus sobre sofrimento e compaixão precisaram da Igreja Católica para levá-las ao mundo. As ideias de Freud sobre a complexidade da infância só se tornaram uma força propriamente construtiva quando foram organizadas, ampliadas e institucionalizadas na Clínica Tavistock, em Londres.

A questão é que, para as ideias serem ativas e eficazes no mundo, é preciso muito mais do que serem corretas. Essa foi uma questão que Hegel reiterou várias vezes de maneiras diferentes. Para ser importante numa sociedade, uma ideia precisa de edifícios e funcionários, programas de treinamento e assessores jurídicos, pois as instituições permitem a escala de tempo de que grandes projetos precisam – muito mais extensa do que a maturidade de um indivíduo.

A função essencial da instituição é tornar as grandes verdades poderosas na sociedade. (E a instituição se perde quando deixa de ter uma missão profunda.) Assim, à medida que novas necessidades da sociedade são reconhecidas, isso deveria, em termos ideais, levar à formação de novas instituições.

Atualmente, podemos dizer que precisamos de novas e grandes instituições que se concentrem em relacionamentos, educação do consumidor, escolha da carreira, gerenciamento do humor e como criar filhos menos mimados.

Conclusão

Hegel apontou o dedo para uma característica fundamental da vida moderna: ansiamos por progresso e aprimoramento, mas somos continuamente confrontados por conflitos e reveses.

Sua ideia é que todo crescimento exige o choque de ideias divergentes e, portanto, será lento e doloroso. Porém, quando ficamos sabendo disso, paramos de aumentar nossos problemas achando que são anormais. Hegel nos oferece uma visão mais precisa e, portanto, mais manejável de nós mesmos, de nossas dificuldades e do lugar que ocupamos na história.

Friedrich Nietzsche

1844-1900

O desafio começa com a pronúncia do nome dele. A primeira parte soa como "ni", a segunda como "tchê": nítche.

Friedrich Nietzsche nasceu em 1844, numa aldeia tranquila na parte oriental da Alemanha onde, durante gerações, seus antepassados haviam sido pastores. Ele se saiu excepcionalmente bem na escola e na universidade. Destacou-se tanto em grego antigo (matéria de muito prestígio na época) que se tornou professor da Universidade da Basileia ainda com 20 e poucos anos.

Porém sua carreira oficial não deu certo. Ele se cansou dos colegas da academia, pediu demissão e se mudou para a Suíça e para a Itália, onde viveu modestamente e em geral sozinho. Foi rejeitado por uma sucessão de mulheres, o que lhe causou muita tristeza ("Minha falta de confiança é imensa"). Não se dava bem com a família ("Não gosto de minha mãe e para mim chega a ser doloroso ouvir a voz de minha irmã") e, em resposta ao isolamento, deixou crescer um bigode imenso e dava longas caminhadas diárias pelo campo. Durante muitos anos, seus livros quase não venderam. Quando tinha 44 anos, sua saúde mental cedeu por completo. Ele nunca se recuperou e morreu 11 anos depois.

Nietzsche acreditava que a tarefa central da filosofia era nos ensinar a "tornarmo-nos quem somos". Em outras palavras, a sermos leais a nosso potencial mais elevado e descobrirmos qual é ele.

Com esse fim, ele desenvolveu quatro linhas de pensamento bem úteis:

1. Assuma a inveja

A inveja é – como Nietzsche reconhecia – uma parte substancial da vida. E mesmo assim costumamos ser ensinados a ter vergonha dos nossos sentimentos invejosos. Eles parecem uma indicação do mal. Assim, os escondemos de nós e dos outros a tal ponto que haverá pessoas que às vezes dizem, com toda a sinceridade, que não invejam ninguém.

Isso é logicamente impossível, insistia Nietzsche, ainda mais no mundo moderno (que ele definia como qualquer época após a Revolução Francesa). Aos olhos dele, a democracia de massa e o fim da antiga época feudal aristocrática criaram um ambiente perfeito para sentimentos de inveja porque todos eram incentivados a se sentir iguais aos outros. Na época feudal, nunca teria ocorrido ao servo invejar o príncipe. Porém agora todos se comparavam com todos e, em consequência, estavam expostos a uma mistura volátil de ambição e inadequação.

No entanto, não há nada errado com a inveja, afirmava o filósofo. O que importa é a maneira como lidamos com ela. A grandeza vem de sermos capazes de aprender com nossas crises de inveja. Nietzsche considerava esse sentimento uma mensagem de nosso eu profundo – confusa, mas importante – sobre o que queremos de verdade. Tudo que nos causa inveja é um fragmento de nosso verdadeiro potencial, que renegamos por nossa própria conta e risco. Deveríamos aprender a estudar nossa inveja meticulosamente, a fazer um diário dos momentos em que ela aparece e depois repassar os episódios para discernir a forma de um eu melhor e futuro.

A inveja que não assumimos acabará emitindo o que Nietzsche chamava de "odores sulfurosos". A amargura é a inveja que não entende a si mesma. Não que Nietzsche acreditasse que sempre conseguimos o que queremos (sua própria vida lhe ensinou que isso não é assim). Ele simplesmente insistia que temos de tomar consciência de nosso verdadeiro potencial, travar uma luta heroica para honrá-lo e, só então, lamentar o fracasso com franqueza solene e sinceridade digna.

2. Não seja cristão

Nietzsche tinha algumas coisas extremadas a dizer sobre o cristianismo: "Chamo o cristianismo de grande maldição, de grande depravação intrínseca [...] Em todo o Novo Testamento só há uma pessoa que vale a pena respeitar: Pilatos, o governador romano."

Isso servia para escandalizar, mas seu verdadeiro alvo era mais sutil e interessante: ele não gostava do cristianismo por proteger as pessoas da própria inveja.

O cristianismo, segundo o relato de Nietzsche, surgiu perto da queda do Império Romano na mente de escravos tímidos, sem estômago para tomar para si o que realmente queriam (ou admitir que não conseguiam), que se agarraram a uma filosofia que transformava sua covardia em virtude. Os cristãos desejavam gozar dos reais ingredientes de uma vida plena (uma posição no mundo, sexo, capacidade intelectual, criatividade), mas foram ineptos demais para obtê-los. Por isso inventaram um credo hipócrita que condenava o que queriam – mas eram fracos demais para lutar para conseguir – enquanto louvava o que não queriam – mas que, por acaso, tinham. Assim, no sistema de valores cristão, a falta de sexo se transformou em "pureza", a fraqueza se tornou "bondade", a submissão a pessoas odiadas, "obediência" e, na expressão de Nietzsche, "não ser capaz de vingar-se" virou "perdão".

O cristianismo se resumia a uma justificativa gigantesca para a passividade e a um mecanismo para drenar a vida de seu potencial.

3. Nunca tome bebidas alcoólicas

Nietzsche só bebia água – e, em ocasiões especiais, leite. Ele achava que deveríamos fazer o mesmo. Não era uma pequena questão excêntrica sobre alimentação. A ideia ia ao âmago de sua filosofia, quando falava sobre "os dois grandes narcóticos na civilização europeia: o cristianismo e o álcool".

Ele odiava as bebidas alcoólicas pela mesmíssima razão por que menosprezava o cristianismo: porque ambos anestesiam a dor e nos garantem que as coisas estão bem do jeito que estão, nos roubando a vontade de mudar a vida para melhor. Alguns drinques são suficientes para trazer uma sensação temporária de satisfação que pode atrapalhar fatalmente as providências necessárias para melhorar nossa vida. Não que Nietzsche admirasse o sofrimento pelo sofrimento. Porém ele reconhecia a verdade lamentável, mas fundamental, de que o crescimento e as realizações têm aspectos irrevogavelmente dolorosos:

> E se prazer e desprazer estivessem tão interligados que quem quisesse ter o máximo possível de um também tivesse o máximo possível do outro [...] Temos uma escolha na vida: ou o mínimo desprazer possível, a anestesia, em resumo, [...] ou o máximo desprazer possível como preço da abundância de prazeres e alegrias sutis [...]

EDVARD MUNCH, *Friedrich Nietzsche*, 1906

O pensamento de Nietzsche recalibra o significado do sofrimento. Quando a situação está difícil, esse não é, necessariamente, um sinal de fracasso; pode ser apenas a prova de quão nobres e árduas são as tarefas que assumimos.

4. "Deus está morto"

A afirmativa radical de Nietzsche sobre o falecimento de Deus não é, como se costuma supor, algum tipo de comemoração. Apesar das reservas quanto ao cristianismo, o filósofo não achava que o fim da crença fosse algo a celebrar.

As crenças religiosas eram falsas, ele sabia, mas também observava que, em algumas áreas, elas eram muito benéficas para o funcionamento saudável da sociedade. Abrir mão da religião significava que os seres humanos teriam de achar novas maneiras de encontrar orientação, consolo, ideias éticas e ambição espiritual. Ele previa que isso seria complicado.

Nietzsche propôs que a lacuna deixada pela religião deveria idealmente ser preenchida pela cultura (filosofia, artes plásticas, música, literatura); a cultura deveria substituir as Escrituras.

No entanto, ele desconfiava profundamente do modo como sua época lidava com a cultura. Acreditava que as universidades estavam matando as humanidades, transformando-as em exercícios acadêmicos secos em vez do que elas sempre deveriam ser: guias para a vida. Ele admirava sobretudo o modo como os gregos tinham usado a tragédia de modo prático e terapêutico, como ocasião de catarse e educação moral – e desejava que sua época tivesse ambição comparável.

Nietzsche acusava a cultura baseada em museus e universidades de se afastar de seu potencial como guia para a vida e a moralidade exatamente na época em que a "Morte de Deus" tornara esses aspectos ainda mais necessários.

Ele preconizava uma reforma na qual as pessoas, recém-conscientes da crise provocada pelo fim da fé, preenchessem as lacunas criadas pelo desaparecimento da religião com a sabedoria e a beleza curativa da cultura.

Conclusão

Cada época enfrenta desafios psicológicos específicos, pensava Nietzsche, e a tarefa do filósofo é identificá-los e ajudar a resolvê-los.

Para ele, o século XIX cambaleava sob o impacto de dois fenômenos: a democracia de massa e o ateísmo. A primeira ameaçava liberar torrentes de inveja não digerida e ressentimento venenoso; o segundo, deixar os seres humanos sem orientação nem moralidade.

Em relação a ambos os desafios, Nietzsche elaborou algumas soluções fascinantes – e com elas nossa época tem algumas coisas extremamente práticas a aprender, como ele tanto gostaria.

Martin Heidegger

1889-1976

A área não deixa de ter outros ótimos concorrentes, mas, na história competitiva dos filósofos alemães incompreensíveis, Martin Heidegger, em qualquer avaliação, será o grande vitorioso. Nada rivaliza com a prosa de sua obra-prima *Ser e tempo* (1927) em termos de contorções e do número imenso de palavras alemãs compostas e complexas que o próprio autor cunhou, entre elas *Seinsvergessenheit* (esquecimento do ser), *Bodenständigkeit* (enraizamento no solo) e *Wesensverfassung* (constituição essencial).

A princípio, é provável que seja enigmático e talvez irritante, mas, aos poucos, vai-se gostando do estilo e entendendo que, sob a superfície vaporosa, Heidegger nos diz algumas verdades simples, às vezes até singelas, sobre o significado da vida, a doença de nosso tempo e os caminhos para a liberdade. Deveríamos fazer uma força para entendê-las.

Ele nasceu – e em muitos aspectos permaneceu – um alemão provinciano e rural que adorava colher cogumelos, andar pelo campo e ir para a cama cedo. Detestava televisão, aviões, música pop e comida industrializada. Nascido em 1889 numa família católica pobre, tornou-se um astro acadêmico depois da publicação de *Ser e tempo* – mas cometeu o deslize fatal de acreditar nas palavras de Hitler em meados da década de 1930 (e não foi o único). Ele esperava que os nazistas restaurassem a ordem e a dignidade da Alemanha e, de acordo com o clima da época, fez alguns discursos ardentes e tentou banir os acadêmicos judeus da Universidade de Freiburg, da qual era reitor. Quase se pode perdoá-lo por esse período de insanidade, pelo qual pagou muito caro. Depois da derrota da Alemanha em 1945, foi levado a uma comissão de desnazificação e ficou proibido de dar aulas até o fim da década. Espantosamente, no entanto, aos poucos sua carreira reviveu (prova da atração de suas ideias), embora ele passasse cada vez mais tempo numa cabana que possuía na floresta, longe da civilização moderna, até sua morte em 1976.

Ao longo de toda a sua carreira, ele buscou nos ajudar a viver com mais sabedoria. Queria que fôssemos corajosos para encarar certas verdades e levássemos vidas mais ricas, ponderadas e felizes. A filosofia não era um exercício acadêmico. Como para os antigos gregos, era uma vocação espiritual e uma forma de terapia. Ele diagnosticou que a humanidade moderna sofre de várias e novas doenças da alma:

1. Esquecemos de perceber que estamos vivos

Em teoria já sabemos disso, é claro, mas no dia a dia não estamos adequadamente em contato com o profundo mistério da existência, o mistério do que Heidegger chamava de *"das Sein"*, "o Ser". Boa parte de sua filosofia se dedica a tentar nos despertar para a estranheza de existir num planeta girando em meio a um universo aparentemente silencioso, estranho e desabitado.

Só em alguns momentos raros, talvez tarde da noite, quando estamos doentes e estivemos sozinhos o dia inteiro ou numa caminhada pelo campo, é que nos deparamos com a misteriosa estranheza de tudo: por que as coisas existem como existem, por que estamos aqui e não ali, por que o mundo é assim, por que essa árvore ou aquela casa são como são? Para registrar esses raros momentos em que o estado normal oscila um pouco, Heidegger fala, com maiúsculas, do Mistério do Ser. Toda a sua filosofia é devotada a nos fazer apreciar e reagir adequadamente a esse conceito bastante abstrato mas fundamental.

Para Heidegger, o mundo moderno é uma máquina infernal dedicada a nos distrair da natureza básica e maravilhosa do Ser. Ela constantemente nos empurra para tarefas práticas, nos sobrecarrega de informações, mata o silêncio, não quer nos deixar em paz – em parte porque perceber o Mistério do Ser tem seus aspectos assustadores. Quando o fazemos, podemos ser tomados pelo medo (*Angst*) ao ficarmos cientes de que tudo que parecia enraizado, necessário e tão importante pode ser contingente, sem sentido e sem propósito verdadeiro. Podemos nos perguntar por que temos este emprego em vez daquele, por que estamos num relacionamento com uma pessoa em vez de outra, por que estamos vivos quando, facilmente, poderíamos estar mortos. Boa parte da vida cotidiana é projetada para manter essas perguntas esquisitas e desalentadoras – mas fundamentais – a distância.

Na verdade, estamos fugindo de um confronto com – e até quem não fala alemão pode reagir à profundidade sonora desse importante termo heideggeriano – *das Nichts* (o Nada), que está no outro lado do Ser.

O Nada está em toda parte; ele nos persegue e acabará nos engolindo, mas, insiste Heidegger, a vida só é bem vivida quando se aceita o Nada e a natureza breve do Ser – como podemos fazer, por exemplo, quando a luz suave da tarde dá lugar à escuridão no fim de um dia quente de verão no sopé dos Alpes da Bavária.

2. Esquecemos que todo o Ser está conectado

Olhamos o mundo pelo prisma dos nossos interesses estreitos. Nossas necessidades profissionais influenciam as coisas a que prestamos atenção e com que nos importamos. Tratamos os outros e a natureza como meios, não como fins.

Mas às vezes (e, novamente, caminhadas pelo campo são especialmente propícias a essa percepção) podemos sair de nossa órbita estreita e ter uma visão mais generosa de nossa conexão com o resto da existência. Podemos sentir o que Heidegger chamou de "Unidade do Ser" e notar, de um modo que ainda não tínhamos notado, que nós, aquela joaninha na casca da árvore, aquela pedra e aquela nuvem existimos todos neste momento e estamos fundamentalmente unidos pelo fato básico de Ser.

Heidegger valoriza esses momentos e quer que os usemos como trampolim para uma forma mais profunda de generosidade, a superação da alienação e do egoísmo e uma apreciação mais profunda do breve tempo que nos resta antes que *das Nichts* venha nos reclamar para si.

3. Esquecemos de ser livres e de viver por nós mesmos

É claro que grande parte do que somos não é muito livre. Na formulação incomum de Heidegger, somos "lançados ao mundo" no começo da vida: lançados num meio social específico e estreito, cercados de atitudes rígidas, preconceitos arcaicos e necessidades práticas que não foram criadas por nós.

O filósofo quer nos ajudar a superar esse *Geworfenheit* (estar lançado) entendendo suas múltiplas características. Deveríamos visar a entender nosso provincianismo psicológico, social e profissional e, depois, nos elevar acima dele até alcançar um ponto de vista mais universal.

Assim fazendo, realizaremos a clássica jornada heideggeriana da *Uneigentlichkeit* à *Eigentlichkeit* (da inautenticidade à autenticidade). E, em essência, começaremos a viver por nós mesmos.

Ainda assim, para Heidegger, na maior parte do tempo fracassamos lamentavelmente nessa tarefa. Apenas nos rendemos a um modo superficial e socializado de ser o que ele chamou de "a gente" (*they-self*) – em oposição a "nós" (*our-selves*). Seguimos *das Gerede* (o tagarelar), o que ouvimos falar nos jornais, na TV e nas cidades grandes onde Heidegger detestava passar seu tempo.

O que nos ajudará a nos afastar de "a gente" é um foco adequadamente intenso em nossa morte iminente. Talvez só quando percebermos que os outros não podem nos salvar de *das Nichts* paremos de viver por eles; paremos de nos preocupar tanto com o que os outros pensam e deixemos de dedicar a maior parte da nossa vida e da nossa energia a impressionar pessoas que, para começo de conversa, nunca gostaram de nós de verdade. O *Angst* (medo) do "Nada", embora desconfortável, pode nos salvar; a consciência de nosso *Sein-zum-Tode* (Ser-para-a-morte) é a estrada da vida. Quando, numa palestra em 1961, perguntaram a Heidegger como recuperar a autenticidade, ele respondeu de forma sucinta que deveríamos simplesmente passar mais tempo "em cemitérios".

4. Tratamos os outros como objetos

Na maior parte do tempo, quase sem querer, tratamos os outros como o que Heidegger chama de *das Zeug* (equipamento), como se fossem ferramentas, e não Seres em Si Mesmos.

A cura para esse egoísmo está na exposição às grandes obras de arte. São elas que nos ajudarão a nos afastar de nós mesmos e a apreciar a existência independente de outras pessoas e coisas.

VINCENT VAN GOGH, *Um par de sapatos*, 1887

Heidegger elaborou essa ideia no decorrer de uma discussão sobre um quadro de Van Gogh que mostra um par de sapatos de camponês. Normalmente, não prestamos muita atenção aos sapatos; eles são apenas mais um "equipamento" de que precisamos para continuar vivendo. Mas, quando nos são apresentados numa tela, ficamos propensos a notá-los – como se fosse pela primeira vez – pelo que são.

O mesmo pode nos acontecer quando somos confrontados com outras partes do mundo natural e artificial representadas por grandes artistas. Graças à arte, sentiremos um novo tipo de *Sorge* (cuidado) pelo Ser que está além de nós.

Conclusão

Seria mentira dizer que o significado e a moral de Heidegger estão muito claros. Ainda assim, o que ele nos diz é às vezes fascinante, sábio e surpreendentemente útil. Apesar da linguagem e das palavras extraordinárias, em certo sentido já sabemos muito do que ele diz. Precisamos meramente que nos recordem e incentivem a levá-lo a sério, coisa que o estilo estranho da prosa nos ajuda a fazer. No fundo do coração, sabemos que está na hora de superar nosso *Geworfenheit*, que deveríamos nos tornar mais conscientes de *das Nichts* no dia a dia e que merecemos escapar das garras de *das Gerede* pelo bem de *Eigentlichkeit* – com uma ajudinha do cemitério.

Jean-Paul Sartre

1905-1980

Jean-Paul Sartre nasceu em 1905. Seu pai, capitão da Marinha, morreu quando ele era bebê, e o menino cresceu muito unido à mãe até os 12 anos, quando, para seu grande pesar, ela se casou de novo. Sartre passou a maior parte da vida em Paris, onde frequentava os cafés da Rive Gauche e se sentava nos bancos do Jardim de Luxemburgo. Ele era estrábico, com um olho vesgo, e usava óculos grossos e característicos. Ganhou o Prêmio Nobel de Literatura de 1964, mas o recusou porque o prêmio era burguês e capitalista. Era baixinho (1,60 metro) e com frequência se descrevia como feio. Usava o cabelo vigorosamente escovado para trás. Quando morreu, em 1980 (com 74 anos), 50 mil pessoas acompanharam seu caixão pelas ruas de Paris.

Sartre ficou famoso como o personagem principal do movimento filosófico chamado existencialismo. Ele trouxe glamour ao pensamento e à filosofia. Escreveu um livro denso e difícil chamado O *ser e o nada*, que aumentou sua fama, não tanto porque as pessoas compreendessem suas ideias, mas exatamente porque não entendiam. Sartre foi o beneficiário de um desejo, que se generalizou na segunda metade do século XX, de reverenciar livros pelo mistério de que pareciam se aproximar, não pela clareza de suas declarações.

O existencialismo foi construído em torno de várias noções básicas:

1. As coisas são mais esquisitas do que pensamos

Sartre é extremamente atento aos momentos em que o mundo se revela muito mais estranho e misterioso do que costumamos admitir; momentos em que a lógica que atribuímos a ele no dia a dia se torna indisponível, mostrando que as coisas são altamente contingentes e mesmo absurdas e assustadoras.

O primeiro romance de Sartre – *Náusea*, publicado em 1938 – está repleto de evocações desses momentos. A certa altura, o herói Roquentin, um escritor de 30 anos que vive numa cidadezinha francesa fictícia à beira-mar, está num bonde. Ele põe a mão no assento, mas a puxa de volta rapidamente. Em vez de um objeto bem básico e óbvio, que mal merece um momento de atenção, o banco prontamente lhe parece estranhíssimo; a palavra "banco" se solta das suas amarras, o objeto a que se refere brilha com toda a sua esquisitice primordial, como se nunca tivesse sido visto, e seu material e sua suave elevação o fazem pensar na barriga inchada e repulsiva de um burro morto. Roquentin precisa se forçar a recordar que essa coisa a seu lado é algo para as pessoas se sentarem. Por um momento aterrorizante, o personagem vislumbrou o que Sartre chama de "absurdo do mundo".

Momentos assim vão ao âmago da filosofia de Sartre. Ser sartreano é perceber a existência como ela é quando despida de todos os preconceitos e suposições estabilizadoras que nossas rotinas cotidianas nos oferecem. Podemos experimentar o ponto de vista sartreano em muitos aspectos da nossa vida. Pense no que você chama de "jantar com seu parceiro". Sob essa descrição, tudo parece bastante lógico, mas um sartreano retiraria a normalidade da superfície para mostrar a estranheza radical escondida por trás. Jantar na verdade significa que, quando a parte do planeta onde você está gira para longe da energia de uma explosão distante de hélio e hidrogênio, você enfia os joelhos sob tiras de uma árvore derrubada, põe pedaços de plantas e animais mortos na boca e os mastiga, enquanto a seu lado outro mamífero cuja genitália você às vezes toca faz o mesmo. Ou pense em seu emprego com olhos sartreanos: você e muitos outros envolvem o corpo em panos e se congregam numa grande caixa onde fazem sons agitados uns para os outros; você aperta muitos botões de plástico com grande rapidez em troca de pedaços de papel. Depois, para e vai embora. Na próxima vez que o céu clareia, você volta.

2. Somos livres

Sem dúvida, esses momentos esquisitos são desorientadores e assustam bastante, mas Sartre quer chamar nossa atenção para eles por um razão central: sua dimensão libertadora. A vida é muito mais esquisita do que pensamos (ir para o escritório, jantar com um amigo, visitar os pais: nada disso é óbvio nem remotamente normal), mas também, em consequência, é muito mais rica de possibilidades. As coisas não têm de ser como são. Somos mais livres do que nos permitimos imaginar em meio à pressão ordinária dos compromissos e obrigações. É apenas tarde da noite ou talvez quando estamos de cama ou fazendo uma longa viagem de trem para algum lugar desconhecido que damos permissão à mente para devanear em direções menos convencionais. Esses momentos são, ao mesmo tempo, inquietantes e libertadores. Podemos sair de casa, romper um relacionamento e nunca mais ver a pessoa com quem convivemos. Podemos sair do emprego, nos mudar para outro país e nos reinventar como alguém totalmente diferente.

Em geral, pensamos ter inúmeras razões para nada disso ser possível. Mas, com suas descrições de momentos de desorientação, Sartre quer nos dar acesso a um modo diferente de pensar. Quer nos afastar do ponto de vista normal e estabelecido para libertar nossa imaginação: talvez não precisemos continuar tomando o ônibus para ir trabalhar, dizendo coisas que não queremos a pessoas de quem não gostamos nem sacrificando nossa vitalidade por falsas noções de segurança.

No decorrer do processo em direção ao reconhecimento de nossa liberdade, enfrentaremos o que Sartre chama de "angústia" da existência. Tudo é (assustadoramente) possível porque nada tem nenhum sentido ou propósito pré-ordenado ou dado por Deus. Os seres humanos vão inventando as coisas pelo caminho e são livres para se libertar das algemas a qualquer momento. Na ordem não humana do mundo, não há nada chamado "casamento" nem "emprego". Isso não passa de um rótulo que pusemos nas coisas e, como existencialistas, somos livres para retirá-los.

Isso tudo é assustador – daí a palavra "angústia" –, mas Sartre vê a angústia como um marco de maturidade, um sinal de que estamos plenamente vivos e apropriadamente conscientes da realidade, com sua liberdade, suas possibilidades e suas grandes escolhas.

3. Não deveríamos viver de "má-fé"

Sartre deu nome ao fenômeno de viver sem reconhecer apropriadamente a liberdade. Ele o chamou de "má-fé".

Estamos de má-fé sempre que nos dizemos que as coisas precisam ser de um determinado jeito e fechamos os olhos a outras opções. É má-fé insistir que *temos* de realizar um tipo específico de trabalho, viver com uma pessoa específica ou construir nosso lar num dado lugar.

A descrição mais famosa de má-fé está em O ser e o nada, quando Sartre nota um garçom que lhe parece excessivamente dedicado a seu papel, como se fosse, antes de tudo, um garçom, e não um ser humano livre:

> Tem gestos vivos e marcados, um tanto precisos demais, um pouco depressa demais. Ele se aproxima dos clientes num passo rápido demais e se inclina com presteza algo excessiva. Sua voz e seus olhos exprimem interesse talvez demasiado solícito pelo pedido do freguês.

Sartre diagnostica que ele sofre de *má-fé*. O homem (provavelmente inspirado em alguém do Café de Flore, no bulevar Saint-Germain) o convenceu de que, essencial e necessariamente, é um garçom, e não uma criatura livre que poderia ser pianista de jazz ou pescador numa traineira do mar do Norte. A mesma atitude de servidão entranhada e sem opção pode ser observada hoje num gerente de TI ou em um pai ou em uma mãe que busca o filho na escola. É provável que cada um deles sinta: tenho que fazer o que estou fazendo, não tenho escolha, não sou livre, meu papel me obriga a fazer o que faço.

Reconhecer a própria liberdade num sentido existencial não deve se confundir com a ideia da autoajuda americana de que somos livres para ser ou fazer tudo sem dor nem sacrifício. Sartre é muito mais sombrio e trágico do que isso. Ele apenas quer ressaltar que temos mais opções do que normalmente acreditamos ter – mesmo que, em alguns casos, a principal opção (que Sartre defendia com vigor) seja o suicídio.

4. Somos livres para derrubar o capitalismo

O fator que mais desestimula as pessoas a se sentirem livres é o dinheiro. A maioria de nós vai eliminar uma série de opções possíveis (mudar-se para o exterior, tentar uma nova carreira, largar o cônjuge) dizendo: "Isso se eu não tivesse de me preocupar com dinheiro."

Essa passividade diante do dinheiro enfurecia Sartre num nível político.

Ele considerava o capitalismo uma máquina gigantesca projetada para criar uma sensação de necessidade que na verdade não existe; ela nos faz dizer a nós mesmos que temos de trabalhar um certo número de horas, comprar um produto ou serviço específico, pagar aos outros muito pouco por seu trabalho. Mas nisso só há a negação da liberdade – e a recusa a levar a sério a ideia de que deveríamos ter a possibilidade de viver de outra maneira.

Foi devido a essas opiniões que Sartre se interessou a vida inteira pelo marxismo (embora criticasse a URSS e o Partido Comunista francês). Em teoria, o marxismo parecia permitir que as pessoas aproveitassem a própria liberdade ao reduzir o papel que considerações materiais, dinheiro e propriedades representam em sua vida.

Este continua a ser um pensamento sedutor: poderíamos mudar a política para recuperar o contato com nossas liberdades fundamentais? Como mudar nossa atitude perante o capital? Quantas horas por semana deveríamos trabalhar? Como o que passa na TV ou o lugar aonde vamos nas férias ou o currículo escolar poderiam ser melhores? Como mudar nossos meios de comunicação tóxicos e tomados de propaganda?

Apesar de escrever muito (estima-se que ele tenha escrito pelo menos cinco páginas por dia durante sua vida adulta), Sartre não seguiu essas linhas de pensamento. Ele abriu as possibilidades, mas as tarefas continuam a ser nossas.

Conclusão

Sartre é inspirador em sua insistência de que as coisas não têm de ser do jeito que são. Ele dá grande importância a nosso potencial ainda não realizado, como indivíduos e como espécie.

E insiste que aceitemos a fluidez da existência e criemos novas instituições, novos hábitos, visões de mundo e ideias. A aceitação de que a vida não tem nenhuma lógica pré-ordenada e não é inerentemente dotada de significado pode ser uma fonte de imenso alívio quando nos sentirmos oprimidos pelo peso da tradição e do *status quo*. Sartre é útil para nós principalmente na adolescência – quando as expectativas sociais e parentais podem nos esmagar –, e nos momentos mais sombrios da meia-idade, quando reconhecemos que ainda há tempo para mudar, mas não muito.

Albert Camus

1913-1960

Albert Camus foi um filósofo e escritor franco-argelino de meados do século XX, homem extremamente bonito que ganhou nossa atenção com base em três romances, *O estrangeiro* (1942), *A peste* (1947) e *A queda* (1956), e dois ensaios filosóficos, *O mito de Sísifo* (1942) e *O homem revoltado* (1951).

Camus ganhou o Prêmio Nobel de Literatura de 1957 e faleceu aos 46 anos, morto sem querer por seu editor Michel Gallimard quando o carro esporte Facel Vega onde estavam os dois bateu numa árvore. No bolso de Camus havia uma passagem de trem que ele decidiu não usar no último minuto.

A fama de Camus começou com seu romance *O estrangeiro* e ainda se baseia principalmente nele. Passado na Argel natal de Camus, o livro conta a história de um herói lacônico, isolado e irônico chamado Meursault, homem que não vê sentido no amor, no trabalho ou na amizade e que, um dia, meio que por engano, mata um árabe sem saber sua motivação e acaba condenado à morte – em parte por não mostrar remorso, mas sem se incomodar muito com seu destino, seja ele qual for.

O romance registra o estado de espírito definido pelo sociólogo Émile Durkheim como *anomie*, uma alienação apática e estéril em que o indivíduo se sente totalmente isolado dos outros e não consegue encontrar um modo de compartilhar seus valores ou suas afinidades.

Há muito tempo ler O *estrangeiro* se tornou um rito adolescente de passagem dos jovens da França e de muitos outros lugares – o que não o desmerece, pois muitos dos grandes temas são abordados pela primeira vez por volta dos 17 anos.

Meursault, o herói de O *estrangeiro*, não consegue aceitar nenhuma das respostas-padrão que tentam justificar por que as coisas são como são. Ele vê hipocrisia e sentimentalismo em tudo – e não consegue fazer vista grossa. É um homem que não aceita as explicações normais dadas a coisas como o sistema educacional, o local de trabalho, os relacionamentos e os mecanismos do governo. Ele fica de fora da vida burguesa normal e é extremamente crítico de sua moralidade anêmica e de sua preocupação estreita com dinheiro e família.

Como explicou Camus num posfácio escrito para a edição americana do livro: "Meursault não entra no jogo [...] ele se recusa a mentir. [...] Ele diz o que é, recusa-se a esconder seus sentimentos; e imediatamente a sociedade se sente ameaçada."

Boa parte da característica hipnótica e incomum do livro vem da voz friamente distante com que Meursault fala conosco, os leitores.

O início é um dos mais lendários da literatura do século XX e dá o tom: "Hoje, a mãe morreu. Ou talvez ontem, não sei bem."

O final é tão desolador quanto desafiador. Meursault, condenado à morte por um homicídio cometido quase sem querer – apenas porque pode ser interessante saber como é apertar o gatilho –, rejeita todos os consolos e aceita heroicamente a indiferença total do universo pela humanidade. "Faltava-me desejar que houvesse muitos espectadores no dia da minha execução e que me recebessem com gritos de ódio."

Mesmo que não sejamos homicidas e ficássemos realmente muito tristes caso nossa mãe morresse, todos somos passíveis de ter alguma experiência com a atmosfera de O *estrangeiro*... quando temos liberdade suficiente para perceber que estamos numa gaiola, mas sem liberdade suficiente para escapar dela... Quando parece que ninguém entende... e tudo parece meio irremediável... talvez no verão antes do começo da faculdade.

Além de O *estrangeiro*, a fama de Camus repousa sobre um ensaio intitulado O *mito de Sísifo*, publicado no mesmo ano do romance.

Esse livro também tem um início ousado: "Só existe um problema filosófico realmente sério: o suicídio. Julgar se a vida vale a pena ser vivida ou não, essa é a questão fundamental da filosofia."

Aos olhos de Camus, a razão dessa escolha amarga é que, assim que começamos a pensar a sério, como fazem os filósofos, vemos que a vida não tem sentido – e, portanto, somos obrigados a nos perguntar se não deveríamos simplesmente dar fim a tudo.

Para entender essa tese e uma afirmativa tão extremada, temos de situar Camus na história do pensamento. Seu anúncio dramático de que devemos pensar em suicídio porque a vida talvez não tenha significado se baseia na noção anterior de que a vida realmente poderia ser rica com um sentido oferecido por Deus, conceito que hoje soaria remoto para muitos de nós.

Ainda assim, temos de lembrar que, no Ocidente, nos últimos 2 mil anos, a ideia de que a vida tinha sentido era considerada indiscutível, outorgada por uma instituição acima de todas as outras: a Igreja cristã.

Camus pertence a uma longa linhagem de pensadores, de Kierkegaard a Nietzsche, Heidegger e Sartre, que lutam com o reconhecimento deprimente de que, de fato, não há um sentido pré-ordenado na vida. Somos apenas matéria biológica girando estupidamente numa pedra minúscula num dos cantos de um universo indiferente. Não fomos postos aqui por uma deidade benévola nem nos pediram que trabalhássemos rumo à salvação sob a forma dos Dez Mandamentos e dos ditames do Evangelho sagrado. Não há mapa nem grandes razões. E esse reconhecimento é o que está no âmago de tantas crises descritas pelos pensadores que hoje chamamos de existencialistas.

Filho da modernidade pessimista, Camus aceita que nossa vida é absurda na perspectiva mais ampla das coisas, mas, ao contrário de alguns filósofos, resiste ao niilismo e ao desespero total. Argumenta que temos de viver com o conhecimento de que nossos esforços serão praticamente inúteis, nossa vida logo será esquecida e nossa espécie é irremediavelmente corrupta e violenta – mas deveríamos suportar mesmo assim.

Somos como Sísifo, o personagem grego a quem os deuses ordenaram que rolasse um pedregulho morro acima e o visse cair de novo – por toda a eternidade.

Porém, em última análise, sugere Camus, deveríamos lidar da melhor maneira possível com o que quer que tenhamos de fazer. É necessário reconhecer o pano de fundo absurdo da existência – e então triunfar sobre a possibilidade constante de desespero. Em sua formulação famosa: "Precisamos imaginar Sísifo feliz."

Isso nos leva ao lado mais fascinante e sedutor de Camus: o que quer lembrar a si mesmo e a nós das razões pelas quais vale a pena suportar a vida – e que, no processo, fala com intensidade e sabedoria excepcionais sobre relacionamentos, natureza, o verão, comida e amizade.

Como guia das razões para viver, Camus é extremamente agradável. Muitos filósofos foram feios e isolados do próprio corpo: pensemos em Pascal, que vivia doente; em Schopenhauer, sexualmente malsucedido; no pobre e esquisito Nietzsche. Camus, por outro lado, era:

- Muito bonito.

- Extremamente bem-sucedido com as mulheres: nos últimos dez anos de vida, nunca teve menos de três namoradas ao mesmo tempo, além das esposas.

- E sabia se vestir muito bem, influenciado por James Dean e Humphrey Bogart. Não surpreende que a *Vogue* americana o convidasse para posar.

Essas não eram apenas idiossincrasias estilísticas. Depois da constatação de que a vida é absurda, talvez cheguemos à beira do desespero – mas seremos também impelidos a viver com mais intensidade. Desse modo, Camus se comprometeu seriamente com os prazeres da vida ordinária. Dizia que via sua filosofia como "um convite lúcido para viver bem e criar no meio do deserto".

Ele foi um grande defensor do ordinário – que geralmente tem dificuldade de encontrar defensores na filosofia – e, depois de páginas e páginas de seus pensamentos mais densos, nos voltamos com alívio para os momentos em que Camus escreve elogios à luz do sol, aos beijos e à dança.

Camus foi um excelente atleta quando jovem. Quando seu amigo Charles Poncet lhe perguntou o que preferia, futebol ou teatro, dizem que Camus respondeu: "Futebol, sem hesitação."

Camus foi goleiro do time de juniores do Racing Universitaire d'Alger, em Argel (que, na década de 1930, ganhou tanto a Copa dos Campeões do Norte da África quanto a Copa Norte-africana).

O espírito de equipe, a fraternidade e o objetivo em comum atraíam Camus enormemente. Quando uma revista de esportes lhe pediu, na década de 1950, que dissesse algumas palavras relativas a sua época no Racing Universitaire d'Alger, ele declarou: "Depois de ver muitas coisas ao longo de muitos anos, devo ao esporte o que sei com mais certeza sobre moralidade e o dever do homem." Camus se referia à moralidade que defende em seus ensaios: permanecer ao lado dos amigos e valorizar a honestidade e a coragem.

Camus era um grande defensor do sol. Seu belo ensaio "L'Été" ("O verão") homenageia "o calor da água e o corpo castanho das mulheres". Ele escreve: "Pela primeira vez em 2 mil anos, o corpo apareceu nu nas praias. Durante vinte séculos, os homens se esforçaram para dar decência à insolência e à ingenuidade gregas, para diminuir a carne e complicar a vestimenta. Hoje, os rapazes que correm nas praias mediterrâneas repetem os gestos dos atletas de Delos."

Ele defendia um novo paganismo baseado nos prazeres imediatos do corpo:

> Recordo [...] uma moça alta e magnífica que dançou a tarde inteira. Usava uma guirlanda de jasmins sobre o vestido azul justo, molhado de suor da base das costas às pernas. Ela ria enquanto dançava e jogava a cabeça para trás. Quando passou pelas mesas, deixou atrás de si um aroma que misturava flores e carne.

Camus condenava os que desdenhavam tais coisas como triviais e ansiavam por algo melhor, mais elevado, mais puro: "Se é que existe, o pecado contra a vida talvez consista menos em desesperar-se do que em esperar por outra vida e fugir à grandeza implacável desta."

Numa carta, ele observou: "As pessoas me atraem na medida em que são apaixonadas pela vida e ávidas pela felicidade..."; "Há causas pelas quais vale a pena morrer, mas nenhuma pela qual valha a pena matar."

Camus foi muito aclamado em vida, mas a comunidade intelectual de Paris desconfiava profundamente dele, que nunca foi um parisiense sofisticado. Ele era um *pied-noir* (isto é, alguém nascido na Argélia, mas de origem europeia) saído da classe operária cujo pai morrera de ferimentos de guerra quando Camus era bebê e cuja mãe era faxineira.

Não por coincidência o filósofo favorito de Camus era Montaigne – outro francês muito pé no chão, alguém que se pode amar tanto pelo que escreveu quanto pela pessoa que foi.

Teoria política

Nicolau Maquiavel

1469-1527

Nossa avaliação dos políticos fica dividida entre a esperança e a decepção. Por um lado, temos a noção idealista de que um político deveria ser um herói correto, um homem ou mulher capaz de levar um novo padrão moral ao funcionamento corrupto do Estado. No entanto, também somos regularmente catapultados para o cinismo quando percebemos o número de negociatas de bastidores e a extensão das mentiras a que os políticos recorrem. Ficamos divididos entre a esperança idealista e o temor pessimista do lado ruim da política. Curiosamente, o mesmo homem que deu seu nome à palavra "maquiavélico" – tantas vezes usada para descrever os piores conchavos políticos – pode nos ajudar a entender os perigos dessa cansada dicotomia. Os textos de Maquiavel sugerem que não deveríamos ficar surpresos com as mentiras e dissimulações dos políticos nem considerá-los imorais e simplesmente "maus" por agirem assim. O bom político, do ponto de vista notável de Maquiavel, não é alguém bom, amistoso e honesto; é alguém que, por mais sombrio e ardiloso que ocasionalmente seja, saiba defender, enriquecer e honrar o Estado. Depois que entendemos esse requisito básico, ficamos menos decepcionados e podemos ter mais clareza sobre como queremos que nossos políticos sejam.

Nicolau Maquiavel nasceu em Florença em 1469. Seu pai era um advogado rico e influente, e assim Maquiavel recebeu boa educação formal e obteve seu primeiro emprego como secretário da cidade, redigindo documentos do governo. Mas, pouco depois de sua nomeação, Florença enfrentou uma grave crise política, expulsando a família Médici – que a governara por 60 anos – e sofrendo décadas de instabilidade política. Como consequência disso, ele sofreu vários reveses na carreira.

O pensador se preocupava com um problema político fundamental: é possível ser um bom político e uma boa pessoa ao mesmo tempo? E ele teve a coragem de enfrentar a possibilidade trágica de que, diante do jeito que o mundo é, a resposta seja *não*. Ele não pensa apenas que o sucesso na carreira política venha com mais facilidade para o inescrupuloso, mas nos leva a contemplar uma possibilidade ainda mais sombria: desempenhar bem e corretamente o papel de líder político não combina com ser uma boa pessoa.

Maquiavel escreveu O *príncipe* (1513), sua obra mais famosa, para explicar como obter e manter o poder e o que torna um indivíduo um líder eficaz. Ele propôs que a esmagadora responsabilidade de um bom príncipe é defender o Estado de ameaças internas e externas à governança estável. Isso significa que o príncipe precisa saber lutar, mas, mais que isso, deve saber gerir as pessoas que o cercam e conhecer a reputação delas. Não deve permitir que pensem que ele é frouxo e fácil de desobedecer nem que é tão cruel que a sociedade chegue a repudiá-lo. O príncipe tem de parecer inacessivelmente exigente, mas sensato. Ao pensar se seria melhor para o príncipe ser amado ou temido, Maquiavel escreveu que, embora teoricamente fosse maravilhoso um líder ao mesmo tempo amado e obedecido, o príncipe deveria sempre tender para o lado do terror, pois, em última análise, é isso que mantém as pessoas sob controle.

A ideia mais radical e característica de Maquiavel foi sua rejeição da virtude cristã como uma boa diretriz a ser seguida pelos líderes políticos. Os contemporâneos cristãos de Maquiavel recomendavam que os príncipes fossem misericordiosos, pacíficos, generosos e tolerantes. Eles achavam que ser um bom político era o mesmo que ser um bom cristão.

Mas Maquiavel defendia vigorosamente uma visão diferente. Ele pediu aos leitores que refletissem sobre a incompatibilidade entre a ética cristã e a boa governança usando o caso de Girolamo Savonarola. Savonarola era um cristão idealista e fervoroso que quis construir em Florença a Cidade de Deus na Terra. Ele pregou contra os excessos e a tirania do governo Médici e chegou a conseguir comandar Florença como um Estado pacífico, democrático e (relativamente) honesto durante alguns anos. No entanto, o sucesso de Savonarola não podia durar, pois, na opinião de Maquiavel, baseava-se na fraqueza que sempre acompanha a bondade cristã. Não demorou para seu regime se tornar uma ameaça para o corrupto papa Alexandre VI, cujos capangas capturaram Savonarola e o torturaram, enforcaram e queimaram no centro de Florença. Aos olhos de Maquiavel, é isso o que inevitavelmente acontece às pessoas boas que entram para a política. Elas sempre acabam enfrentando um problema que não pode ser resolvido com generosidade, bondade ou decência porque seus rivais e inimigos não seguem essas regras. Os inescrupulosos sempre têm a maior vantagem e é impossível vencer agindo de maneira decente. Ainda assim, é necessário vencer para manter a sociedade segura.

Em vez de seguir esse infeliz exemplo cristão, Maquiavel sugeriu que o líder se sairia melhor se fizesse uso sensato do que, numa expressão deliciosamente paradoxal, ele chamava de "virtude criminosa". Maquiavel ofereceu alguns critérios para sabermos qual seria a ocasião adequada para a aplicação da virtude criminosa: isso deve ser necessário para a segurança do Estado, a ação precisa ser rápida (geralmente feita à noite) e não deve se repetir com frequência, de forma a não atrair para o príncipe a reputação de brutalidade irracional. Maquiavel deu como exemplo seu contemporâneo César Bórgia, que ele admirava muito como líder – embora talvez não o quisesse como amigo. Quando conquistou a cidade de Cesena, Bórgia ordenou que Ramiro de Orco, um de seus mercenários, levasse ordem à região, o que Ramiro fez de maneira rápida e violenta. Homens foram decapitados diante das esposas e dos filhos, propriedades foram confiscadas, traidores, castrados. Então Bórgia se voltou contra o próprio Orco e mandou cortá-lo ao meio e deixá-lo pendurado em praça pública, para lembrar aos habitantes quem mandava. A essa altura, como observa Maquiavel com aprovação, já houvera derramamento de sangue suficiente. Bórgia passou então a reduzir os impostos, importou trigo barato, construiu um teatro e organizou uma série de belos festivais para impedir que o povo ficasse remoendo lembranças infelizes.

A Igreja Católica baniu as obras de Maquiavel durante 200 anos por causa do vigor com que ele argumentou que ser um bom cristão era incompatível com ser um bom líder. Mas, mesmo para os ateus e para as pessoas que não se envolvem com a política, as ideias de Maquiavel são importantes. Ele escreve que não podemos ser bons em tudo e para tudo. Temos que escolher em que áreas queremos nos destacar e abandonar os outros – não só pelas limitações de talento e recursos, mas também pelos conflitos em relação aos códigos morais. Algumas áreas que escolhemos – talvez não ser um príncipe, mas quem sabe os negócios ou a vida familiar ou outras formas de lealdade e responsabilidade – poderão exigir o que, evasivamente, chamamos de "decisões difíceis" para não dizer conflitos éticos. Talvez tenhamos que sacrificar nossa visão ideal da bondade em nome da eficiência prática. Talvez tenhamos que mentir para manter um relacionamento. Talvez tenhamos que ignorar os sentimentos dos trabalhadores para manter a empresa funcionando. Esse, insiste Maquiavel, é o preço de lidar com o mundo como ele é e não como achamos que deveria ser. O mundo continua a amar e odiar Maquiavel em igual medida por insistir nessa verdade desconfortável.

Porém ele é vítima de um mal-entendido natural. Talvez pareça que está do lado das pessoas agressivas ou meio violentas; que louva os que são cruéis e insensíveis. Mas, na verdade, seu duro conselho sobre ser impiedoso está voltado para as pessoas que, por não terem sido suficientemente impiedosas num momento crucial, correm o risco de perder o que é mais importante para elas.

Thomas Hobbes

1588-1679

Thomas Hobbes foi um filósofo inglês do século XVII que pode nos servir como guia para solucionar um dos problemas mais espinhosos da política: até que ponto devemos obedecer pacientemente aos governantes – sobretudo àqueles que não são muito bons – e até que ponto devemos começar revoluções e depor governos em busca de um mundo melhor?

O pensamento de Hobbes é inseparável de um grande acontecimento que começou quando ele tinha 54 anos – e que o marcou tão profundamente que influenciou todo o seu pensamento subsequente (é digno de nota que ele morreu aos 91 anos e que só nos lembramos dele hoje por causa das obras que escreveu depois dos 60).

Esse evento foi a Guerra Civil inglesa, um conflito cruel, desagregador, custoso e homicida que se alastrou pela Inglaterra durante quase uma década e lançou as forças do rei contra as do Parlamento, levando à morte de aproximadamente 200 mil pessoas de ambos os lados.

Hobbes era um homem profundamente pacífico e cauteloso. Detestava todo tipo de violência, disposição que se revelou aos 4 anos, quando seu pai, um clérigo, caiu em desgraça e abandonou a esposa e a família depois de brigar com outro vigário nos degraus da igreja de sua paróquia numa aldeia de Wiltshire.

Leviatã, a obra mais célebre de Hobbes, foi publicada em 1651. É a declaração mais definitiva, persuasiva e eloquente já produzida para explicar por que devemos obedecer à autoridade do governo, mesmo que muito imperfeita, para evitar o risco de caos e derramamento de sangue. Para entender o contexto do conservadorismo de Hobbes, é útil mencionar que, por toda a Europa Ocidental do século XVII, os teóricos políticos começavam a perguntar, com nova objetividade, por que os súditos deveriam obedecer aos governantes.

Durante séculos, desde a Idade Média, havia uma resposta-padrão para essa pergunta, contida na teoria do direito divino dos reis. Era uma teoria direta e simples, mas muito eficaz, que simplesmente afirmava que Deus havia nomeado todos os reis e que era preciso obedecer a esses monarcas por uma razão clara: porque a divindade assim ordenava – e Ele mandaria para o inferno todo mundo que não concordasse.

Porém, para muitas pessoas ponderadas, isso não era mais convincente. Argumentava-se que, em última análise, o direito de governar não era dos reis, mas do povo comum que conferia poder aos reis. Portanto só se deveria esperar que os súditos aceitassem ordens do rei na medida em que – e apenas se – a situação lhes fosse favorável. Isso ficou conhecido como a teoria do contrato social do governo.

Hobbes percebia que a teoria do direito divino dos reis não fazia sentido e seria cada vez menos convincente com o declínio da observância religiosa. Ele mesmo, em seu íntimo, era ateu. Ao mesmo tempo, tinha profundo pavor das possíveis consequências da teoria do contrato social, que poderia incentivar o povo a depor seus governantes sempre que se sentisse um pouco insatisfeito.

Hobbes recebeu um relato em primeira mão da decapitação do rei Carlos I num cadafalso diante da Banqueting House do palácio de Whitehall, em 1649 – e, a partir daí, seu trabalho intelectual foi dedicado a assegurar que cenas medonhas e primitivas como essa nunca mais se repetissem.

Assim, em *Leviatã* ele apresenta um argumento engenhoso que tenta casar a teoria do contrato social com a defesa da obediência e submissão totais à autoridade tradicional. Ele conseguiu isso levando os leitores de volta no tempo a um período que chamou de "estado de natureza", antes que houvesse qualquer tipo de rei, para que pensassem no modo como os governos surgiram.

Um dos pontos essenciais na argumentação de Hobbes era que o estado de natureza não poderia ser bom, porque, deixados por conta própria, sem uma autoridade central que lhes inspirasse respeito, os seres humanos logo cairiam em discussões, lutas internas e contendas intoleráveis. Seria um pouco como a Guerra Civil inglesa, mas com pessoas vestidas de pele de urso golpeando-se com armas de pedra lascada. Na famosa formulação de Hobbes, a vida no estado de natureza seria "horrível, violenta e curta".

Como consequência, por medo e pavor do caos, as pessoas foram levadas a formar governos. Elas o fizeram de boa vontade, como sustentavam os teóricos do contrato social, mas também sob considerável coerção, correndo para os braços de uma autoridade forte, à qual, portanto, tinham o dever subsequente de continuar obedecendo, com apenas poucos direitos de se queixar caso não gostassem.

O único direito que o povo teria de protestar contra um soberano absoluto, ou Leviatã, como ele o chamou, seria o caso de este diretamente ameaçar matar seus súditos.

No entanto, se o governante apenas sufocasse a oposição, impusesse impostos onerosos, destruísse a economia e mandasse prender dissidentes, não haveria absolutamente nenhuma razão para ir às ruas exigir a mudança do governo.

"Embora de um poder tão ilimitado os homens possam imaginar muitas más consequências, as consequências de sua falta, que é a guerra perpétua de todo homem contra seu próximo, são muito piores."

Ele admitia que o governante podia vir com "inclinação para cometer feitos cruéis", mas o povo ainda teria o dever de obedecer, já que "os assuntos humanos nunca deixam de ter alguma inconveniência". Mas essa inconveniência era por culpa do povo, não do soberano, pois "se os homens pudessem governar a si mesmos, não haveria necessidade alguma de um poder coercitivo comum." E Hobbes continua: "Aquele que se queixar da injustiça de seu soberano queixar-se-á daquilo de que ele mesmo é autor; portanto não deveria acusar homem algum senão a si."

A teoria de Hobbes era sombria, cautelosa e não muito esperançosa quanto ao governo. Em nossos momentos mais otimistas, queremos que ele estivesse errado. Mas parece que o nome de Hobbes será sempre relevante e renovado quando revoluções motivadas pela busca da liberdade terminarem de maneira horrível. Hobbes não era contra revoluções por nenhum motivo sinistro. Ele apenas defendia, como explica no prefácio de *Leviatã*, que se sentia obrigado "a pôr diante dos olhos dos homens a relação mútua entre proteção e obediência".

Jean-Jacques Rousseau

1712-1778

Em diversos aspectos, a vida moderna se baseia na ideia do progresso: a noção de que, à medida que sabemos mais (principalmente sobre ciência e tecnologia) e que a economia dos países cresce, estamos fadados a ser mais felizes. Sobretudo no século XVIII, conforme as sociedades europeias e sua economia se tornavam cada vez mais complexas, a opinião convencional era de que a humanidade estava numa trajetória positiva, afastando-se da selvageria e da ignorância rumo à prosperidade e à civilidade. Mas houve pelo menos um filósofo do século XVIII disposto a questionar com vigor a "Ideia do Progresso" – e ele continua a ter coisas muito provocantes a dizer sobre nossa época.

Jean-Jacques Rousseau, filho de Isaac Rousseau, um relojoeiro bem instruído, nasceu em Genebra em 1712. Quase de imediato, Rousseau sofreu o primeiro de seus "infortúnios", como diria mais tarde: apenas nove dias depois de dar à luz, sua mãe, Suzanne Bernard, morreu em razão das complicações de um parto traumático e difícil. Quando Rousseau tinha 10 anos, o pai se envolveu numa disputa política e a família foi forçada a fugir para a cidade de Berna, onde mais tarde Isaac se casaria pela segunda vez. A partir desse momento, a vida de Rousseau foi marcada pela instabilidade e pelo isolamento. Durante a adolescência e a idade adulta, ele se mudou com frequência, às vezes em busca de amor e reconhecimento, às vezes só para fugir de perseguições.

Quando rapaz, Rousseau foi a Paris e lá conheceu a opulência e o luxo que eram a ordem do dia do *ancien régime*; a burguesia, cheia de aspirações, fazia o possível para emular o gosto e o estilo da realeza e da aristocracia, aumentando o espírito competitivo que alimentava a próspera cena social parisiense. A Paris à qual Rousseau se expôs era muito diferente de Genebra, sua cidade natal sóbria e profundamente contrária à ostentação de artigos de luxo.

A vida de Rousseau foi moldada por importantes viradas da sorte. Uma das mais marcantes ocorreu em 1749, quando ele leu um exemplar do jornal *Mercure de France* que anunciava um concurso de ensaios sobre o tema dos recentes avanços nas artes e nas ciências: teriam contribuído ou não para a "purificação moral"? Ao ler a nota publicada pela Académie de Dijon, Rousseau teve uma revelação. Veio-lhe a ideia, aparentemente pela primeira vez, de que a civilização e o progresso na verdade não melhoravam as pessoas e que tinham exercido uma influência destrutiva e terrível sobre a moral dos seres humanos, que antes eram bons.

Rousseau abraçou essa ideia e a transformou na tese central de seu louvado *Discurso sobre as ciências e as artes*, que ganhou o primeiro lugar na competição do jornal. No ensaio, Rousseau fazia uma crítica inflamada à sociedade moderna e questionava os preceitos centrais do pensamento iluminista. Seu argumento era simples: os indivíduos já haviam sido bons e felizes um dia; porém, quando o homem saiu de seu estado pré-social, passou a ser atormentado pelo vício e foi reduzido ao pauperismo.

Em seguida, Rousseau esboçou uma história do mundo, não como um relato do progresso, da barbárie às grandes oficinas e cidades da Europa, mas do retrocesso de um estado privilegiado em que levávamos uma vida simples mas tínhamos a oportunidade de dar ouvidos a nossas necessidades. Na Pré-História tecnologicamente atrasada, no "estado de natureza" (*l'état de nature*) de Rousseau, quando homens e mulheres viviam nas florestas e nunca tinham entrado em lojas nem lido jornais, ele imaginou que as pessoas compreendiam com mais facilidade a própria mente e, portanto, eram atraídas pelas características essenciais de uma vida repleta de satisfação: o amor pela família, o respeito pela natureza, o assombro com a beleza do universo, a curiosidade pelos outros e o gosto pela música e por diversões simples. O estado de natureza também era moralmente virtuoso, guiado pela *pitié* (piedade) pelos outros e por seu sofrimento. Foi desse estado que a moderna "civilização" comercial nos arrancou, deixando-nos a invejar, ansiar e sofrer num mundo de abundância.

Rousseau sabia muito bem que sua conclusão era polêmica e previu um "clamor universal" contra sua tese. O *Discurso* realmente provocou um número considerável de respostas. O filósofo alcançara a fama.

Mas, para ele, qual elemento da civilização era responsável por corromper o homem e produzir sua degeneração moral? Bem, na raiz de sua hostilidade estava a afirmação de que a marcha rumo à civilização despertou no homem uma forma artificial de "amor-próprio" – *amour-propre* –, centrada no orgulho, na inveja e na vaidade. Ele argumentava que essa forma destrutiva de amor-próprio surgiu em consequência do estabelecimento de povoados e cidades maiores, onde as pessoas começaram a olhar os outros para captar a própria noção de individualidade. Os civilizados pararam de pensar nos próprios desejos e sentimentos e apenas imitavam os outros, entrando numa competição destrutiva por dinheiro e status.

O homem primitivo, observou Rousseau, não se comparava com os outros e se concentrava apenas em si mesmo; seu objetivo era simplesmente sobreviver. Embora não tenha realmente empregado a expressão "nobre selvagem" em seus textos filosóficos, sua descrição do homem natural despertou um fascínio por esse conceito. Para os que talvez considerem essa história romântica e impossível, o devaneio de um autor emocionável e ressentido com a modernidade, vale refletir que, se o século XVIII deu ouvidos ao argumento de Rousseau, foi principalmente porque já vira um exemplo convincente de sua aparente verdade sob a forma do destino das populações indígenas da América do Norte.

Relatos sobre a sociedade indígena remontavam ao século XVI e ela era retratada como materialmente simples mas psicologicamente gratificante: as comunidades eram pequenas, unidas, igualitárias, religiosas, brincalhonas e marciais. Sem dúvida, os índios eram atrasados em termos financeiros. Viviam de frutas e animais selvagens, dormiam em tendas, tinham poucas posses. Todo ano usavam as mesmas peles e calçados. Mesmo o chefe não possuía mais do que uma lança e algumas vasilhas. Porém havia um distinto grau de contentamento em meio à simplicidade.

No entanto, poucas décadas depois da chegada dos primeiros europeus, o sistema de status da sociedade indígena sofreu uma revolução pelo contato com a tecnologia e o luxo da indústria europeia. O que importava não era mais a sabedoria nem a compreensão dos sinais da natureza, mas a propriedade de armas, joias e álcool. Os índios passaram a ansiar por brincos de prata, pulseiras de cobre e latão, anéis de estanho, colares feitos de vidro de Murano, picadores de gelo, armas de fogo, bebidas alcoólicas, chaleiras, contas de vidro, enxadas e espelhos.

Esse novo entusiasmo não surgiu por coincidência. Os comerciantes europeus deliberadamente tentavam provocar desejos nos índios para motivá-los a caçar as peles de animais que o mercado europeu exigia. Infelizmente, parece que a nova riqueza não tornou os índios mais felizes. Mas eles certamente trabalharam mais pesado. Entre 1739 e 1759, estima-se que os 2 mil guerreiros da tribo Cherokee mataram 1 milhão e 250 mil cervos para satisfazer a demanda europeia. Porém as taxas de suicídio e alcoolismo aumentaram, as comunidades se fragmentaram, facções brigaram. Os chefes das tribos não precisaram de Rousseau para entender o que tinha acontecido e mesmo assim concordariam totalmente com sua análise.

Rousseau morreu em 1778, com 66 anos, enquanto caminhava nos arredores de Paris. Passara seus últimos anos como celebridade, morando com sua companheira. Mas também vivia de mudança, fugindo de perseguições em Genebra depois que algumas das suas ideias mais radicais, principalmente sobre religião, provocaram controvérsia (e o estresse disso tudo também provocou uma série de colapsos mentais). Hoje ele está sepultado no Panteão de Paris e os genebrinos o homenageiam como seu filho mais famoso.

Numa época como a nossa, em que opulência e luxo são considerados desejáveis e, ao mesmo tempo, extremamente ofensivos, as ideias de Rousseau continuam a reverberar. Para identificar nosso valor próprio, ele nos incentiva a deixar de lado a inveja e a competição e olhar apenas para nós mesmos. Somente resistindo aos males da comparação podemos evitar sentimentos de infelicidade e inadequação, diria Rousseau. Embora isso seja difícil, ele confiava que não era impossível e, portanto, nos deixou uma filosofia de crítica fundamental, mas também de profundo otimismo. Há um jeito de escapar ao sofrimento e à corrupção produzidos pelos costumes, pelas instituições e pela civilização moderna; o difícil é que isso envolve olhar para dentro e reviver nossa bondade natural.

Adam Smith

1723-1790

Adam Smith é nosso guia num dilema que talvez seja o mais urgente de nossa época: a questão de como tornar a economia capitalista mais humana e significativa.

Ele nasceu em 1723 em Kirkcaldy, na Escócia – uma cidadezinha manufatureira perto de Edimburgo. Foi um aluno esforçado e era muito próximo à mãe. Na infância, foi brevemente sequestrado por ciganos. Embora fosse de classe média, viajou pela França durante a adolescência com o mais sofisticado aristocrata jovem de seu tempo, com quem desenvolvera uma amizade íntima. Depois tornou-se um filósofo acadêmico, escreveu um grande livro sobre a importância da solidariedade e deu aulas de Lógica e Estética. Tinha um sorriso encantador. Seu escritório costumava ser muito bagunçado.

Ele também foi um dos maiores pensadores da história da economia, em parte porque seus interesses iam muito além da economia. Queria entender o sistema monetário, porque sua ambição era tornar povos e nações mais felizes. Em sua época, isso em geral significaria se interessar por religião ou pelo governo. O debate intelectual era dominado por discussões apaixonadas sobre o papel da Igreja e os fundamentos do Estado. Mas Smith insistia que os filósofos deveriam se preocupar com a economia: como se ganha dinheiro, como se gasta e quem ganha quanto para fazer o quê.

Até hoje Smith continua a ser um guia valioso para quatro ideias que podem nos ajudar a criar um tipo melhor de capitalismo:

1. Especialização

Quando consideramos o mundo moderno do trabalho, dois fatos se destacam:

- A economia moderna produz uma quantidade de riqueza sem precedentes (para a elite).

- Muita gente comum considera o trabalho entediante e – o que é uma reclamação muito importante – sem sentido.

Esses dois fenômenos estão (estranha e) intimamente relacionados, conforme Adam Smith foi o primeiro a entender com sua teoria da *especialização*. Ele argumentava que, nas empresas modernas, as tarefas antes cumpridas por uma pessoa num único dia podiam, de forma muito mais lucrativa, ser divididas em muitas tarefas realizadas por várias pessoas ao longo de toda a linha de produção.

Smith louvava isso como um avanço grandioso: ele previu que as economias nacionais ficariam imensamente mais ricas quanto mais especializada se tornasse sua força de trabalho. Um país onde as pessoas fizessem o próprio pão do café da manhã, trabalhassem na construção da própria casa pela manhã, tentassem pescar um peixe para o almoço e educassem elas mesmas os filhos à tarde estaria condenado à pobreza. Muito melhor era dividir tudo em áreas individuais de especialização e incentivar as pessoas a negociar necessidades e talentos.

Um sinal de que nosso mundo de hoje é muito rico, diria Smith, é que, toda vez que conhecemos alguém, é improvável que entendamos o que essa pessoa faz na vida. A mania de nomes de cargos incompreensíveis – gerente de logística de suprimentos, coordenador de embalagens, diretor de aprendizado e comunicação – comprova a lógica econômica da ideia de Smith.

Porém a especialização tem um problema imenso: o *sentido*. Quanto mais subdivididas são as tarefas, menos provável é que alguma delas pareça significativa, porque o que chamamos de sentido vem da impressão visceral de que estamos envolvidos em algo que tem importância e pode melhorar a vida de alguém. Quando as empresas são pequenas, com processos controlados, essa sensação está prontamente disponível, mesmo que não se faça nada além de trabalhar numa lojinha de roupas ou numa padaria. Mas, quando tudo é industrializado, a pessoa acaba se sentindo apenas uma engrenagem numa máquina gigantesca cuja lógica geral (embora exista e seja acessível para a administração) tende a estar ausente para quem trabalha nos níveis mais básicos da organização. Uma empresa com 150 mil funcionários distribuídos por quatro continentes, produzindo coisas que levam cinco anos da concepção à entrega, terá dificuldade em manter alguma noção de sentido e coesão.

Alguns pensadores ficaram tão horrorizados com as consequências da especialização que defenderam que deveríamos voltar à economia artesanal (a grande fantasia dos filósofos do século XIX). Mas Smith era mais inventivo. Ele percebeu que o que falta a muitos trabalhadores de economias avançadas é uma história satisfatória sobre como seu esforço individual se encaixa no quadro mais amplo, sobre como eles ajudam outras pessoas e servem à sociedade.

Portanto os chefes das grandes empresas especializadas modernas têm uma responsabilidade adicional em relação a seus trabalhadores: lembrá-los do propósito, do papel e da suprema dignidade de seu trabalho.

2. Capitalismo de consumo

A época de Smith viu o desenvolvimento do que hoje chamamos de capitalismo de consumo. Os fabricantes começaram a produzir artigos de luxo para a classe média em expansão. Brotaram galerias de lojas, assim como revistas de moda e marcas de produtos domésticos. Alguns comentaristas ficaram horrorizados. O filósofo Jean-Jacques Rousseau queria banir o "luxo" de sua Genebra natal e voltar a um modo de vida mais simples. Ele era um ávido admirador da antiga Esparta e argumentava que Genebra deveria copiar seu estilo de vida austero e marcial.

Smith discordava completamente e ressaltou ao filósofo suíço que, na verdade, os artigos de luxo e o consumismo estúpido tinham um papel importantíssimo a desempenhar numa boa sociedade, pois eram eles que geravam o excedente de riqueza que lhe permitia cuidar de seus membros mais fracos. Sim, as sociedades de consumo talvez não tenham o rigor moral superficial de Esparta, mas são apropriadamente morais em outro aspecto: elas não deixam velhos e crianças pequenas morrerem de fome, pois podem bancar hospitais e programas de auxílio aos pobres. Todos aqueles lenços de renda bordados, caixas de rapé cravejadas e templos em miniatura feitos de creme na sobremesa eram desnecessários e fúteis, sem dúvida, mas estimulavam o comércio, criavam empregos e geravam imensa riqueza – e por isso tinham de ser defendidos.

Se Smith terminasse por aí, teríamos uma escolha desconfortável (a tolice do capitalismo de consumo ou a austeridade opressiva de Esparta – ou da Coreia do Norte). Mas ele alimentava uma esperança fascinante para o futuro: o consumo não precisava necessariamente envolver coisas frívolas e idiotas. Ele observou que os seres humanos têm muitas necessidades "mais elevadas" que, na verdade, são muito boas e sensatas, e que, mesmo assim, estão fora dos empreendimentos capitalistas: a necessidade de educação, de autoconhecimento, de cidades bonitas e de uma vida social gratificante.

O capitalismo de hoje ainda não conseguiu se resolver entre as opções esquisitas que Smith e Rousseau ponderavam. Mas a esperança para o futuro é que não fiquemos para sempre ganhando dinheiro apenas com necessidades de consumo degradantes ou superficiais (produzindo cada vez mais cartões de aniversário e pares de tênis). Também aprenderemos a gerar lucros razoáveis ajudando os outros de formas realmente importantes e ambiciosas. A psicoterapia, por exemplo, deveria ser justamente um dos maiores setores econômicos do fim do século XXI.

3. Como tratar os ricos

Naquela época, como hoje, a grande questão era como fazer os ricos se comportarem bem em relação ao restante da sociedade. A resposta cristã era: faça com que se sintam culpados, mostre-lhes o sofrimento dos pobres e apele à sua consciência. Por outro lado, a resposta radical da esquerda era: aumentem os impostos. Mas Smith discordava das duas abordagens. O coração dos ricos provavelmente continuaria frio e a elevação de impostos só os faria fugir do país.

Ele chegou a recomendações mais originais e sutis graças a uma teoria sobre o que os ricos realmente querem. Sua proposta era que, ao contrário do que seria de esperar, não é com dinheiro que os ricos realmente se preocupam – é com honra e respeito. Os ricos acumulam dinheiro não porque sejam materialmente gananciosos, mas porque são emocionalmente carentes. Eles o fazem principalmente para se sentirem apreciados e aprovados.

Essa vaidade oferece aos governantes sensatos uma ferramenta muito útil. Em vez de tributar os ricos, eles deveriam aprender a prestar muitas homenagens a estes e lhes dar bastante status – em troca de todas as coisas boas que esses narcisistas normalmente não se dariam o trabalho de fazer, como financiar escolas e hospitais e pagar bem os próprios trabalhadores.

Como diz Smith: "O grande segredo da educação é direcionar a vaidade para objetos adequados."

4. Educar os consumidores

Hoje, as grandes empresas nos parecem muito malvadas, os alvos naturais para atribuirmos a culpa por empregos mal remunerados, danos ambientais e ingredientes cancerígenos. Porém Adam Smith sabia que havia um elemento inesperado e mais importante responsável por esses males: coletivamente, somos nós, os consumidores, que optamos por certos tipos de facilidade e diversão em lugar de outros. E, assim que esse fato básico se afirma, tudo mais vem atrás. Não são as empresas as principais culpadas pela degradação do mundo, mas nossos apetites, aos quais elas meramente servem.

Em consequência, a reforma do capitalismo se baseia numa tarefa que soa estranha, mas é fundamental: educar o consumidor. Precisamos aprender a querer coisas de melhor qualidade e pagar por elas um preço adequado que reflita o verdadeiro fardo sobre os trabalhadores e o meio ambiente.

Portanto uma boa sociedade capitalista não oferece aos consumidores apenas opções; ela também dedica uma parte considerável de sua energia a educar as pessoas para exercerem essa capacidade de escolha com sensatez. O capitalismo precisa ser salvo pelo aumento da qualidade da demanda.

Conclusão

O estado econômico do mundo pode parecer tão errado e tão complicado que acabamos recaindo no desespero e na passividade.

Adam Smith está à disposição para nos dar confiança e esperança. Sua obra é repleta de ideias de como os valores humanos podem ser conciliados com as necessidades das empresas. Ele merece nossa atenção constante porque se interessava por uma questão que se tornou uma prioridade da nossa época: como criar uma economia que seja, ao mesmo tempo, lucrativa e civilizada?

Karl Marx

1818-1883

Quase todo mundo concorda que precisamos melhorar de algum modo nosso sistema econômico, que ameaça o planeta com o consumo excessivo, nos distrai com anúncios irrelevantes, alimenta guerras desnecessárias e permite que pessoas passem fome e não tenham atendimento médico. Mas também tendemos a desdenhar das ideias de seu crítico mais conhecido e ambicioso: Karl Marx. Isso não é nenhuma surpresa. Na prática, suas ideias políticas e econômicas foram usadas para criar economias desastrosamente mal planejadas e ditaduras horríveis. Francamente, hoje as soluções que Marx propôs para os males do mundo soam um pouco dementes. Ele achava que deveríamos abolir a propriedade privada. Em certos momentos, podemos até nos solidarizar. Mas é como querer proibir fofocas ou a televisão. É como declarar guerra ao comportamento humano. E Marx acreditava que o mundo seria endireitado por uma ditadura do proletariado, o que não significa quase nada hoje em dia.

Ainda assim, não deveríamos rejeitar Marx com demasiada pressa. Deveríamos vê-lo como alguém cujo diagnóstico dos males do capitalismo nos ajuda a navegar rumo a um futuro mais promissor.

Karl Marx nasceu em 1818 em Tréveris, na Alemanha. Descendia de uma longa linhagem de rabinos, mas, para se integrar à sociedade alemã, sua família se converteu ao cristianismo quando ele tinha 6 anos. Na suntuosa e prestigiada Universidade de Bonn, ele acumulou dívidas imensas, foi preso por embriaguez e perturbação da paz e se envolveu num duelo. Também queria se tornar crítico teatral. Contrariado, seu pai o mandou para a Universidade de Berlim – mais séria –, onde ele se uniu a um grupo de filósofos conhecidos como os Jovens Hegelianos, que eram extremamente céticos diante da política e da economia modernas.

Em pouco tempo Marx se envolveu com o Partido Comunista, um pequeno grupo de intelectuais que defendia a derrubada do sistema de classes e a abolição da propriedade privada. Ele trabalhou como jornalista e, em segredo, ficou noivo de uma moça rica, Jenny von Westphalen. Devido à sua atividade política, o jovem casal teve de fugir da Alemanha e acabou se instalando em Londres.

Marx escreveu um número enorme de livros e artigos, às vezes com o amigo Friedrich Engels. Alguns dos mais importantes são *Crítica da filosofia do direito de Hegel* (1843), *Manuscritos econômico-filosóficos* (1844), *A Sagrada Família* (1845), *Teses sobre Feuerbach* (1845), *O manifesto comunista* (1848), *Crítica ao programa de Gotha* (1875) e o longuíssimo *O capital* (1867-1894).

Ele escreveu principalmente sobre o capitalismo, o tipo de economia que hoje domina o mundo ocidental e que em sua época ainda estava começando. Marx foi um de seus críticos mais inteligentes e perspicazes. Eis alguns problemas que ele identificou:

1. O trabalho moderno é "alienado"

Uma das principais ideias de Marx, publicada num de seus primeiros livros, os *Manuscritos econômico-filosóficos*, é que o trabalho pode ser uma das maiores fontes de alegria. Era por ter uma visão tão elevada do assunto que Marx se irritava tanto com o trabalho miserável que a maior parte da humanidade é forçada a suportar.

Para se realizar no trabalho, Marx escreveu que os trabalhadores precisam "ver a si mesmos nos objetos que criaram". Na melhor das hipóteses, o trabalho nos dá a chance de externalizar o que temos de bom (digamos, nossa criatividade, nosso rigor, nossa lógica) e lhe dar forma estável e duradoura em algum tipo de objeto ou serviço que seja independente de nós. Quando tudo dá certo, nosso trabalho deve ser um pouco melhor do que nós conseguimos ser no dia a dia, porque permite que nos concentremos e mostremos o que temos de melhor.

Pense em quem construiu essa cadeira: ela é objetiva, forte, sincera e elegante. Agora, a pessoa que a produziu nem sempre demonstraria essas características. Às vezes, ele ou ela ficava mal-humorado, desesperado, inseguro. Mas a cadeira é um monumento aos aspectos positivos de seu caráter. Idealmente, pensava Marx, trabalho é isso. Porém ele também observou que, no mundo moderno, cada vez menos funções nos permitem ver no que produzimos o reflexo do que temos de melhor.

Parte do problema do mundo moderno é que o trabalho é incrivelmente especializado. Vemos isso nos nomes esquisitíssimos dos cargos: encontramos especialistas em tecnologia de embalagens, gerentes de fornecimento de bebidas, técnicos em higiene gastronômica e arquitetos da informação. São necessários anos de treinamento para dominar essas tarefas, o que torna a economia moderna muito eficiente. Mas o resultado é uma situação em que raramente é possível expressar a verdadeira natureza de alguém no que essa pessoa faz no dia a dia.

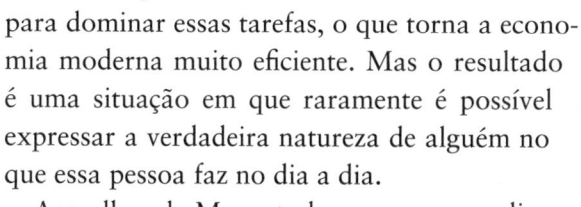

Aos olhos de Marx, todos somos generalistas. Não nascemos para fazer uma coisa só. É apenas a economia que, com seus fins gananciosos, nos empurra para o sa-

Uma cadeira de
jacarandá feita à mão

crifício a uma única disciplina e nos transforma (nas palavras de Marx) em "unilaterais e dependentes" e "reduzidos, espiritual e fisicamente, à condição de máquinas". Foi nos *Manuscritos econômico-filosóficos* que Marx defendeu pela primeira vez que o trabalho moderno leva à "alienação" – em alemão, *Entfremdung*.

No fundo, somos muito mais múltiplos e promíscuos do que a economia moderna permite: sob a calma fachada externa do contador, pode haver alguém louco para ver como se sairia no campo do paisagismo. Muitos poetas gostariam de trabalhar alguns anos na indústria.

Marx reconhece nossos múltiplos potenciais. A especialização pode ser um imperativo econômico, mas também uma traição humana.

O pensador também quer nos ajudar a encontrar um trabalho que seja mais significativo. Segundo ele, o trabalho se torna significativo de duas maneiras. Ou ele ajuda o trabalhador a reduzir diretamente o sofrimento de alguém ou o ajuda, de forma tangível, a aumentar o prazer dos outros. Pouquíssimos tipos de trabalho – como o de um médico ou de um cantor de ópera – se encaixariam perfeitamente nessa descrição.

No entanto, é comum as pessoas largarem o emprego sob a alegação de que não viam sentido em trabalhar vendendo carros, projetando anúncios de móveis de jardim ou ensinando francês a crianças que não querem aprender. Quando o trabalho parece sem sentido, sofremos, mesmo que o salário seja bom. Marx faz um primeiro esboço de como deveríamos reformar a economia: precisamos de um sistema econômico que permita a mais pessoas reduzir o sofrimento de outras ou aumentar seu prazer. No fundo, queremos sentir que estamos ajudando os outros. Temos que sentir que satisfazemos necessidades genuínas, e não que apenas atendemos a desejos aleatórios.

Marx estava ciente de que existem muitos empregos em que a pessoa gera dinheiro mas não vê sua energia ser "coletada" em lugar nenhum. Sua habilidade e sua inteligência se dissipam. A pessoa não consegue apontar algo e dizer: "Fiz isso, isso sou eu." Isso pode afligir mesmo funções aparentemente glamorosas, como a de âncora de telejornal ou modelo de passarela. No dia a dia, é empolgante. Mas, com o passar dos anos, não resulta em nada. O esforço não se acumula. Não há um objetivo a longo prazo ao qual o trabalho se dirija. Depois de alguns anos, a pessoa simplesmente para. É o contrário do arquiteto que pode trabalhar durante cinco anos num grande projeto – até todos os milhões de detalhes, talvez irritantes ou frustrantes em si, acabam se somando numa realização geral e completa. E todos os que fazem parte dela participam da sensação de direcionamento e propósito. Seu trabalho é necessário para dar existência a algo maravilhoso. E eles sabem disso.

2. O trabalho moderno é inseguro

O capitalismo torna o ser humano totalmente descartável, apenas mais um fator entre tantos outros nas forças de produção, que pode ser impiedosamente abandonado no minuto em que o custo subir ou a tecnologia substituí-lo. No capitalismo, simplesmente não existe segurança no emprego. Ainda assim, como sabia Marx, lá no fundo ansiamos por segurança, com intensidade semelhante à que sentimos nos relacionamentos. Não queremos ser mandados embora arbitrariamente, temos pavor do abandono. Marx sabe que somos descartáveis, tudo depende de custo e necessidade. Porém ele é solidário com os anseios emocionais do trabalhador. Nesses termos, o comunismo é uma promessa de que sempre teremos lugar no coração do mundo, que não seremos jogados fora. Isso é profundamente comovente.

3. Os trabalhadores são mal pagos, enquanto os capitalistas enriquecem

Talvez esse seja o mal-estar mais óbvio de Marx em relação ao capitalismo. Especificamente, ele dizia que os capitalistas encolhiam o salário dos trabalhadores o máximo possível para obter uma margem de lucro maior. Para os trabalhadores, era dificílimo protestar ou alterar as próprias circunstâncias. Além de precisarem desesperadamente do emprego, seus senhorios e patrões podiam conspirar para mantê-los no desespero, aumentando o preço da moradia junto com qualquer aumento de salário. A vida moderna também trouxe novos desafios para manter o proletariado fraco: moradias lotadas, doenças, cidades assoladas pelo crime, acidentes de trabalho. Em resumo, escreveu Marx, os trabalhadores podem ser explorados quase infinitamente.

4. O capitalismo é muito instável

Muito antes da Grande Depressão ou do mercado de capitais on-line, Marx reconhecia que os sistemas capitalistas se caracterizam por crises periódicas. Em parte, isso se deve aos capitalistas, que se submetem a riscos cada vez maiores para obter cada vez mais lucro, numa especulação prejudicial aos preços e aos empregos. Mas o capitalismo não é volátil apenas por causa da competição e da fragilidade humana. Na opinião de

Marx, ele é inerentemente instável – uma força que subjuga a si mesma constantemente, "um feiticeiro que não é mais capaz de controlar os poderes do mundo inferior que invocou com seus feitiços".

Ironicamente, ressaltou Marx, as crises do capitalismo não se devem à escassez, mas à abundância – temos coisas demais. Nossas fábricas e nossos sistemas são tão eficientes que poderíamos dar a todos no planeta um carro, uma casa e acesso a bons hospitais e escolas. Poucos precisariam trabalhar. Mas não nos libertamos. Marx acha isso absurdo, o resultado de alguma forma de masoquismo patológico. Em 1700, era necessário o trabalho de quase todos os adultos para alimentar uma nação. Hoje, um país desenvolvido mal precisa que alguém trabalhe na agricultura. Fabricar carros não exige praticamente nenhum funcionário. Hoje o desemprego é pavoroso, visto como um mal terrível. Porém, aos olhos de Marx, ele é um sinal de sucesso: é o resultado de nosso inacreditável poder produtivo. Atualmente o serviço de cem pessoas pode ser realizado por uma máquina. E, em vez de tirar disso uma conclusão positiva, continuamos a ver o desemprego como fracasso e maldição. Mas, logicamente, a meta da economia deve ser desempregar mais e mais pessoas e comemorar esse fato como progresso, não como fracasso.

Marx acredita que, como não distribuímos a riqueza entre todos nem buscamos e comemoramos o desemprego, somos atormentados pela instabilidade, pela infelicidade e pela inquietação. "De repente, a sociedade se vê de volta a um estado momentâneo de barbárie", escreveu. "Por quê? Porque há civilização demais [...] indústria demais, comércio demais."

5. O capitalismo é ruim para os capitalistas

Embora às vezes Marx chamasse os capitalistas e a burguesia de "vampiros" e "irmãos hostis", no fundo ele não achava que fossem pessoas realmente más. Na verdade, ele acreditava que eles também eram vítimas do sistema capitalista. Por exemplo, Marx tinha aguda consciência das tristezas e agonias secretas por trás do casamento burguês. Os ricos de seu tempo falavam da família nos termos mais sentimentais e reverentes. Mas ele defendia que, na verdade, o casamento era uma extensão dos negócios – concentrava o dinheiro nas mãos dos homens, que o usavam para controlar esposas e filhos. De fato, a família burguesa idealizada era cheia de tensões, opressão e ressentimentos e se mantinha unida não pelo amor, mas por razões financeiras. Marx não achava que os capitalistas quisessem viver assim. Ele simplesmente acreditava que o sistema capitalista força todo mundo a colocar o interesse econômico no centro da vida, de forma que, assim, ninguém consegue mais ter relacionamentos profundos e sinceros. Ele chamou essa tendência psicológica de *Warenfetischismus* (fetichismo da mercadoria), porque nos leva a valorizar coisas sem valor objetivo e nos estimula a ver nossos relacionamentos principalmente em termos econômicos.

Esse é outro aspecto importante da obra de Marx: ele nos traz consciência do modo sutil e insidioso com que um sistema econômico influencia as ideias das pessoas sobre todo tipo de coisa. A economia gera o que Marx chamou de ideologia. Na obra *A ideologia alemã*, de 1845, ele escreveu que "as ideias da classe dominante são, em todas as épocas, as ideias dominantes". A sociedade capitalista é aquela em que a maioria das pessoas, ricas e pobres, acredita em todos os tipos de coisa que, na verdade, não passam de julgamentos de valor relativos ao sistema econômico. Por exemplo, que quem não trabalha praticamente não tem valor; que se trabalharmos bastante subiremos na vida; que mais posses nos farão felizes e que as coisas (e pessoas) que valem a pena invariavelmente geram lucro.

Em resumo, um dos maiores males do capitalismo não é que haja pessoas corruptas no topo – isso é verdade em qualquer hierarquia humana –, mas que as ideias capitalistas nos ensinem a ser ansiosos, competitivos, conformistas e politicamente complacentes.

※ ※ ※

Supreendentemente, Marx escreveu muito pouco sobre como seria um sistema comunista. Ele acreditava que seus textos eram principalmente descrições, e não receitas do que viria a acontecer. Quando criticado por suas previsões bastante vagas (de que haveria uma "ditadura do proletariado", por exemplo), ele zombava dizendo que não queria escrever receitas "para os refeitórios do futuro". Talvez sabiamente sentisse que é difícil adivinhar o gosto futuro, tanto na culinária quanto na política.

Ainda assim, podemos encontrar, ocultos em seus textos, alguns vislumbres da utopia de Marx. *O manifesto comunista* descreve um mundo sem propriedade privada, sem heranças, com uma graduação acentuada do imposto de renda, com controle centralizado dos setores bancário, de comunicações e de transportes e com educação pública gratuita para todas as crianças. Marx também esperava que a sociedade comunista permitisse que as pessoas desenvolvessem vários aspectos de sua natureza.

Em *A ideologia alemã*, ele escreveu que "na sociedade comunista [...] [é] possível fazer uma coisa hoje e outra amanhã, caçar pela manhã, pescar à tarde, cuidar do gado à noite, fazer uma crítica depois do jantar, como me der na telha, sem jamais me tornar caçador, pescador, vaqueiro ou crítico". Chegaríamos a explorar todas as nossas diversas facetas – nossa criatividade, nosso intelecto, nossa gentileza e nossa ferocidade – e todos teriam um pouquinho de tempo para filosofar.

* * *

Depois de se mudar para Londres, Marx foi sustentado – algo bastante irônico para um anticapitalista – pelo amigo e parceiro intelectual Friedrich Engels, homem rico cujo pai possuía uma fábrica de algodão em Manchester. Engels pagou as dívidas de Marx, cuidou para que suas obras fossem publicadas e (para desviar as suspeitas da Sra. Marx) assumiu a paternidade de um bebê que, provavelmente, era filho ilegítimo do amigo. Além disso, os dois escreviam poesias um para o outro.

Marx não foi um intelectual muito popular ou respeitado em sua época. Ele passava tempo demais nas salas de leitura do Museu Britânico, escrevendo lentamente um livro interminável sobre o capital. Ele e Engels viviam tentando evitar a polícia secreta (inclusive o cunhado de Marx, que dirigia o serviço secreto prussiano). Quando morreu, em 1883, Marx era um apátrida; apenas 11 pessoas compareceram a seu funeral.

As pessoas respeitáveis e convencionais da época de Marx achariam graça se lhes dissessem que suas ideias transformariam o mundo. No entanto, foi isso que aconteceu poucas décadas depois: seus textos se tornaram a pedra fundamental de alguns dos movimentos ideológicos mais importantes do século XX.

Marx tinha uma visão excepcionalmente ampla dos problemas modernos. Ele cunhou termos que parecem sofisticados, como "materialismo dialético", porque queria nos desafiar a conectar as experiências e escolhas cotidianas a vastas forças históricas, para que nos víssemos como parte de uma luta maior e moralmente importante. Às vezes sua obra é confusa, não só porque ele mudou de ideia no decorrer da vida, mas também porque queria desenvolver uma linguagem própria para descrever problemas modernos de um modo que não fosse prescritivo nem estritamente científico.

Deveríamos resistir à leitura desdenhosa de Marx com base no que aconteceu com suas ideias no século XX porque ele nos é extremamente útil no momento presente. Como muitos de nós, queria entender por que a economia moderna produz tanta miséria ao lado da riqueza material. Ele se assombrava com o poder do capitalismo, o modo como permitia "a sujeição das forças da Natureza ao homem [...] abrindo continentes inteiros ao cultivo, à canalização dos rios, populações inteiras retiradas do solo". Mas também via que o capitalismo não nos torna mais felizes, mais sábios nem mais bondosos. Por si mesmo, o sistema capitalista não pode nos tornar mais humanos, mais completos nem mais plenamente desenvolvidos.

Ao considerar o fracasso dos regimes de inspiração marxista, parece improvável que tentemos melhorar a situação implementando o tipo de revolução que Marx previa. Porém deveríamos pensar com muita seriedade no que ele nos diz sobre os problemas mais profundos do capitalismo. Durante muito tempo, ser marxista significou concordar com a parte menos impressionante das ideias de Marx, com suas soluções para os males do mundo. E, como elas soam esquisitas, tudo mais que ele tinha a dizer ficou de lado.

Mas Marx era como um médico brilhante nos primeiros dias da medicina. Conseguia reconhecer bem a natureza da doença, embora não fizesse ideia de como curá-la. Ele se fixou em alguns passos que talvez parecessem plausíveis na década de 1840, mas que hoje não oferecem muita orientação. Neste momento da história, todos deveríamos ser marxistas, no sentido de concordar com seu diagnóstico de nossos problemas. Entretanto, temos que procurar tratamentos que realmente funcionem.

Eles realmente estão por aí, espalhados entre este e aquele artigo de pesquisa, ou naquele outro livro de economia desdenhado pelos meios de comunicação de massa. Precisamos pensar na construção de uma economia que não só nos traga mais prosperidade como também uma relação melhor com a natureza, com o dinheiro, uns com os outros e com nós mesmos. Não precisamos de uma ditadura do proletariado, mas precisamos reconsiderar por que valorizamos o trabalho e o que queremos obter com ele. Não temos que nos livrar da propriedade privada, mas precisamos de uma relação mais autêntica e cuidadosa com o dinheiro e o consumo. E é necessário começar a reformar o capitalismo, não só depondo presidentes de bancos, mas subvertendo os conteúdos de nossa mente. Só então seremos verdadeiramente capazes de imaginar uma economia que, além de produtiva e inovadora, também promova a liberdade e a realização humana. Como o próprio Marx declarou, "os filósofos apenas interpretaram o mundo de várias maneiras. O importante, contudo, é mudá-lo".

John Ruskin

1819-1900

John Ruskin foi um dos reformadores sociais ingleses mais ambiciosos e apaixonados do século XIX. Ele também era – à primeira vista – um reformador extremamente improvável, porque parecia só se preocupar com uma coisa, a beleza, que tem a reputação de ser algo apolítico e afastado da "vida real". Ainda assim, quanto mais pensava sobre a beleza – a beleza das coisas que os seres humanos fazem, dos edifícios às cadeiras, pinturas e roupas –, mais Ruskin percebia que a jornada em busca de um mundo mais belo é inseparável da necessidade de recriá-lo política, econômica e socialmente. Num mundo que, hoje em dia, está ficando não apenas mais poluído e desigual como também cada vez *mais feio* – embora raramente prestemos atenção nisso –, a ênfase de Ruskin na beleza e na compreensão do papel que ela cumpre na teoria política o torna um personagem inusitado, mas oportuno e muito necessário. No fim da vida, Tolstói descreveu Ruskin com muita precisão como "um dos homens mais notáveis, não só da Inglaterra e de nossa geração como de todos os países e todos os tempos".

Ruskin nasceu em Londres em 1819, num lar rico e cheio de mimos. Era filho único de pais que dedicavam boa parte de suas energias a alimentar e desenvolver seus talentos precoces na arte e na literatura. O pai era um importador de vinho e xerez de imenso sucesso comercial, com gosto por Byron, Shakespeare, Walter Scott e Turner. Os pais de Ruskin decidiram educá-lo em casa, temendo que outras crianças incentivassem hábitos grosseiros no filho. Ele passava a maior parte do dia sozinho no imenso jardim, colhendo flores. Como um agrado, à noite tinha permissão de ficar sentado em silêncio no canto da sala de visitas, esboçando ilustrações para cenas da Bíblia. Todo ano, durante sua adolescência, ele fez longas viagens com os pais à França, à Suíça e à Itália. Eles viajavam devagar em sua própria carruagem, parando em todas as cidades pelo caminho.

O jovem Ruskin gostava especialmente dos Alpes franceses (e da truta deliciosa que a família costumava comer no jantar em Chamonix). Mas o lugar que mais o impressionou e mudou o rumo de sua vida foi Veneza, que conheceu aos 16 anos e para onde voltou todos os anos durante longos períodos da vida adulta. Em Veneza, ele passava os dias visitando igrejas, flutuando em gôndolas e olhando quadros. Também adorava fazer desenhos minuciosos de seus detalhes arquitetônicos favoritos.

Ele dizia que Veneza era "o paraíso das cidades". E declarou que o Palácio dos Doges era "o principal edifício do mundo". Ruskin ficou embevecido com sua beleza, sua dignidade e o esplendor de sua arte. "Seria impossível, acredito, inventar um arranjo mais magnífico de tudo que há de mais digno e belo neste edifício."

Ao voltar para a Inglaterra, ele se espantou com o contraste entre as glórias de Veneza e a realidade tantas vezes lúgubre da vida urbana britânica. É um fenômeno conhecido. Também costumamos voltar de lindas férias e sentir nosso estado de espírito despencar com a visão da cidade grande. Ainda assim, embora resmunguemos algumas observações depreciativas, em geral acabamos não fazendo nada, sentindo que a feiura que nos cerca é algum tipo de fenômeno inviolável ao qual seria melhor nos resignarmos.

Ruskin não era assim. Quanto mais experimentava o contraste entre Veneza e o Reino Unido moderno, mais isso feria e enfurecia seu coração. Ele não conseguia superar a percepção assustadora de que, num lugar, o esforço humano levara a resultados tão maravilhosos e que, em outro (na verdade, na maioria dos lugares), a mesma quantidade de trabalho, a mesma (ou uma maior) quantia de dinheiro e seres humanos semelhantes tinham produzido resultados deprimentes, capazes de destruir a alma. Por que os seres humanos modernos tinham tanta dificuldade para criar ambientes bons para se viver? Por que seu mundo era tão desanimador e monstruosamente feio?

Ruskin começara sua carreira como crítico de arte. Sua ambição era abrir os olhos do público para a beleza de determinados quadros e edifícios, mas, na meia-idade, ele vislumbrou uma meta mais direta e urgente. Ele se deu conta de que a feiura da maioria das coisas no Reino Unido (das fábricas às estações ferroviárias, dos bares às moradias dos trabalhadores) era a indicação mais clara da decadência, da ideologia econômica cruel e das bases morais apodrecidas de sua sociedade.

A tentativa de mudar isso seria a obra de sua vida inteira. Ele devotou o resto da carreira à luta urgente e franca contra os princípios por trás do capitalismo moderno. Atacou os incorporadores imobiliários por colocarem o lucro à frente dos interesses da comunidade. Vergastou os industriais por degradarem a vida de seus operários. E criticou violentamente a burguesia vitoriana como um todo por negligenciar sua responsabilidade em relação aos pobres, por encurtar seus dias e tornar mais grosseiro seu espírito.

JOHN RUSKIN, *O Palácio dos Doges*, Veneza, 1852

Em parte, seus ataques eram feitos em palestras. Ruskin passava boa parte do ano proferindo discursos por todo o Reino Unido. Estava sempre falando a grupos de industriais sobre seu sistema distorcido de valores e a imensa e dolorosa superioridade de Veneza em relação à Inglaterra moderna – o que era mais chocante para seu público, pois o Reino Unido, na mesma época, começava a se tornar a oficina do mundo.

Mas também se interessava por ações práticas. Quando o pai morreu, herdou uma imensa fortuna, que se pôs a gastar em boas causas. Em 1871, fundou a Guilda de São Jorge. Ele sempre admirara o sistema medieval das guildas, em que os trabalhadores se organizavam por ofício e tinham segurança no emprego e orgulho de seu trabalho. A Guilda de Ruskin foi uma tentativa de reorganizar a vida econômica numa linha pré-capitalista. Ele tentou criar uma rede de fazendas que produzissem alimentos sustentáveis e não adulterados (por algum tempo, Ruskin foi um dos principais fabricantes de suco de maçã). Construiu oficinas para produzir roupas de lã e linho. Incentivou empresas que produziam cerâmica, talheres e móveis de alta qualidade a preços razoáveis. E quis que a Guilda atuasse como uma empresa de desenvolvimento imobiliário que se contentasse em cobrir os próprios custos em vez de tentar alcançar as margens de lucro usuais, que, segundo acreditava, eram incompatíveis com a beleza. Finalmente, quis criar uma rede de escolas que oferecessem aulas à noite, além de alguns museus para trabalhadores, como alternativa aos entorpecedores meios de comunicação de massa que lhes eram impostos. Além de destinar a maior parte de sua riqueza à Guilda, ele também incentivou os ricos do país a contribuírem para o projeto.

Em certos aspectos, a Guilda foi um sucesso. Vários industriais doaram a Ruskin seu excedente de riqueza. Foram compradas algumas casinhas no litoral galês, onde um grupo de devotos de Ruskin começou a produzir agasalhos. Perto de Scarborough, foi comprada uma fazenda que produzia vários tipos de geleia. Um museu foi fundado em Sheffield. William Morris, seu discípulo mais dedicado, abriu uma empresa muito influente de móveis e decoração de interiores, a William Morris & Sons, cujas cadeiras e papéis de parede fazem sucesso até hoje.

A Guilda sobreviveu: pode ser encontrada no site www.guildofstgeorge.org.uk – e ainda realiza parte do trabalho que Ruskin apoiava.

Mas é claro que Ruskin não conseguiu reformar o capitalismo sozinho. Parece ser uma regra geral que as pessoas capazes de pensar não sejam as mais aptas a organizar a mudança. Elas não são boas com a contabilidade, ficam impacientes em reuniões – e, devido a essas falhas procedimentais, o mundo não muda tanto quanto deveria. No entanto, Ruskin foi o mais próximo de um ativista-pensador que o século XIX produziu e continua a ser uma inspiração para quem, além de refletir sobre o mundo, busca modificá-lo na direção da beleza e da sabedoria.

Para destacar um de seus projetos, em meados da década de 1870, quando era professor em Oxford, Ruskin estava ficando cada vez mais incomodado porque seus alunos não entendiam o significado e o prazer do trabalho. Eles iam a festas e escreviam ensaios, mas nunca faziam nada muito produtivo com as mãos, o que, para ele, tinha efeito prejudicial sobre seu caráter. Em Hinksey, uma aldeia próxima, havia uma rua tão esburacada que era quase intransitável. As carroças tinham que evitá-la e passavam pelo relvado da aldeia, estragando a grama. As crianças locais não tinham onde brincar.

Então Ruskin reuniu 60 alunos e os organizou para consertar a rua e ajeitar a grama. Testemunhas oculares descreveram Ruskin numa manhã de inverno usando uma "boina de pano azul, com protetores de orelhas puxados para baixo, sentado alegremente à beira da estrada, quebrando pedras não só com vontade, mas com conhecimento, e contando piadas ao mesmo tempo". Eles demoraram muito para consertar a rua e fizeram um progresso muito imperfeito. Houve reclamações dos proprietários locais e estabeleceu-se a convicção geral de que Ruskin não era muito bom da cabeça.

Mas a questão subjacente é fundamental. Por medo de parecermos ridículos, muitas vezes acabamos não enfrentando os desafios que estão à nossa volta. O conserto da rua foi um pequeno exemplo de uma ideia maior que animava a vida de Ruskin: o dever das pessoas criativas e privilegiadas de dedicar seus esforços a tornar o mundo mais organizado e agradável, mais belo e conveniente, não apenas para si como para o bem maior do máximo de pessoas. Ele também acreditava que não deveríamos (e não poderíamos) deixar essa tarefa às forças do mercado, porque elas nunca chegarão a plantar flores selvagens à beira da rua nem assegurar que os gramados das aldeias sejam bonitos.

Por toda a vida, Ruskin contrastou a beleza geral da natureza com a feiura do mundo criado pelo homem. Ele estabeleceu um critério útil para qualquer coisa feita pelo homem: ela seria, de algum modo, equivalente a algo que se possa encontrar na natureza. Esse era o caso de Veneza, da Catedral de Chartres, das cadeiras de William Morris... mas não da maioria das coisas produzidas pelas fábricas do mundo moderno.

Assim, Ruskin achava útil observarmos a natureza e nos inspirarmos nela (ele acreditava piamente que todos no país deveriam aprender a desenhar as coisas da natureza). Ele escrevia com seriedade espantosa sobre a importância de olhar a luz da manhã, de ter o cuidado de ver os diversos tipos de nuvem no céu e de observar corretamente como os galhos de uma árvore se entrecruzam e se espalham. Tinha imenso prazer com as belas estruturas dos ninhos e das barragens de castores. E amava penas com paixão.

Há aqui uma mensagem urgente. A natureza estabelece o padrão. Ela nos oferece exemplos particularmente intensos de graça e beleza. A plumagem de um pássaro, as nuvens sobre as montanhas no pôr do sol, as grandes árvores que se curvam ao vento: a natureza é ordenada, bela, simples, eficaz. Mas com a gente parece que deu tudo errado. Por que não podemos ser como ela é? Há um contraste humilhante entre a beleza natural das árvores junto a um riacho e a imundície inóspita de uma rua comum; entre o interesse sempre mutável do céu e a monotonia e o desconsolo de grande parte da nossa vida. Ruskin sentia que essa comparação dolorosa era instrutiva. Como fazemos parte da natureza, temos a capacidade de viver segundo seu padrão. Deveríamos usar a emoção que sentimos com sua beleza para nos energizar e igualar suas obras. A meta da sociedade humana deveria ser honrar a dignidade e a grandeza do mundo natural.

Ao defender a beleza com tamanha intensidade, Ruskin resgata pequenas partes de nossa experiência que raramente levamos muito a sério. Em determinados momentos, a maioria de nós já sentiu que as árvores são adoráveis, que outro lugar (que poderia ser Veneza) é muito mais bonito do que o lugar onde passamos o dia a dia, que há demasiadas coisas fajutas no mundo, que o trabalho realmente não é prazeroso o suficiente, que é comum nos sentirmos mal-empregados – mas tendemos a desdenhar desses pensamentos como pessoais demais, menores, sem muita importância para ninguém além de nós mesmos. Ruskin nos recomenda uma atitude mais séria e ambiciosa. Ele diz que são exatamente esses pensamentos e experiências que precisam receber o peso apropriado, que precisam ser analisados e compreendidos. Eles oferecem pistas muito importantes do que está errado no mundo e, portanto, podem nos levar a tomar providências que o tornem um lugar genuinamente melhor.

A abordagem política de Ruskin era agarrar-se resolutamente a uma visão do que seria uma vida realmente sã, sensata, decente e boa e depois perguntar com rigor como uma sociedade precisaria se organizar para que essa fosse a vida média da pessoa comum, e não uma sorte rara apenas para uns poucos privilegiados. Por isso ele merece nosso interesse e nossa gratidão constante – nossos e da posteridade.

Henry David Thoreau

1817-1862

Na maior parte do tempo, o sucesso na vida moderna envolve muita tecnologia, estar conectado a outras pessoas o tempo todo, trabalhar muito para ganhar o máximo de dinheiro possível e fazer o que mandam. Esses elementos são quase uma receita convencional para o sucesso. E pode ser uma surpresa que alguns dos melhores conselhos sobre a vida moderna venham de um escritor desempregado que morava sozinho na floresta e se recusava a pagar impostos. Henry David Thoreau (originalmente, David Thoreau) nos lembra a importância da simplicidade, da autenticidade e da pura e simples desobediência.

Ele nasceu em 1817 em Concord, uma cidade despretensiosa a oeste de Boston, nos Estados Unidos. Seu pai era fabricante de lápis e a mãe hospedava pensionistas. Ele foi para Harvard em 1833 e se formou em 1837 com boas notas, mas rejeitou as carreiras comuns, como o Direito, a Medicina ou a Igreja. Tornou-se professor por um período, mas não conseguiu manter o emprego na escola local porque não suportava a prática de castigos corporais. Em resumo: ele estava insatisfeito com todas as trajetórias mais óbvias.

Então Thoreau começou uma amizade extraordinária com o filósofo americano Ralph Waldo Emerson (1803-1882), que acreditava no transcendentalismo, um ponto de vista que defende que o mundo se divide em duas realidades: a material e a espiritual. Os transcendentalistas enfatizam a importância do âmbito espiritual acima do material para uma vida satisfatória.

A cabana de Thoreau no lago Walden

Emerson e seu transcendentalismo tiveram imensa influência sobre Thoreau. Além disso, o amigo o inspirou a trabalhar seriamente para se tornar escritor. A casa de Thoreau era barulhenta e agitada e ele achava cansativo e pouco inspirador trabalhar na fábrica de lápis. Mas Emerson possuía um terreno ali perto, na floresta ao redor do lago Walden, e, em 1845, permitiu que Thoreau construísse lá uma pequena cabana (de 3m × 4,5m). A casa tinha três cadeiras, uma cama, uma mesa, uma escrivaninha e um lampião.

Thoreau se mudou para lá no dia 4 de julho com dois objetivos: escrever um livro e descobrir se era possível trabalhar um dia por semana e dedicar os outros seis a seu trabalho filosófico.

Em dois anos na cabana, Thoreau redigiu sua obra mais notável, *Walden ou a vida nos bosques*, que acabou publicada em 1854. Na época, teve um sucesso comercial e literário modesto, mas se tornaria um texto inspirador sobre a autodescoberta. Thoreau argumentava que sua fuga para o lago Walden não era simplesmente um retiro relaxante na floresta. Ele se instalara lá para "viver em profundidade e sugar a medula da vida", como disse:

> Fui para a floresta porque desejava viver deliberadamente, enfrentar apenas os fatos essenciais da vida e ver se não poderia aprender o que ela tinha a ensinar, e não, quando eu vier a morrer, descobrir que não vivi.

Thoreau acreditava que as pessoas costumam "perder" a vida – elas ficam tão presas a seus hábitos que deixam de ver que existem outras abordagens para a realização: "Parece que os homens escolheram deliberadamente o modo comum de viver porque o preferem a todos os outros. Mas eles pensam sinceramente que não lhes resta opção." Depois de algum tempo na cabana, Thoreau descobriu um estilo de vida diferente e mais consciente.

Para começar, concluiu que, na verdade, precisamos de pouquíssimas coisas. Ele sugeriu que pensássemos em nossos pertences em termos do mínimo com que podemos viver, e não do máximo que podemos obter. Ele acreditava que o dinheiro é supérfluo, pois não nos ajuda a desenvolver a alma. O trabalho, no sentido tradicional, também é desnecessário: "Quanto ao trabalho, não tenho nenhum de alguma projeção." Thoreau pretendia trabalhar apenas um dia por semana e descobriu que isso era perfeitamente possível. Ele ressaltou que percorrer os 50 quilômetros de uma viagem de trem levava um dia, mas trabalhar para ganhar dinheiro suficiente para pagar a passagem levaria mais de um dia. O melhor era que o percurso nos permite ver a natureza e nos dá tempo para a contemplação – e, na opinião de Thoreau, era para isso que servia o tempo: "Descobri que, trabalhando cerca de seis semanas por ano, eu conseguia cobrir todas as despesas necessárias à subsistência. Todos os meus invernos, assim como a maior parte de meus verões, eu tinha livres e desimpedidos para o estudo."

Como o amigo Emerson, Thoreau valorizava profundamente o que chamava de autossuficiência. Ele desconfiava da sociedade e do "progresso". "O homem civilizado construiu o coche", disse Emerson, "mas perdeu o uso dos pés." Ele sentia que ter independência econômica dos outros e do governo era fundamental, e, embora entendesse que precisamos de companhia de vez em quando, sentia que, com demasiada frequência, usamos a companhia dos outros para preencher lacunas de nossa vida interior que temos medo de enfrentar sozinhos. Para Thoreau, a tarefa de aprender a viver sozinho não era apenas uma questão de cumprir as tarefas diárias, mas de tornar-se uma boa companhia para si, dependendo em primeiro lugar de si mesmo para ter companhia e orientação moral: "Insista em si mesmo; nunca imite. Você pode apresentar seu próprio dom a todo momento com a força cumulativa do cultivo de uma vida inteira; mas, do talento adotado de outros, só temos uma meia posse extemporânea." Acima de tudo, é preciso mudar a si mesmo antes de tentar mudar o mundo.

Thoreau também via a tecnologia como uma distração geralmente desnecessária. Ele enxergava o benefício prático das novas invenções, mas também alertava que essas inovações não podiam abordar o verdadeiro desafio da felicidade pessoal: "Nossas invenções costumam ser brinquedos bonitos, que distraem nossa atenção de coisas sérias [...] Temos muita pressa em construir um telégrafo magnético do Maine ao Texas, mas pode ser que Maine e Texas não tenham nada importante a comunicar." O que precisamos para ser felizes não é trabalho, dinheiro, tecnologia nem montes de amigos, mas tempo.

Thoreau também acreditava que deveríamos olhar para a natureza, que está repleta de profunda importância espiritual. Ele buscava "estar sempre atento para encontrar Deus na natureza". Pensava nos animais, nas florestas e nas cachoeiras como inerentemente valiosos, tanto pela beleza quanto por seu papel no ecossistema. E disse que ficaria muito feliz "se todos os prados da Terra fossem deixados em estado selvagem", porque provavelmente descobriríamos que "a natureza vale mais, mesmo por nosso modo de avaliação, do que nossos melhoramentos". Podemos nos entender melhor como parte da natureza; deveríamos nos ver como "natureza olhando para a natureza", e não como uma força externa ou os senhores da natureza.

Acima de tudo, a natureza oferece o sentido que o dinheiro, a tecnologia e a opinião dos outros não conseguem, nos ensinando a sermos humildes e mais conscientes, promovendo a introspecção e a autodescoberta. Thoreau acreditava que, com o tipo certo de consciência, os seres humanos poderiam transcender suas limitações e ideias antigas. Esse estado mental – e não o dinheiro ou a tecnologia – nos ofereceria um progresso real. Otimista, ele declarou: "Só amanhece o dia para o qual estamos despertos. Mais dia está por nascer. O Sol não passa de uma estrela da manhã." Se livrarmos nossa vida de distrações e encontrarmos tempo para um pouco de contemplação, novas descobertas nos aguardam.

Talvez a melhor prova do valor da contemplação individual e da autenticidade pessoal de Thoreau seja que suas ideias o levaram a conclusões políticas poderosas. Ele acreditava que as pessoas devem se comportar de modo a tornar o governo mais virtuoso moralmente, priorizando a consciência moral acima dos ditames da lei. Em "Resistência ao governo civil" (1849), Thoreau defendia que o povo tem a obrigação moral de questionar um governo que defenda leis hipócritas ou flagrantemente injustas. O governo americano da época de Thoreau, em sua opinião, provocou o México em 1846 para entrar numa guerra cujo objetivo era expandir seu território; além disso, sustentava a escravidão. Assim, em protesto, Thoreau recorreu ao que chamou de "desobediência civil" – resistir pacificamente a leis imorais. Em julho de 1846 ele suspendeu o pagamento dos seus impostos para não financiar a Guerra Mexicano-Americana nem a escravidão. Por sua inconveniência, passou uma noite na prisão, aventura que levou ao ensaio "Resistência ao governo civil". "Nunca haverá um Estado realmente livre e esclarecido até que o Estado passe a reconhecer o indivíduo como um poder mais elevado e independente, do qual deriva todo o seu poder e autoridade, e assim o trate", escreveu. "Peço não governo nenhum de imediato, mas de imediato um governo melhor."

Só depois de ser adotada por reformistas posteriores, a obra *Desobediência civil*, como foi chamada mais tarde, se tornou uma das mais influentes da filosofia política americana na história. Mohandas Gandhi adotou a ideia de Thoreau de desobediência não violenta como modelo para sua luta contra o colonialismo britânico e se referia a Thoreau como "um dos maiores homens e um dos mais virtuosos que os Estados Unidos produziram". Na Segunda Guerra Mundial, na Dinamarca, várias pessoas adotaram o método da desobediência civil para resistir ao movimento nazista e Thoreau se tornou um herói lá também. Além disso, Martin Luther King usou sabidamente suas ideias em sua luta por igualdade para os afro-americanos. A primeira exposição de Luther King aos métodos de protesto não violento foi a obra de Thoreau, que ele leu em 1944; ela o convenceu de que "a não cooperação com o mal é uma obrigação moral, tanto quanto a cooperação com o bem".

Apesar do período passado como eremita, Thoreau nos ensina a lidar com a assustadoramente vasta, altamente interconectada e moralmente perturbadora sociedade moderna. Ele nos desafia a sermos autênticos, não só ao evitar a vida material e suas distrações, mas ao nos envolvermos com o mundo e retirarmos nosso apoio quando acreditarmos que o governo age de maneira injusta. Isso pode ser desconfortável. Quantos de nós querem pôr em risco a própria liberdade ou as suas posses com um único ato de desafio? Mas a desobediência civil se tornou uma das formas mais poderosas de não fazer "nada" (de evitar determinadas ações) que o mundo já viu.

Thoreau continua muito relevante, pois não estamos longe dos problemas que ele tentou solucionar. Sua ênfase na frugalidade e em virar as costas ao mundo material é uma nova perspectiva num tempo de dificuldades econômicas. Na verdade, o interesse por Thoreau aumenta em época de crise na economia; durante a depressão da década de 1930, sua filosofia se tornou muito popular nos Estados Unidos. Mas, como ele provavelmente afirmaria, não deve ser necessária uma crise grave para questionarmos a vida materialista.

Também podemos continuar a aprender com sua apreciação da natureza e as possibilidades psicológicas que isso oferece. Mais tarde, Thoreau se tornou o santo padroeiro do movimento ambientalista; o Sierra Club, uma das maiores entidades ambientais dos Estados Unidos, usa como seu mantra o lema de Thoreau: "Nas regiões selvagens está a preservação do mundo."

Depois de sair de Walden, Thoreau viajou muito, trabalhou como topógrafo por algum tempo e publicou muitos outros ensaios, principalmente sobre o meio ambiente. Ele lutara desde os anos de universidade com a tuberculose e voltou a adoecer depois de uma saída para contar anéis de árvores. Morreu três dias depois, em 1862, com apenas 44 anos. No entanto, suas obras perduram e nos relembram a importância de nos livrarmos das distrações do dinheiro, da tecnologia e da opinião dos outros para vivermos de acordo com nossa natureza interior.

Matthew Arnold

1822-1888

Matthew Arnold foi o mais importante reformador educacional do século XIX. Ele percebeu que, no mundo moderno, a educação seria um dos segredos para uma boa sociedade. Porém tinha que ser um tipo especial de educação, e não necessariamente aquela que hoje reconhecemos ou buscamos. Em vez de dizer que as escolas deveriam ensinar mais trigonometria ou melhorar a taxa de alfabetização em percentis socioeconômicos específicos, Arnold defendia uma pauta que parece estranha mas é profundamente saudável e necessária. As escolas, segundo ele, deveriam promover "doçura e luz". Era uma expressão calculada para irritar seus contemporâneos, mas transmitia muito bem o que ele estava tentando fazer – e o que podemos nos inspirar a tentar também.

Durante sua vida, Arnold foi motivo de riso para alguns jornais britânicos. O *Daily Telegraph*, especificamente, implicava com ele o tempo todo por ser pretensioso – "um Jeremias elegante", como diziam. Sempre que havia uma greve ou alguma agitação, imaginavam Arnold muito sério dizendo às pessoas que não se importassem tanto com coisas práticas e vulgares como o desemprego ou os baixos salários e que, em vez disso, erguessem a mente para ideais mais elevados e se concentrassem em doçura e luz. Era uma crítica profundamente injusta (como logo veremos), mas no caráter de Arnold havia algo suficiente para que a implicância "pegasse". Isso revela como é fácil parecer excêntrico, maluco e inconsequente quando tentamos defender coisas frágeis e um pouquinho complicadas.

Matthew Arnold nasceu em 1822. Seu pai, Thomas Arnold, foi uma importante celebridade intelectual de seu tempo: diretor incansável, severo e muito ativo da escola particular Rugby, foi um dos personagens principais do romance *Tom Brown's Schooldays*, um dos mais vendidos na época.

Matthew era uma decepção e um enigma para o pai. Gostava de ler na cama pela manhã, apreciava passeios por bosques e prados, era encantado pelas moças de Paris, escrevia poesia, negligenciou os estudos e publicou alguns volumes finos de versos, que foram recebidos pelo mundo com indiferença. Finalmente, apaixonou-se por uma mulher chamada Frances Lucy Wightman, filha de um juiz, que ele chamava carinhosamente de Flu. Porém, para se casar, ele precisava de uma carreira sólida e aceitou um cargo importante de inspetor de escolas no Departamento de Educação. Durante anos, viajou por toda a Inglaterra vitoriana para verificar se as crianças estavam sendo adequadamente instruídas. Ganhava um salário muito respeitável; a família cresceu, morava com felicidade e conforto no West End de Londres e, nas férias, fazia viagens interessantes – embora Arnold nunca tivesse um bom controle das próprias finanças.

Durante esse tempo, Arnold não escreveu muita poesia, mas seu encanto e os vários amigos influentes de seu falecido pai conseguiram elegê-lo para o cargo muito prestigiado de professor de Poesia em Oxford. Não havia dinheiro envolvido, mas todo ano ele fazia uma série de palestras para os formadores de opinião do país. Essa se mostraria sua grande oportunidade, pois graças a essa posição ele amadureceu e se tornou um profundo crítico social. As melhores palestras foram reunidas em seu livro mais importante e influente, *Cultura e anarquia* (1869).

Muita coisa incomodava Arnold no mundo moderno que começava a se revelar. Mas ele resumiu tudo numa ideia abrangente: anarquia. Com "anarquia", ele não estava se referindo a pessoas com toucas ninjas quebrando vidraças, mas a algo muito mais familiar e próximo de nós: um tipo de liberdade tóxica. Ele estava falando de uma sociedade em que as forças do mercado dominam a nação; em que os meios de comunicação comerciais determinam a pauta, simplificando e tornando mais grosseiro tudo que tocam; em que as corporações mal são impedidas de saquear o meio ambiente; em que os seres humanos são tratados como ferramentas a serem usadas e descartadas à vontade; em que não há mais assistência pastoral e é mínima a noção de comunidade; em que os hospitais tratam o corpo mas ninguém trata a alma; em que ninguém mais conhece os próprios vizinhos; em que o amor romântico é considerado o único laço que vale a pena buscar – e em que não há a quem recorrer em momentos de angústia e crise íntima. Um mundo que conhecemos muito bem.

Arnold acreditava que as forças da anarquia tinham se tornado esmagadoras na Europa da segunda metade do século XIX. A religião estava em declínio terminal. Os negócios reinavam triunfantes. Uma mentalidade prática e pouco saudável voltada apenas aos ganhos financeiros dominava. A circulação de jornais crescia exponencialmente. E a política era dominada por partidarismo, conflitos e desonestidade.

No passado, a religião teria servido para controlar essas tendências anárquicas. Mas, em seu melhor poema, "A praia de Dover", Arnold descreveu como "o Mar da Fé" se afastara da praia como uma onda, deixando apenas um "bramir afastado, longo e melancólico".

O que poderia substituir a função que a religião já tivera na sociedade? Que forças poderiam reprimir a anarquia e civilizar, guiar, inspirar e humanizar? Arnold propôs uma solução grandiloquente: a cultura. Teria que ser a cultura, propôs ele, a superar as forças da anarquia liberadas inadvertidamente pelo capitalismo e pela democracia.

Mas, para desempenhar esse papel, não se podia continuar a entender a cultura como muita gente na época (e ainda hoje) entendia: um interesse em ir a galerias de arte nos feriados, em assistir a uma peça de vez em quando e em escrever alguns ensaios sobre Jane Austen na escola.

Por cultura, Arnold queria dizer uma força que guiasse, educasse, consolasse e ensinasse; em seu sentido mais elevado, uma ferramenta terapêutica. As grandes obras de arte não deveriam ser consideradas mero entretenimento. Quando interpretadas e apresentadas da maneira correta (e é aí que Arnold achava que sua sociedade tanto errava), elas ofereciam sugestões para vivermos e morrermos melhor e para governarmos a sociedade de acordo com nossas possibilidades mais elevadas.

Portanto, a meta de Arnold era mudar o modo como o meio cultural da elite (os museus, as universidades, as escolas, a comunidade científica) falava sobre as obras da cultura, para que elas pudessem se tornar o que estava em seu poder, um baluarte contra a anarquia moderna e um agente capaz de oferecer doses adequadas daquelas qualidades importantes: a doçura e a luz.

Por "luz", Arnold queria dizer "compreensão". As grandes obras da cultura têm o poder de dissipar a confusão mental; nos dão palavras para coisas que sentimos mas ainda não tínhamos captado; substituem clichês por insights. Dado seu potencial, Arnold acreditava que as escolas e os meios de comunicação de massa tinham a responsabilidade de nos ajudar a conhecer o máximo dessas obras "luminosas". Ele queria um currículo que sistematicamente ensinasse a todos "o melhor que foi pensado e dito no mundo", de modo que, por meio desse conhecimento, fôssemos capazes de trazer "uma torrente de pensamento novo e livre para além de nossos hábitos e ideias estabelecidos".

Porém Arnold tinha consciência de que, sem necessidade, nossa maneira de falar sobre as obras da cultura de fato nos distancia de seu poder. Os comentários acadêmicos crescem como erva daninha em torno das obras-primas, sufocando a majestade e o interesse por sua mensagem. Os museus, por sua vez, fazem a arte parecer complicadíssima, abstrata e peculiar. Quanto aos grandes pensamentos penetrantes que pode haver na filosofia, em geral eles foram formulados de modo a tornar dificílimo seu entendimento e o reconhecimento de sua importância social (Arnold tinha em mente acadêmicos como Hegel). Assim, ele tentou levar a seus contemporâneos intelectuais um projeto que continua urgente até hoje: "transferir de uma ponta a outra da sociedade o melhor conhecimento e as melhores ideias de seu tempo; aqueles que trabalharam para despir o conhecimento de tudo que é áspero, grosseiro, difícil, abstrato, profissional, exclusivista; humanizá-lo para torná-lo eficiente para além do grupo restrito dos cultos e instruídos".

Torná-lo eficiente para além do grupo restrito dos cultos e instruídos. Observe como esse comentador ostensivamente refinado e pouco prático tinha em mente algo profundamente prático e muito democrático. Ele reconhecia que, numa sociedade populista voltada para o mercado, não adiantava manter a cultura para poucos nem escrever livros que só uma centena de pessoas conseguiria entender. A verdadeira tarefa era popularizar. Para ser adequadamente poderosa, primeiro a cultura teria que ser popular.

Por "doçura", Arnold queria dizer que as obras da cultura devem ser apresentadas ao público de maneira doce. Ele via a necessidade absoluta de suavizar tudo. Numa sociedade livre, a autoridade cultural não podia mais ser estrita e exigente; o povo simplesmente lhe daria as costas ou optaria por algo menos rígido. Quem quisesse defender coisas sérias (mas potencialmente muito benéficas) teria que aprender a arte da doçura. Teria que encantar, divertir, agradar e lisonjear. Não por ser insincero, mas precisamente pelo contrário. No mundo ideal de Arnold, as lições da publicidade – que, em sua época, descobrira como vender relógios caros, pinças para fogo e facas especiais para desossar frangos – deveriam ser usadas por intelectuais e educadores. Em vez de se perguntar como convencer pessoas de classe média a comprar descascadores de batata ou pratos de sopa, eles pensariam em como tornar a filosofia de Platão mais impressionante ou como encontrar uma base maior de pessoas interessadas nas ideias de Santo Agostinho.

Para Arnold, doçura também queria dizer bondade e solidariedade. Ele queria um mundo onde as pessoas pudessem ser mais bondosas umas com as outras em público. Basta da brutalidade e da grosseria do *Daily Telegraph*, que todo dia se deliciava em atacar novas vítimas e transformar tragédias pessoais em matéria de zombaria. Ele desejava que a cultura ajudasse a promover um espírito de indagação bondosa, uma boa vontade em supor que o outro poderia ter razão, mesmo que ainda não pudesse ser vista. Ele queria promover a ternura diante dos erros e fraquezas dos outros e via a doçura como um ingrediente essencial para uma boa sociedade humana.

Cultura e anarquia continua repleto de respostas eminentemente válidas para os problemas do mundo moderno. Sem a religião, realmente só a cultura pode impedir a anarquia. Mas ainda temos muito a avançar antes que a cultura, para usar as palavras de Arnold, seja despida de tudo que nela for "áspero, grosseiro, difícil, abstrato, profissional, exclusivista".

Este livro, a seu modo, é uma pequena contribuição para tornar realidade a visão magistral de Arnold.

William Morris

1834-1896

William Morris, designer, poeta e empresário do século XIX, é um dos nossos melhores guias para a economia moderna – apesar de ter morrido em 1896 (quando a rainha Vitória ainda ocupava o trono britânico), de nunca ter dado um telefonema e de que teria achado desconcertante a simples ideia da televisão.

Morris foi a primeira pessoa a entender duas questões que se tornaram decisivas em nossa época. Em primeiro lugar, o papel do prazer no trabalho. Em segundo, a natureza da demanda do consumidor. A preferência do consumidor – o que apreciamos, desejamos e pelo que estamos dispostos a pagar coletivamente – é um motor fundamental da economia e, portanto, do tipo de sociedade na qual acabamos vivendo. Até termos um gosto coletivo melhor, não teremos uma economia e uma sociedade melhores. É uma ideia e tanto.

William Morris nasceu em 1834, numa família abastada. O pai era financista na City de Londres e eles moravam numa grande casa perto de Walthamstow, em Essex. Porém, quando Morris só tinha 13 anos, seu pai morreu e descobriu-se que ele estava envolvido numa série de empreendimentos extremamente especulativos e quase ilegais. Com isso, boa parte da fortuna da família se perdeu, embora tenham restado alguns investimentos seguros que deram ao jovem Morris uma renda confortável (ainda que não imensa) pelo resto da vida.

O fato de ter sido sempre razoavelmente bem de vida não embotou sua empatia pelos que enfrentam dificuldades financeiras. Em termos pessoais e políticos, Morris era um homem instintivamente cordial e generoso. Mas isso lhe trouxe uma perspectiva útil: ele tinha profunda consciência de que alguns problemas fundamentais não são causados pela escassez e que mais dinheiro não pode resolvê-los. Assim, nunca ficou convencido de que o crescimento financeiro, em si e por si, fosse um sinal seguro de melhora, tanto na vida individual quanto na vida nacional.

Aos 18 anos, Morris foi para a universidade. Ele não fez boa parte do trabalho que deveria fazer, mas se divertiu muito. Quase no primeiro dia, fez uma amizade duradoura com um colega chamado Edward Burne-Jones, que se tornou um dos artistas mais bem-sucedidos da época.

Depois de se formar, Morris passou algum tempo estudando para ser arquiteto. Mas a essa altura uma carreira convencional não era sua principal preocupação. Ele se via como um artista e poeta. Estava interessado em simplesmente fazer coisas para a própria satisfação e, talvez, para o prazer de alguns amigos. Não buscava vender seus quadros nem receber para escrever poemas. Seus amigos costumavam chamá-lo de "Esquentadinho" devido a seu temperamento instável e, às vezes, explosivo.

Sua modelo favorita era Jane Burden, uma jovem atriz com um rosto dramaticamente belo. Um ano depois de conhecê-la, se casaram. Morris ficou obcecado pelo projeto de construir e mobiliar uma casa para a família em Bexleyheath, no sudeste de Londres. Ela foi chamada de Red House, a Casa Vermelha, e praticamente tudo nela – cadeiras, mesas, abajures, papel de parede, guarda-roupas, castiçais, copos – foi projetado pelo próprio Morris ou por Philip Webb, seu amigo íntimo e colaborador arquitetônico. Amigos artistas pintaram murais nas paredes.

A experiência de construir e mobiliar a própria casa ensinou a Morris sua primeira grande lição sobre economia. Teria sido mais simples (e talvez mais barato) encomendar tudo já pronto. Porém Morris não estava tentando achar um modo mais rápido nem mais simples de montar uma casa. Queria encontrar o que daria a ele e a todos os envolvidos no projeto o máximo de satisfação. E isso o encheu de entusiasmo pela ideia medieval de ofício. O trabalhador desenvolvia sensibilidade e habilidade – e gostava do trabalho. Não era algo mecânico nem humilhante.

Ele percebeu que o ofício dá pistas importantes do que realmente queremos com o trabalho. Desejamos saber que fizemos algo de bom durante o dia. Que nosso esforço foi importante para obter um resultado tangível que vemos e sentimos que valeu a pena. E Morris já notava que, quando as pessoas gostam do próprio trabalho, a questão de exatamente quanto ganham se torna menos crítica. (Embora ele tenha sempre acreditado que todos merecem um pagamento apropriado pelo trabalho honesto.) A questão é que, assim, podemos dizer que não estamos fazendo aquilo só pelo dinheiro.

O trabalho poderia ser digno. Essa foi uma percepção oportuna. Era uma época de grande industrialização; os operários chegavam aos montes para as novas fábricas, embora geralmente as condições de trabalho fossem horrendas. O status do trabalho manual, da produção de coisas físicas, era baixo. Na época (como agora), tinha-se mais prestígio sentado a uma mesa do que junto a um forno ou uma forja.

O problema, no entanto, é que Morris não era apenas um artesão e operário na Casa Vermelha. Ele também era o cliente. É claro – ressaltarão os céticos – que ele gostava do trabalho porque, basicamente, aquilo era só um passatempo.

Mas isso era exatamente o que Morris não queria. Ele estava determinado a mostrar que os princípios do ofício e do trabalho satisfatório (para o trabalhador) podiam e deviam estar no centro do mundo moderno. E se deu conta de que isso significava transformá-los num negócio.

Assim, em 1861, ainda com 20 e poucos anos, Morris fundou uma empresa de arte decorativa: Morris, Marshall, Faulkner & Co., que eles gostavam de chamar simplesmente de "a Firma". Entre seus colegas, estavam Burne-Jones, o brilhante e carismático poeta e pintor Dante Gabriel Rossetti e o arquiteto Philip Webb.

Eles abriram uma fábrica para produzir papel de parede, cadeiras, cortinas e mesas. Orgulhavam-se muito não só dos projetos elegantes como da qualidade do trabalho empregado em todos os seus produtos. Acreditavam que as fábricas deveriam ser lugares atraentes e adoravam quando clientes e outras pessoas iam visitá-los e viam com os próprios olhos o ambiente saudável e agradável em que as mercadorias eram produzidas.

A firma logo enfrentou um problema muito instrutivo. Quando alguém produz artigos de alta qualidade e paga um salário justo e decente aos operários, o custo do produto é mais alto. Sempre será possível para os concorrentes reduzir o preço e oferecer mercadorias inferiores, produzidas de maneira menos humana, por menos dinheiro.

Se cobrar um preço comparativamente alto para assegurar a dignidade do trabalho e a qualidade do material, para fabricar algo que dure, você realmente se arrisca a perder clientes.

As fábricas e máquinas da Revolução Industrial criaram a produção em massa. Os preços caíram, mas perdeu-se qualidade e a produção passou a depender de um trabalho repetitivo e enfadonho realizado em circunstâncias deprimentes. Parece inevitável que o preço baixo triunfe. Com certeza a lógica da economia dita que o preço mais baixo necessariamente vencerá. Será mesmo?

Para Morris, o fator fundamental, portanto, é saber se a freguesia está disposta a pagar o preço justo. Só assim o trabalho pode ser honrado. Senão, o trabalho como um todo será necessariamente degradante e miserável.

Assim, Morris concluiu que o ponto central da boa economia é a educação do consumidor. Coletivamente, precisamos ter mais clareza do que realmente queremos em nossa vida e por quê, além do valor que certas coisas têm para nós (e, portanto, de quanto nos dispomos a pagar por elas).

Uma importante ideia para o bom consumo, insistia Morris, é que não se deve ter "em casa nada que não se saiba que é útil ou que não se considere belo". Essa atitude é fundamental, não envolve renúncia nem é um convite nesse sentido. Ele não quer deixar ninguém se sentindo culpado nem envergonhado.

Em vez de comprar várias soluções rápidas e itens de encanto e uso passageiros, Morris desejava que as pessoas vissem suas compras como investimentos e adquirissem itens com parcimônia. Ele preferia que alguém gastasse mil libras em mobílias complexas e feitas à mão para a sala de jantar, que durariam décadas e se tornariam um legado de família, a que cada geração comprasse a própria alternativa barata que seria jogada fora quando a moda mudasse. Dessa maneira, as pessoas se orgulhariam das coisas que comprassem e realmente as apreciariam. Há certo orgulho e satisfação em adquirir algo durável que poderá ser passado à próxima geração.

Para o próprio Morris, a empresa não teve um resultado fantástico. Havia uma demanda saudável dos clientes abastados. As linhas de móveis, papel de parede, tecidos e lustres de Morris continuaram a vender durante muitos anos. Mas ele não conseguiu chegar aos mercados maiores e mais amplos a que aspirava. A questão não era fornecer mais elegância e luxo aos ricos. A grande ideia era levar artigos sólidos, bem projetados e lindamente produzidos ao consumidor de massa. Morris queria transformar a experiência comum de compras, não a experiência da elite.

Uma de suas últimas criações foi um conto utópico chamado "Notícias de lugar nenhum". Nele, Morris imagina como a sociedade idealmente se desenvolveria. Ele aprendeu muito com o marxismo: trata-se de uma sociedade com fortes laços sociais na qual o motivo do lucro não é dominante. Porém ele dava a mesma atenção à beleza da vida: florestas extensas, edifícios adoráveis, o tipo de roupa que as pessoas usam, a qualidade da mobília, o encanto dos jardins.

Depois dos 60 anos, a saúde de Morris declinou. No verão de 1896, ele fez um cruzeiro até a Noruega para tratar da saúde. Mas os fiordes não deram certo e ele morreu de tuberculose algumas semanas depois de voltar para casa.

Morris volta nossa atenção para um conjunto importante de provas pelas quais a boa economia deveria passar:

- Quanto as pessoas gostam de trabalhar?
- Todos moram perto de bosques e prados?
- A dieta comum é saudável?
- Quanto tempo se espera que os bens de consumo devam durar?
- As cidades são bonitas (em geral, não só em algumas partes privilegiadas)?

Pode parecer (com extrema facilidade) que a economia é governada por leis complexas e abstratas relativas a fluxos de caixa e oferta de meio circulante. A questão é que, mesmo assim, a economia está intimamente atrelada a nossas escolhas e preferências. E elas são passíveis de transformação. Talvez não seja necessário (como pensava Marx) transformar bancos, fábricas e todas as grandes empresas em propriedade pública; e talvez tampouco seja necessário (como afirmavam Milton Friedman e outros) reduzir o impacto do governo sobre os mercados. Morris nos mostra que a verdadeira tarefa de criar uma boa economia está muito mais perto de casa.

John Rawls

1921-2002

Muitos de nós consideramos a sociedade um pouco – ou mesmo totalmente – "injusta". Mas temos dificuldade de explicar essa sensação de injustiça às autoridades constituídas de maneira racional e sem ressentimento nem amargura.

É por isso que precisamos de John Rawls, um filósofo americano do século XX que nos oferece um modelo infalível para identificar o que realmente pode ser injusto – e como conseguir apoio para consertar a situação.

Nascido em 1921 em Baltimore, no estado americano de Maryland, Rawls – que ganhou o apelido de Jack – desde a mais tenra idade foi exposto às injustiças do mundo moderno e reagiu a elas. Quando criança, conheceu em primeira mão as áreas extremamente carentes do Maine, onde muitos dos seus conterrâneos não tinham as mesmas oportunidades e o apoio que seu amoroso pai advogado e sua mãe ativista social lhe davam. Rawls também viu a arbitrariedade do sofrimento quando dois irmãos seus morreram de infecções transmitidas sem querer *por ele*. Como se isso não bastasse, ele viu os horrores e a terra sem lei da Segunda Guerra Mundial nos estágios finais da campanha europeia. Tudo isso o inspirou a ir para a academia com uma missão nada secreta: queria usar o poder das ideias para mudar o mundo injusto em que vivia.

Rawls teve um desempenho acadêmico brilhante nas universidades Harvard e Cornell e se aproximou dos filósofos mais cosmopolitas de seu tempo, inclusive de Isaiah Berlin, H. L. A. Hart e Stuart Hampshire. Todos eles pretendiam mudar o mundo com seu trabalho e todos se tornaram seus amigos. A publicação de *Uma teoria da justiça*, em 1971, tornou famoso o nome de Rawls e é por esse trabalho que continuamos a reverenciá-lo hoje. Depois de ler e discutir amplamente seu livro, Bill Clinton rotulou Rawls como "o maior filósofo político do século XX" e passou a convidá-lo regularmente para jantar na Casa Branca.

O sucesso nunca lhe subiu à cabeça. Ele era um homem humilde e gentil, que levava a sério as preocupações dos outros em nível político e pessoal. Desenvolvia um trabalho social com crianças e jovens carentes em Boston, onde morava. Cuidava dos interesses financeiros dos filhos de um colega que morrera prematuramente. Tinha maneiras requintadas. Certa vez, numa defesa de doutorado, Rawls, já idoso, trocou de lugar e se pôs diretamente diante do sol para assegurar que uma jovem candidata nervosa fosse poupada da luz forte e pudesse se concentrar melhor na defesa de sua tese.

Então o que esse exemplo de justiça tem a dizer ao mundo moderno?

1. A situação atual é claramente injusta

Todas as estatísticas apontam a radical injustiça da sociedade. Gráficos comparativos de expectativa de vida e projeções de renda nos remetem a uma única moral esmagadora. Mesmo assim, no dia a dia pode ser difícil levar essa injustiça a sério, sobretudo em relação à própria vida.

Isso porque há várias vozes nos dizendo que, se trabalharmos duro e tivermos ambição, poderemos ter uma vida boa. Rawls tinha profunda consciência de como o sonho americano ultrapassa as barreiras do sistema político e se infiltra no coração de cada indivíduo – e conhecia muito bem sua influência corrosiva e regressiva. É claro que muita gente confirma o conto de fadas com perfeição: presidentes que vieram do nada, empresários que já foram órfãos sem tostão... Os meios de comunicação os exibem com júbilo diante de nós. Como podemos nos queixar do nosso destino se eles foram capazes de chegar ao topo?

Rawls nunca aceitou isso. Sem dúvida ele conhecia histórias extraordinárias de sucesso, mas também era estatístico e sabia que, em geral, as histórias do lixo ao luxo são tão raras que não merecem atenção séria de teóricos políticos. Na verdade, continuar a mencioná-las é um mero truque de esperteza política para impedir que os poderosos cumpram a tarefa necessária de reformar a sociedade.

Como Rawls forçosamente nos lembra, nos Estados Unidos modernos e em muitas regiões da Europa, as chances de quem nasce pobre permanecer pobre (e morrer jovem) são simplesmente esmagadoras e incontestáveis.

Mas o que fazer quanto a isso? Politicamente, Rawls era sagaz. Ele entendia que os debates sobre a injustiça e suas soluções costumam empacar em detalhes herméticos e discussões mesquinhas, e assim, ano após ano, nada é feito.

Portanto Rawls buscava um modo simples, econômico e polêmico de mostrar a todos que sua sociedade era injusta e o que poderia ser feito – de maneira a ir além do debate e tocar corações e mentes (pois ele sabia que a emoção é importantíssima na política).

2. Imagine se você não fosse você

Boa parte da razão por que as sociedades não se tornam mais justas é que quem se beneficia da injustiça atual é poupado da necessidade de pensar profundamente como seria nascer em outras circunstâncias. Por uma falha da imaginação, com preconceitos e tendências entranhados, essa pessoa resiste à mudança.

Rawls entendia intuitivamente que, em primeiro lugar, tinha que trazer essa gente para o lado dele – e, de algum modo, apelar à sua imaginação e a seu senso inato de moral.

Assim, ele imaginou um dos maiores experimentos mentais na história do pensamento político, facilmente igualável a qualquer ideia de Thomas Hobbes, Jean-Jacques Rousseau ou Immanuel Kant.

Esse experimento se chama "o véu da ignorância". Com ele, Rawls nos pede que nos imaginemos num estado consciente e inteligente antes do nascimento, mas sem nenhum conhecimento das circunstâncias em que nasceríamos, com o futuro envolto num véu de ignorância. Lá no alto, acima do planeta, não saberíamos que tipo de pais teríamos, como seria nossa vizinhança, como seriam as escolas, o que o hospital local faria por nós, como a polícia e o sistema jurídico nos tratariam e assim por diante.

A pergunta que Rawls nos pede que contemplemos é: se não tivéssemos ideia de onde iríamos parar, em que tipo de sociedade seria mais seguro nascer? Em que tipo de sistema político seria saudável e racional nos enraizarmos, aceitando o desafio proposto pelo véu da ignorância?

Bom, por um lado, com certeza não nos Estados Unidos. É claro que eles têm muitas situações socioeconômicas nas quais seria verdadeiramente delicioso nascer. Vastas faixas do país gozam de boas escolas, bairros seguros, ótimo acesso a universidades, vias rápidas para empregos de prestígio e clubes de campo elegantérrimos. Podemos ser generosos e dizer que ao menos 30% dos habitantes dessa vasta e bela nação têm privilégios e oportunidades. Não admira que o sistema não mude; há gente demais, milhões de pessoas, que se beneficiam dele.

Mas é aí que o "véu da ignorância" é útil: ele nos impede de pensar em todos aqueles que se deram bem e leva nossa atenção para os riscos pavorosos envolvidos em nascer na sociedade americana *como se fosse uma loteria*, por trás do véu da ignorância – sem saber se você será filho de um ortodontista em Scottsdale, no Arizona, ou de uma mãe solteira negra nos bairros mais carentes da zona leste de Detroit. Em sã consciência, será que algum jogador da loteria dos nascimentos correria o risco de acabar nos 70% da população que precisam lidar com assistência médica abaixo do padrão, moradia inadequada, pouco acesso a uma boa estrutura jurídica e um sistema educacional medíocre? Ou esse apostador lúcido insistiria que as regras do jogo como um todo teriam que mudar para maximizar a probabilidade total de um resultado razoável para cada jogador?

3. O que você sabe precisa ser corrigido

Rawls responde à pergunta por nós: em sã consciência, qualquer participante do experimento do véu da ignorância há de querer uma sociedade com um determinado número de coisas no lugar. Que as escolas sejam muito boas (inclusive as públicas), que os hospitais funcionem perfeitamente (todos eles, mesmo os gratuitos), que o acesso-padrão ao sistema judiciário seja justo e irrepreensível e que haja moradia decente para todos.

O véu da ignorância força o observador a aceitar que o país em que realmente quereria nascer ao acaso seria alguma versão da Suíça ou da Dinamarca – isto é, um país em que a situação é boa o suficiente em qualquer lugar, em que o transporte público, as escolas, os hospitais e o sistema político são decentes e justos, quer você esteja no topo ou na base da sociedade. Em outras palavras: você sabe em que tipo de sociedade quer viver. Só não se concentrou direito nisso até agora.

O experimento de Rawls nos permite pensar de forma objetiva como seria uma sociedade justa em todos os seus detalhes. Quando abordássemos decisões importantes sobre alocação de recursos, para superar nossos preconceitos precisaríamos nos perguntar: "Como eu me sentiria a respeito dessa questão se estivesse atrás do véu da ignorância?" A resposta justa surge diretamente quando pensamos no que seria preciso para estarmos numa boa posição *mesmo na pior hipótese possível*.

4. O que fazer depois

Muito vai depender do que está errado em sua sociedade. Nesse sentido, ainda bem que Rawls não era doutrinário. Ele reconhecia que o experimento do véu da ignorância levantaria questões diferentes em contextos diversos; em alguns, a prioridade seria resolver o problema de poluição do ar; em outros, o sistema educacional.

Mas, quando tratou dos Estados Unidos do fim do século XX, Rawls viu algumas medidas óbvias que precisavam ser tomadas: a educação precisaria ser radicalmente melhorada, tanto pobres quanto ricos teriam que ser capazes de concorrer nas eleições, a assistência médica teria que ser adequada em todos os níveis.

Rawls nos oferece uma ferramenta para criticar nossa sociedade atual com base num experimento lindamente simples. Saberemos que finalmente tornamos nossa sociedade justa quando formos capazes de dizer, com toda a sinceridade, a partir de uma posição de ignorância imaginária antes do nascimento, que não nos importamos com as circunstâncias de vida dos nossos futuros pais nem com o tipo de bairro onde podemos nascer. O fato de hoje simplesmente não podermos aceitar em sã consciência um desafio desses é um indicador de que a situação continua profundamente injusta – e, portanto, de que ainda há muito a fazer.

Filosofia oriental

Buda

563 a.C.-483 a.C.

A história de vida do Buda, assim como todo o budismo, nos ensina a enfrentar o sofrimento. Ele nasceu no século VI a.C., filho de um rico rei no sopé do Himalaia, onde hoje é o Nepal. Foi profetizado que o jovem Buda – então chamado Sidarta Gautama – se tornaria imperador da Índia ou um homem muito santo. Como queria muito que o filho fosse imperador, o pai de Sidarta manteve o menino isolado num palácio, com todos os luxos imagináveis: joias, criados, lagos com lótus e até lindas dançarinas.

Durante 29 anos, Sidarta viveu na mais completa felicidade, protegido até mesmo dos menores infortúnios do mundo exterior: "um guarda-sol branco era mantido sobre mim dia e noite, para me proteger de frio, calor, poeira, sujeira e orvalho". Então, aos 30 anos, ele saiu do palácio para curtos passeios. O que viu o impressionou: primeiro, encontrou um homem doente, depois um velho, a seguir um moribundo. Ficou espantado ao descobrir que esses desafortunados representavam partes normais

– e, na verdade, inevitáveis – da condição humana que algum dia também o tocariam. Horrorizado e fascinado, Sidarta fez um quarto passeio fora dos muros do palácio e encontrou um homem santo que tinha aprendido a buscar a vida espiritual em meio à vastidão do sofrimento humano. Decidido a encontrar a mesma iluminação, Sidarta deixou a esposa e o filho dormindo e foi embora do palácio para sempre.

Ele tentou aprender com homens santos. Quase morreu de fome ao evitar, como eles, todos os confortos e prazeres físicos. Talvez não seja nenhuma surpresa que isso não tenha aliviado seu sofrimento. Então pensou num momento de sua infância: sentado junto a um rio, notara que, quando cortavam a grama, os insetos e seus ovos eram pisoteados e destruídos. Ao ver isso, sentira compaixão pelos minúsculos insetos.

Sidarta refletiu sobre sua compaixão da infância e sentiu uma profunda sensação de paz. Comeu, meditou sob uma figueira e finalmente atingiu o estado mais elevado da iluminação, o *nirvana*, que significa simplesmente "despertar". Assim tornou-se o Buda, "o que despertou".

Este despertar se deu ao reconhecer que toda a criação, das formigas angustiadas aos seres humanos moribundos, está unificada pelo sofrimento. Ao reconhecer isso, descobriu a melhor abordagem ao sofrimento. Primeiro, não é necessário se banhar em luxo nem se abster totalmente de comida e conforto. Na verdade, é preciso viver com moderação (o que o Buda chamava de "caminho do meio"). Isso permite a máxima concentração no cultivo da compaixão pelos outros e na busca da iluminação. Em seguida, o Buda descreveu um caminho para transcender o sofrimento chamado "as quatro nobres verdades".

A primeira nobre verdade é a percepção que provocou a jornada do Buda: que há sofrimento e insatisfação constantes no mundo. "A vida é difícil, breve e está inseparavelmente ligada ao sofrimento." A segunda é que esse sofrimento é causado pelos nossos desejos e, portanto, que "o apego é a raiz de todo sofrimento". A terceira verdade é que podemos transcender o sofrimento removendo ou administrando todos os nossos apegos. A partir daí o Buda fez a notável afirmação de que precisamos mudar nossa atitude, não nossas circunstâncias. Somos infelizes não porque não conseguimos um aumento, um amante ou seguidores bastantes, mas porque somos gananciosos, vaidosos e inseguros. Se reorientarmos nossa mente, podemos crescer e encontrar contentamento.

A quarta e última nobre verdade que o Buda descobriu é que podemos aprender a ir além do sofrimento com o que ele chamou de "caminho óctuplo". O caminho óctuplo envolve uma série de aspectos do comportamento "correto" e sábio: entendimento correto, pensamento correto, linguagem correta, ação correta, meio de vida correto, esforço correto, atenção plena correta e concentração correta. O que surpreende o observador ocidental é a ideia de que a sabedoria é um hábito, não apenas uma realização intelectual. É preciso exercitar os impulsos mais nobres. O entendimento é apenas parte do processo de se tornar uma pessoa melhor.

A arte sustentando a filosofia: uma roda de oito raios, lindamente esculpida, comumente usada como símbolo budista. Os oito raios representam o caminho óctuplo

Buscando esses modos corretos de comportamento e consciência, o Buda ensinou que as pessoas podem transcender boa parte de seu individualismo negativo – o orgulho, a ansiedade e os desejos que as tornam tão infelizes – e, em troca, ganhar compaixão por todos os outros seres vivos que sofreram como elas. Com o comportamento correto e o que hoje chamamos de "atenção plena", é possível inverter emoções e estados de espírito negativos, transformando ignorância em sabedoria, raiva em compaixão e ganância em generosidade.

O Buda viajou muito pelo norte da Índia e pelo sul do Nepal, ensinando meditação e comportamento ético. Ele falou pouquíssimo sobre divindade ou vida após a morte. Em vez disso, considerava o estado da vida a questão mais sagrada de todas.

Depois da morte do Buda, seus seguidores reuniram seus *sutras* (sermões ou aforismos) em escrituras e desenvolveram textos para guiar os seguidores na meditação, na ética e na vida de atenção plena. Os mosteiros que se desenvolveram durante a vida do Buda cresceram e se multiplicaram pela China e pelo leste da Ásia. Por algum tempo, o budismo foi bastante incomum na própria Índia e apenas alguns grupos discretos de monges e monjas vestidos de amarelo percorriam o campo, meditando em silêncio na natureza. Mas, no século III a.C., um rei indiano chamado Asoka ficou cada vez mais atormentado pelas guerras que travara e se converteu ao budismo. Ele enviou monges e monjas para disseminar a prática pelos lugares mais distantes.

A tradição espiritual budista se espalhou pela Ásia e, finalmente, pelo mundo. Os seguidores do Buda se dividiram em duas escolas principais: o budismo theravada, que se difundiu pelo sudeste da Ásia, e o budismo mahayana, que chegou à China e ao nordeste da Ásia. Essas escolas às vezes criticam certos aspectos das escrituras uma da outra e preferem as suas, mas seguem os mesmos princípios centrais transmitidos durante dois milênios. Hoje há entre meio bilhão e um bilhão e meio de budistas seguindo os ensinamentos do Buda e buscando um estado de espírito mais iluminado e compassivo.

O curioso é que os ensinamentos do Buda são importantes independentemente da nossa identificação espiritual. Como ele, todos nascemos no mundo sem nos darmos conta de quanto sofrimento existe, incapazes de compreender inteiramente que o infortúnio, a doença e a morte vão nos alcançar também. Quando envelhecemos, essa realidade costuma parecer esmagadora e talvez tentemos evitá-la por completo. Porém os ensinamentos do Buda nos lembram a importância de encarar o sofrimento de frente. Temos que fazer o possível para nos libertar dos nossos desejos tirânicos e reconhecer o sofrimento como nossa conexão em comum com os outros, empurrando-nos para a compaixão e a delicadeza.

Lao-Tsé

século VI/V a.C.-século V/IV a.C.

Pouco se sabe ao certo sobre o filósofo chinês Lao-Tsé (às vezes também chamado de Lao Tzu ou Lao Zi), personagem-chave do taoísmo (também traduzido como daoísmo), uma prática espiritual que é popular até hoje. Dizem que ele era arquivista na corte da dinastia Zhou, da China Central, no século VI a.C. e contemporâneo mais velho de Confúcio. Pode ser verdade, mas ele também pode ser uma figura inteiramente mítica – mais ou menos como Homero na cultura ocidental. Sem dúvida, é muito improvável (como dizem algumas lendas) que ele tenha sido concebido quando a mãe viu uma estrela cadente, que tenha nascido velho, com lóbulos muito compridos nas orelhas, ou que tenha vivido 990 anos.

Dizem que Lao-Tsé se cansou da vida na corte Zhou, que estava cada vez mais moralmente corrupta. Então partiu montado num búfalo-asiático em direção aos limites orientais do Império Chinês. Embora estivesse vestido de agricultor, o funcionário da fronteira o reconheceu e lhe pediu que anotasse sua sabedoria. De acordo com essa lenda, o que Lao-Tsé escreveu se tornaria o texto sagrado chamado *Tao Te Ching*. Depois disso, dizem que Lao-Tsé atravessou a fronteira e desapareceu da história, talvez para se transformar em ermitão. Na verdade, o mais provável é que o *Tao Te Ching* seja uma compilação de obras de muitos autores no decorrer do tempo. Mas as histórias sobre Lao-Tsé e o *Tao Te Ching* foram transmitidas por diversas escolas filosóficas chinesas durante mais de 2 mil anos e, no processo, embelezaram-se de forma maravilhosa.

Hoje há no mínimo 20 milhões – e talvez até meio bilhão – de taoístas espalhados pelo mundo, principalmente na China e em Taiwan. Eles praticam meditação, entoam as escrituras e cultuam vários deuses e deusas em templos administrados por sacerdotes. Os taoístas também fazem peregrinações a cinco montanhas sagradas no leste da China para orar nos templos e absorver a energia espiritual desses lugares sagrados, que acreditam ser governados por imortais.

O taoísmo está profundamente entrelaçado com outros ramos do pensamento, como o confucianismo e o budismo. Acredita-se que Confúcio tenha sido aluno de Lao-Tsé. Do mesmo modo, alguns creem que, quando desapareceu, Lao-Tsé viajou para a Índia e para o Nepal e deu aulas ou se tornou o Buda. Até hoje, além de respeitar Lao-Tsé como grande filósofo, as práticas confucianistas tentam seguir muitos ensinamentos seus.

Conta-se uma história sobre os três grandes líderes espirituais asiáticos – Lao-Tsé, Confúcio e o Buda. Todos tiveram que provar vinagre. Confúcio o achou azedo, mais ou menos como o mundo, cheio de gente degenerada, e o Buda o considerou amargo, como via o mundo, cheio de sofrimento. Mas Lao-Tsé achou o gosto doce. Isso é revelador, porque sua filosofia tende a olhar a aparente discórdia do mundo e ver uma harmonia subjacente guiada por algo chamado "Tao".

O *Tao Te Ching* se assemelha um pouco à Bíblia: oferece instruções (às vezes vagas e, geralmente, passíveis de várias interpretações) para uma vida boa. O livro discute o "Tao", ou o "caminho" do mundo, que também é o caminho da virtude, da felicidade e da harmonia. Esse caminho não é inerentemente confuso nem difícil. Lao-Tsé escreveu: "O grande Tao é muito uniforme, mas as pessoas gostam de pegar atalhos." Em sua opinião, o problema da virtude não é que seja difícil ou antinatural, mas simplesmente que resistimos ao caminho muito simples que pode nos trazer contentamento.

Para seguir o Tao, precisamos fazer mais do que apenas ler e pensar sobre ele. Em vez disso, temos que aprender o *wu wei* ("fluir" ou "ação sem esforço"), um tipo de aceitação intencional do caminho do Tao, e viver em harmonia com ele. Isso pode parecer solene e esquisito, mas na verdade a maior parte das sugestões de Lao-Tsé é muito simples.

Em primeiro lugar, precisamos dedicar mais tempo à imobilidade. "À mente que está imóvel", disse Lao-Tsé, "todo o universo se rende." Por algum tempo, precisamos abrir mão de nossos cronogramas, preocupações e pensamentos complexos e simplesmente experimentar o mundo. Passamos tempo demais correndo de um lugar a outro, mas Lao-Tsé nos lembra que "a natureza não se apressa, e mesmo assim tudo é realizado". É particularmente importante lembrarmos que certas coisas – a tristeza, o amadurecimento, a construção de um novo relacionamento – só acontecem em seu próprio tempo, como a troca das folhas e a floração dos botões.

Quando estamos imóveis e somos pacientes, também precisamos estar abertos. "A utilidade da panela vem de seu vazio", disse Lao-Tsé. "Esvazie-se de tudo. Permita que sua mente fique imóvel." Se estivermos ocupados demais, preocupados demais com ansiedade ou ambição, perderemos mil momentos da experiência humana que são nossa herança natural. Precisamos estar despertos para o modo como a luz se reflete nas ondulações de um lago, para a aparência das outras pessoas quando riem, para a sensação do vento brincando com nosso cabelo. Essas experiências nos reconectam com partes de nós mesmos.

Este é outro ponto importante da escritura de Lao-Tsé: precisamos estar em contato com nosso eu real. Passamos muito tempo nos preocupando com quem deveríamos nos tornar, mas deveríamos aproveitar o tempo para sermos quem no fundo já somos. Podemos redescobrir um impulso de generosidade ou um lado brincalhão que esquecemos. Muitas vezes o ego fica no caminho de nosso eu verdadeiro, que precisa ser encontrado através de nossa receptividade ao mundo exterior, e não quando nos concentramos em alguma imagem interior demasiado crítica e ambiciosa. "Quando abro mão de quem sou", escreveu Lao-Tsé, "torno-me o que posso ser."

Qual é o melhor livro de filosofia que poderíamos consultar? Para Lao-Tsé, não se tratava de um volume (nem de um pergaminho), mas do livro da natureza. É o mundo natural, sobretudo suas rochas, águas, pedras, árvores e nuvens, que nos oferece lições constantes e eloquentes de sabedoria e calma – se ao menos nos lembrarmos de prestar um pouco mais de atenção.

Aos olhos de Lao-Tsé, a maior parte do que há de errado em nós vem de não conseguirmos viver "de acordo com a natureza". A inveja, a fúria, a ambição maníaca, a noção frustrada de merecimento, tudo isso brota de não conseguirmos viver como a natureza sugere que deveríamos.

É claro que a "natureza" tem muitos estados de espírito e pode-se ver nela quase tudo que se queira, dependendo do ponto de vista. Mas, quando se refere à natureza, Lao-Tsé está pensando em alguns aspectos muito específicos do mundo natural. Ele se concentra numa variedade de atitudes que são encontradas na natureza e que, se manifestadas com maior regularidade na vida, nos ajudariam a encontrar serenidade e plenitude.

Lao-Tsé gostava de comparar as diversas partes da natureza com virtudes diferentes. Ele disse: "As melhores pessoas são como a água, que traz benefícios a todas as coisas e sem competir com elas. Fica nos lugares inferiores que os outros rejeitam. Por isso é tão semelhante ao Caminho [Tao]." Cada parte da natureza pode nos lembrar uma qualidade que admiramos e que deveríamos cultivar: a força das montanhas, a resiliência das árvores, a alegria das flores.

Buda, Confúcio e Lao-Tsé como "os três provadores de vinagre"

O taoísmo nos aconselha a olhar as árvores como bons exemplos de resistência graciosa. Elas são constantemente fustigadas pelos elementos, mas, por serem uma combinação ideal de flexibilidade e resiliência, reagem sem nossa rigidez costumeira, sem se defender, e, portanto, sobrevivem e prosperam de um modo que, em geral, não conseguimos. As árvores também são uma imagem da paciência, pois ficam imóveis longos dias e noites sem se queixar, ajustando-se à mudança lenta das estações – sem mostrar mau humor numa tempestade, sem qualquer desejo de sair do lugar numa viagem impetuosa. Elas se contentam em manter seus muitos dedos finos enterrados no solo pegajoso, a metros do tronco e longe das folhas mais altas, que seguram a água da chuva em sua palma.

A água é outra das fontes favoritas de sabedoria para o taoísmo, por ser suave e, aparentemente, delicada, e mesmo assim, se tiver tempo suficiente, poderosa o suficiente para moldar e transformar pedras. Podemos adotar parte de sua determinação paciente e silenciosa ao lidar com certos familiares ou situações políticas frustrantes no local de trabalho.

A filosofia taoísta deu origem a uma escola chinesa de pintura de paisagens admirada até hoje por nos despertar para as virtudes do mundo natural.

Em certo sentido, parece estranho afirmar que nosso caráter possa evoluir na companhia de uma cascata ou uma montanha, um pinheiro ou um pé de celidônia, objetos que, afinal de contas, não têm preocupações conscientes e, ao que parece, não podem incentivar nem censurar comportamentos. Porém, para chegar ao cerne da defesa de Lao-Tsé do efeito benéfico da natureza, um objeto inanimado pode, sim, influenciar os que estão por perto. As cenas naturais têm o poder de nos sugerir determinados valores: montanhas, dignidade; pinheiros, determinação; flores, gentileza – e, discretamente, podem, portanto, agir como inspiração para a virtude.

Em teoria, a ideia de que a contemplação da natureza é uma fonte de entendimento e tranquilidade é bem conhecida, mas muito fácil de ser ignorada porque nunca lhe damos valor nem lhe dedicamos o tempo e a concentração necessários.

Geralmente, estamos com a cabeça cheia de frases e ideias inúteis, coisas que se infiltraram em nossa imaginação e, ao provocar ansiedade, tornam mais difícil lidar com a vida. Por exemplo: "Tenha coragem de viver seus sonhos", "Nunca faça concessões", "Lute até vencer"... Essas (em certos casos) podem ser um tipo de veneno, para o qual as palavras de Lao-Tsé, combinadas a cenas naturais, são o antídoto ideal.

A natureza não se apressa
e mesmo assim tudo é realizado.
A vida é uma série de mudanças naturais e espontâneas.
Não resista a elas.
Isso só causa tristeza.

As palavras de Lao-Tsé criam um clima. São calmas, tranquilizadoras e delicadas. E esse é um estado de espírito que costumamos achar difícil manter, embora nos sirva em muitas tarefas da vida: ao preparar os filhos para a escola, observar o cabelo ficar branco, aceitar que um rival tem mais talento, perceber que o casamento nunca será muito fácil...

Contente-se com o que tem.
Alegre-se com a maneira como as coisas são.

Seria um erro tomar os ditos de Lao-Tsé literalmente em todos os casos. Alegrar-se com o modo como tudo acontece (um primeiro esboço medíocre, um acidente de carro, uma prisão injusta, um esfaqueamento brutal...) seria tolice. Mas, em certas ocasiões, o que ele diz é muito útil: quando seu filho tem uma visão de mundo diferente da sua, mas que mesmo assim é cheia de insights inesperados; quando você não é convidado para sair mas tem a oportunidade de ficar em casa e examinar seus pensamentos; quando sua bicicleta é ótima, mesmo não sendo de fibra de carbono.

Sabemos que a natureza é boa para o corpo. A contribuição de Lao-Tsé é nos lembrar que ela também está repleta do que merece ser chamado de sabedoria filosófica: lições que podem nos causar uma impressão específica ao nos alcançarem através de olhos e ouvidos em vez de apenas pela razão.

É claro que há questões que precisam ser resolvidas pela ação e há o momento certo para ter ambição. Mas o trabalho de Lao-Tsé é importante, tanto para taoístas quanto para não taoístas, ainda mais no mundo moderno, distraído pela tecnologia e concentrado no que parecem ser mudanças constantes, súbitas e graves. Suas palavras servem para nos fazer lembrar a importância da imobilidade, da abertura e da conciliação com as forças inevitáveis da natureza.

Confúcio

551-479 a.C.

Pouco se sabe sobre a vida do filósofo chinês Confúcio (uma versão ocidentalizada de seu nome, que significa "Mestre Kong"). Dizem que nasceu na China em 551 a.C. e que pode ter sido aluno do mestre taoísta Lao-Tsé. De acordo com a tradição, ele começou a trabalhar como funcionário público aos 32 anos e ocupou vários cargos, inclusive o de ministro do Crime do duque Ding, no estado de Lu. No entanto, os dois acabaram brigando por causa dos excessos do duque e assim, aos 56 anos, Confúcio partiu da corte e perambulou durante 12 anos.

Ele se apresentava como "um transmissor que nada inventou" porque acreditava estar ensinando o caminho natural para o bom comportamento que fora transmitido por mestres divinos mais antigos. Por volta do século II a.C., as obras de Confúcio foram reunidas nos *Analectos* (*Lunyu*), uma coletânea de frases anotadas por seus seguidores, que nem sempre se resumem a mandamentos, pois Confúcio não gostava de prescrever regras rígidas. Em vez disso, ele acreditava que, se levasse uma vida simples e virtuosa, seria capaz de inspirar os outros a fazer o mesmo. Por exemplo, uma das curtas passagens dos *Analectos* é:

> O estábulo pegou fogo quando Confúcio estava na corte. Ao retornar, ele perguntou: "Algum homem se feriu?" Ele não perguntou sobre os cavalos.

Nessa historinha simples de três frases, somos capazes de contemplar o valor intrínseco da vida humana acima de objetos ou animais e nos perguntar se faríamos o mesmo.

Parte dos preceitos morais ensinados por Confúcio é fácil de reconhecer, sobretudo sua versão da "Regra de Ouro": "Não faça aos outros o que não quer que façam a você." Mas parte também parece muito estranha ou antiquada aos ouvidos modernos (principalmente os ocidentais). Por isso, precisamos ainda mais de seus conselhos: eles servem como um antídoto aos problemas que enfrentamos atualmente. Eis alguns exemplos do que Confúcio nos ajuda a lembrar:

1. A cerimônia é importante

Os *Analectos* são um longo e aparentemente desorganizado livro de acontecimentos curtos, repleto de conversas esquisitas entre Confúcio e seus discípulos, como esta:

> Tsze-kung desejava se livrar da oferenda de uma ovelha à festividade do primeiro dia de cada mês. O mestre disse: "Tsze, você ama a ovelha; eu amo a cerimônia."

A princípio, isso é desconcertante, para não dizer humorístico. Mas Confúcio lembra a Tsze – e a nós – a importância da cerimônia.

No mundo moderno, a tendência é evitar cerimônias e achar que isso é uma coisa boa – um sinal de intimidade ou de falta de pretensão. Muitos de nós buscamos a informalidade e gostaríamos que sempre nos dissessem "Sinta-se em casa!" quando visitássemos alguém. Mas Confúcio insistia na importância dos rituais. A razão por que ele amava as cerimônias mais do que as ovelhas é que acreditava no valor de *li*: etiqueta, tradição e ritual.

À primeira vista, isso pode parecer um tanto antiquado e conservador.

Mas, na verdade, ansiamos por rituais específicos – por exemplo, aquela refeição que mamãe preparava para nós quando ficávamos doentes, o passeio anual de aniversário ou os votos matrimoniais. Entendemos que certos gestos premeditados, deliberados e precisos são capazes de tocar profundamente nossas emoções. Os rituais tornam claras nossas intenções e nos ajudam a entender como nos comportar. Confúcio ensinava que a pessoa que combina corretamente compaixão (*ren*) e rituais (*li*) é um "ser humano superior", virtuoso e moralmente poderoso.

2. Devemos tratar nossos pais com reverência

Confúcio tinha ideias muito rígidas sobre como devemos nos comportar em relação a nossos pais. Ele acreditava que devemos obedecer a eles quando somos jovens, cuidar deles na velhice, guardar luto prolongado quando morrerem e depois fazer sacrifícios em sua memória. "Ao servir aos pais, o filho pode lhes fazer objeções, mas delicadamente", disse. "Quando vê que eles não pretendem seguir seu conselho, mostra um grau ainda maior de reverência, mas não abandona seu propósito; e, caso eles o castiguem, que não se permita resmungar." Ele chegou a dizer que não devemos viajar para longe enquanto nossos pais são vivos e que temos que acobertar seus crimes. Essa atitude é chamada de *piedade filial* (*xiào*).

Isso soa estranho nos tempos modernos, quando muita gente sai da casa dos pais durante a juventude e raramente volta para visitá-los. Podemos até considerar que nossos pais são desconhecidos, atribuídos arbitrariamente a nós pelo destino. Afinal de contas, eles são tão distantes, tão lamentavelmente humanos em seus defeitos, tão difíceis, tão críticos – e têm um péssimo gosto musical. Mas Confúcio reconhecia que, em muitos aspectos, a vida moral começa na família. Não podemos ser verdadeiramente carinhosos, sábios, gratos e conscienciosos se não nos lembramos do aniversário da mamãe.

3. Devemos obedecer às pessoas honoráveis

A sociedade moderna é muito igualitária. Acreditamos que nascemos iguais, cada um unicamente especial, e que, em última análise, deveríamos ser capazes de dizer e fazer o que quiséssemos. Rejeitamos muitos papéis rígidos e hierárquicos. Porém Confúcio dizia a seus seguidores: "Que o governante seja governante, o súdito, súdito, o pai, pai, e o filho, filho."

Isso pode parecer chocante, mas na verdade é importante perceber que há pessoas dignas de profunda veneração. Precisamos ter modéstia suficiente para reconhecer as pessoas cuja experiência ou cujas realizações são maiores do que as nossas. Também devemos praticar o ato de fazer em paz o que essas pessoas pedem, precisam ou ordenam. Confúcio explicou: "A relação entre superiores e inferiores é como a que existe entre o vento e o capim. O capim tem que se curvar quando o vento sopra por ele."

4. O conhecimento cultivado pode ser mais importante do que a criatividade

A cultura moderna dá muita ênfase à criatividade, às ideias excepcionais que nos vêm de repente. Mas Confúcio era inflexível a respeito da importância da sabedoria universal que advém de anos de trabalho duro e reflexão. Ele listava a compaixão (*ren*) e a adequação dos rituais (*li*) entre três outras virtudes: justiça (*yi*), conhecimento (*zhi*) e integridade (*xin*). Eram essas as "Cinco Virtudes Constantes". Embora acreditasse que as pessoas são inerentemente boas, Confúcio também via que virtudes como essas tinham que ser constantemente cultivadas, como plantas num jardim. Ele dizia a seus seguidores:

> Aos 15 anos, minha mente se inclinou para o aprendizado. Aos 30, me mantive firme. Aos 40, não tinha dúvidas. Aos 50, conhecia os decretos do Céu. Aos 60, meus ouvidos eram um órgão obediente para a recepção da verdade. Aos 70, eu podia seguir os desejos de meu coração sem transgredir o que era correto.

Ele falava sobre sabedoria e caráter moral como a obra de uma vida inteira.

É claro que um surto de inspiração pode ser necessário para abrir uma empresa, refazer um esboço ou até reinventar a vida. Mas também precisamos dedicar mais energia a mudar nossos hábitos lentamente, pois o âmago de quem somos é determinado por padrões arraigados de comportamento.

Depois de passar muitos anos viajando, Confúcio voltou à sua terra natal com 68 anos e se dedicou a ensinar. Dizem que morreu em 479 a.C., aos 72 anos – um número mágico e auspicioso. Morreu sem conseguir reformar o duque e suas autoridades. Mas, depois de sua morte, seus seguidores criaram escolas e templos em sua homenagem em todo o leste da Ásia, transmitindo seus ensinamentos durante mais de 2 mil anos. (Também mantiveram registro de sua genealogia e mais de dois milhões de pessoas hoje afirmam ser seus descendentes diretos.) A princípio, as escolas confucianistas foram perseguidas em algumas regiões durante a Dinastia Qin (século III a.C.). Porém, posteriormente, durante a Dinastia Han (do século III a.C. ao século III d.C.), o confucianismo se tornou a filosofia oficial do governo chinês e permaneceu no centro de sua burocracia por quase 2 mil anos. Por algum tempo, seus ensinamentos foram seguidos em conjunto com os de Lao-Tsé e do Buda, de modo que o taoísmo, o confucianismo e o budismo eram considerados práticas espirituais totalmente compatíveis. Talvez o mais importante tenha sido que o pensamento confuciano exerceu imensa influência sobre as ideias políticas de moralidade, obediência e boa liderança no Oriente.

Hoje, milhões de pessoas ainda seguem os ensinamentos de Confúcio como uma disciplina espiritual ou religiosa e realizam rituais confucianos em templos ou em casa. Ele recebe muitos superlativos, como "Declarado com Louvor Lorde Ni", "Sapientíssimo Professor Falecido" e "Professor-Modelo por Dez Mil Eras". E continua a ser um firme guia espiritual.

Podemos achar estranhas ou antiquadas as virtudes de Confúcio, mas, em última análise, é isso que as torna mais importantes e atraentes. Precisamos delas como um corretivo para nossos excessos. O mundo moderno é quase totalmente anticonfuciano – informal, igualitário e cheio de inovações. Por isso, corremos o risco de sermos impulsivos, irreverentes e impensados se não recorrermos aos pequenos conselhos de Confúcio sobre bom comportamento... e ovelhas.

Sen no Rikyū

1522-1591

No Ocidente, filósofos escrevem longos livros de não ficção, geralmente usando palavras incompreensíveis, e limitam seu envolvimento com o mundo a aulas, palestras e reuniões de comitê. No Oriente, e principalmente na tradição zen, os filósofos escrevem poemas, rastelam cascalho, fazem peregrinações, praticam arco e flecha, escrevem aforismos em pergaminhos, cantam e, no caso de um dos maiores pensadores zen, Sen no Rikyū, dedicam-se a ensinar aos outros a tomar chá de maneira terapêutica e reconfortante.

Sen no Rikyū nasceu em 1522 na rica cidade portuária de Sakai, perto da atual Osaka. Seu pai, Tanaka Yohyoue, era dono de armazéns, trabalhava no comércio de peixes e queria que o filho se unisse a ele nos negócios. Mas Rikyū deu as costas à vida comercial e partiu em busca de sabedoria e autoconhecimento. Ele ficou fascinado pelo zen-budismo, se tornou aprendiz de alguns mestres e adotou a vida nômade pelo campo levando poucos pertences. Hoje nos lembramos dele pela contribuição que deu à reforma e à apreciação da *chanoyu*, a cerimônia japonesa do chá.

Os japoneses tomam chá desde o século IX, depois que monges e mercadores importaram a prática da China. A bebida era considerada saudável, além de calmante e espiritualizada. Mas foi Rikyū quem deu à cerimônia do chá uma base filosófica mais rigorosa e profunda. Graças a seus esforços práticos e intelectuais, tomar chá de maneira muito ritualizada e ponderada, em edifícios específicos que ele ajudou a projetar, passou a fazer parte da prática zen-budista e a ser tão fundamental para essa filosofia espiritual quanto a poesia e a meditação.

O Japão de seu tempo passara a se preocupar muito com a própria imagem e a se concentrar demais no dinheiro. Rikyū promoveu um conjunto alternativo de valores que chamou de *wabi-sabi*, palavra composta que combinava *wabi*, ou simplicidade, com *sabi*, a apreciação do que é imperfeito. Em campos tão diversos quanto a arquitetura, a decoração de interiores, a filosofia e a literatura, Rikyū despertou nos japoneses o gosto pelo decadente e pelo autêntico, pelo não decorado e pelo humilde.

Seu foco específico era a cerimônia do chá, que Rikyū acreditava ter um enorme potencial para promover o valor de *wabi-sabi*. Ele fez várias mudanças nos rituais e na estética da cerimônia. Começou por revolucionar o espaço em que a cerimônia do chá era realizada. Tornara-se comum entre os ricos construir casas de chá elaboradíssimas em lugares públicos de destaque, onde o serviam para exibir seu status e realizar reuniões mundanas. Rikyū argumentou que a casa de chá deveria se resumir a um cômodo de 2 metros de lado e ficar escondida em jardins fechados e que a porta deveria ser, propositalmente, um pouco pequena demais, para que todos que entrassem, mesmo os mais poderosos, tivessem que se curvar e se sentir iguais aos outros. A ideia era criar uma barreira entre a casa de chá e o mundo exterior. O próprio caminho até a casa de chá deveria passar em torno de árvores e pedras para criar um meandro que ajudasse a romper os laços com a vida cotidiana.

Quando realizada corretamente, a cerimônia do chá deveria promover o que Rikyū chamava de *wa*, ou harmonia, que surgiria à medida que os participantes redescobrissem sua ligação com a natureza: em sua cabana no jardim, cheirando a madeira sem verniz, a musgo e a folhas de chá, eles seriam capazes de sentir o vento e ouvir os pássaros lá fora – e de se sentir unidos à esfera não humana. Então poderia surgir uma emoção conhecida como *kei*, ou solidariedade, fruto de sentar-se num espaço confinado com outros e ser capaz de conversar com eles livre das pressões e dos artifícios do mundo social. A cerimônia bem-sucedida deixaria seus participantes com a sensação de *jaku*, tranquilidade, um dos conceitos mais básicos da filosofia suave e calmante de Rikyū.

As prescrições de Rikyū para a cerimônia se estendiam aos instrumentos utilizados. Ele defendia que, dali em diante, as cerimônias do chá não deveriam recorrer a xícaras e chaleiras caras ou convencionalmente belas. Ele gostava de conchas de bambu para chá que faziam da idade uma virtude. Como na filosofia zen tudo é impermanente, imperfeito e incompleto, os objetos desgastados pelo tempo, com marcas acidentais, podem, segundo ele, incorporar uma sabedoria distinta e promovê-la em seus usuários.

Uma das realizações de Rikyū foi pegar um ato que, no Ocidente, é uma das atividades mais corriqueiras e desimportantes e dotá-lo de solenidade e profundidade de significado semelhantes aos de uma missa católica. Cada aspecto da cerimônia do chá, da fervura paciente da água à medição do pó de chá-verde, relaciona-se de forma coerente com os princípios filosóficos zen sobre a importância da humildade, a necessidade de ter empatia e respeito pela natureza e a noção da importância da condição transitória da existência.

Essa abordagem da vida cotidiana pode ser aplicada a qualquer lugar. Fica a possibilidade de que muitos hábitos e ações cotidianos possam, com imaginação criativa suficiente, se tornar igualmente elevados, importantes e gratificantes na vida. A questão não é tanto que temos que participar de cerimônias do chá, mas que devemos tornar mais tangíveis os aspectos da vida espiritual cotidiana, aliando-os a certos materiais e rituais sensoriais.

Rikyū nos recorda que há uma solidariedade latente entre as grandes ideias sobre a vida e as pequenas coisas cotidianas, como certas bebidas, xícaras, instrumentos e aromas. Elas não estão isoladas dos grandes temas e podem torná-los mais vivos para nós. A tarefa da filosofia não é só formular ideias, mas também elaborar mecanismos para que elas se mantenham mais firmes e viscerais em nossa mente.

Matsuo Bashō

1644-1694

No Ocidente, temos uma vaga noção de que a poesia é boa para a "alma", tornando-nos sensíveis e mais sábios. Mas nem sempre sabemos como isso deve funcionar. A poesia tem dificuldade de encontrar seu caminho para dentro da nossa vida num sentido prático. No Oriente, contudo, alguns poetas, como o monge budista Matsuo Bashō, do século XVII, sabiam exatamente o efeito que sua poesia deveria produzir. Ela era um meio projetado para nos guiar à calma e à sabedoria – no modo como esses termos são definidos pela filosofia zen-budista.

Matsuo Bashō nasceu em 1644 em Ueno, na província de Iga, no Japão. Quando criança, tornou-se servo do nobre Tōdō Yoshitada, que lhe ensinou a compor poemas no estilo haicai. Tradicionalmente, os haicais têm três partes: duas imagens e um verso de conclusão que ajuda na sua justaposição. O haicai mais famoso da literatura japonesa se chama "Velho poço", do próprio Bashō:

Velho poço...
A rã salta.
Barulho de água.

É tudo (enganosamente) simples e, quando se está no estado de espírito correto e generoso, muito belo.

Depois da morte de Yoshitada em 1666, Bashō partiu e vagou durante muitos anos antes de se mudar para a cidade de Edo, onde se tornou famoso e foi muito publicado. No entanto, ele acabou ficando melancólico e passou a evitar companhia. Assim, até sua morte, em 1694, ele alternou longas viagens a pé com períodos em que morou numa cabana nos arredores da cidade.

Bashō era um poeta excepcional, mas não acreditava na ideia moderna de "arte pela arte". Ele esperava que sua poesia colocasse os leitores em estados mentais especiais valorizados pelo zen. Sua poesia reflete dois ideais muito importantes do zen: *wabi* e *sabi*. Para Bashō, *wabi* significava satisfação com a simplicidade e a austeridade, enquanto *sabi* se referia a uma solidão contente. (São os mesmos estados de espírito buscados na cerimônia do chá zen definida por Rikyū.) Acreditava-se que a natureza, mais do que tudo, promovia *wabi* e *sabi*, e portanto não surpreende que fosse esse um dos tópicos mais frequentes de Bashō. Vejamos essa cena de primavera que parece pedir tão pouco ao mundo e está afinada com a apreciação do cotidiano:

Primeiro broto
de cerejeira
perto das flores de pêssego.

A poesia de Bashō é de uma simplicidade quase chocante no nível do tema. Não há análises políticas, triângulos amorosos nem dramas familiares. A questão é lembrar aos leitores que o que realmente importa é estar contente em nossa própria companhia, apreciar o momento e nos afinar com as coisas mais simples que a vida tem a oferecer: a mudança das estações, as risadas dos vizinhos no outro lado da rua, as pequenas surpresas que encontramos em viagens. Vejam esta pérola:

Violetas –
que preciosas na
trilha do monte.

Bashō também usava cenas naturais para lembrar aos leitores que as flores, o tempo e outros elementos naturais, como nossa própria vida, são passageiros e estão em constante mudança. O tempo e a mudança das cenas e do clima merecem nossa atenção, como arautos de nossa morte:

Pétalas de rosa amarela
trovão –
uma cascata.

Às vezes essa transitoriedade da vida parte o coração, mas também é ela que torna cada momento valioso.

Bashō gostava de pintar, além de escrever, e muitas das suas obras ainda existem, em geral com o respectivo haicai escrito ao lado.

Na literatura, Bashō valorizava *karumi*, ou leveza. Queria que parecesse que uma criança havia escrito aqueles textos. Ele detestava pretensão e elaboração. Como dizia a seus discípulos: "Em minha opinião, bom poema é aquele em que a forma dos versos e a união das duas partes parecem leves como um riacho correndo em seu leito arenoso."

A meta suprema dessa "leveza" era permitir que os leitores escapassem ao fardo do eu – com suas circunstâncias e peculiaridades mesquinhas – para vivenciar a unidade com o mundo. Bashō acreditava que a poesia, em seu melhor aspecto, permitiria uma breve sensação de fusão com o mundo natural. Por meio da linguagem, era possível tornar-se a pedra, a água, as estrelas, num estado de espírito iluminado chamado *muga*, ou perda da consciência de si.

Podemos ver o conceito de *muga*, ou autoesquecimento, em ação no modo como ele nos quase convida a habitar seus temas, mesmo que sejam peixes mortos nada poéticos:

Peixaria –
que frios os lábios
do peixe salgado.

Num mundo cheio de perfis nas redes sociais e currículos elaborados, talvez pareça esquisito querer escapar de nossa individualidade. Afinal de contas, nos arrumamos com cuidado para nos destacar do resto do mundo. Bashō nos recorda que *muga*, ou o autoesquecimento, é valioso por permitir que nos libertemos do tamborilar incessante do desejo e da incompletude que assombra todas as vidas humanas.

Durante longos períodos, Bashō sofreu de profunda melancolia. Ele percorreu as estradas perigosas do campo japonês com pouco mais do que material de escrita e passou algumas noites realmente nada glamorosas:

> Pulgas e piolhos picando;
> noite em claro
> um cavalo urina junto ao meu ouvido.

Mas *muga* libertou Bashō – e também pode nos libertar – da tirania dos momentos sombrios das circunstâncias individuais. Sua poesia nos convida constantemente a apreciar o que temos e a ver que nossas dificuldades pessoais são infinitesimais e desimportantes no vasto esquema do universo.

A poesia de Bashō era uma ferramenta inteligente de esclarecimento e revelação por meio da arrumação simples e artística das palavras. Os poemas são valiosos não por serem belos (embora também o sejam), mas porque podem servir de catalisadores de alguns estados importantíssimos da alma. Eles recordam tanto ao escritor quanto ao leitor que o contentamento se baseia em tirar prazer da simplicidade e escapar (mesmo que só por algum tempo) da tirania de sermos nós mesmos.

Sociologia

São Bento

480-543 d.C.

O espírito ferozmente individualista de nossa época tende a ver com maus olhos duas grandes ideias: o estabelecimento de algum tipo de regra para governar a vida cotidiana e a captação de recursos para viver em grupo e de maneira comunitária.

Passamos a ver a nós mesmos como se cada um precisasse inventar seu modo de vida único, governado por nossos instintos e pelo que mais queremos fazer no momento. Quanto à ideia de comunidade, embora de vez em quando ela nos passe pela cabeça (principalmente quando lembramos como a república da faculdade era divertida e como agora a vida é árdua e solitária), nada no capitalismo moderno nos permite imaginar como conseguiríamos tornar o grupo, em vez do "eu", o centro das coisas. Tudo, dos eletrodomésticos às hipotecas e ao amor romântico, reforça a ideia da unidade solitária ou baseada num casal. Somos influenciados por uma ideologia de liberdade pessoal na qual a busca por fins privados é considerada o único caminho para a felicidade – apesar de o resultado não necessariamente corresponder a essas expectativas. A alegria de fazer parte de um grupo simplesmente não entra em questão.

Essas atitudes que hoje nos parecem normais contrastam violentamente com uma ideia que prosperou durante longos períodos em muitas partes do mundo e continua a ter muito a nos ensinar sobre nossos anseios reais: o monasticismo. Sua ousada tese é a de que as pessoas podem realmente levar uma vida mais frutífera, produtiva e feliz quando se reúnem em grupos controlados e organizados de amigos, com regras claras, e se voltam para algumas poucas grandes ambições. Mesmo que não planeje criar tão cedo sua versão secular de um mosteiro (embora, como você verá, acreditemos que não seria má ideia), o monasticismo merece ser estudado pelas lições que nos traz sobre os limites do individualismo moderno.

Um dos personagens mais antigos e influentes da história do monasticismo – em sua versão cristã e ocidental – foi um nobre romano chamado Bento que viveu no fim do século V. Com 20 e poucos anos, ele foi estudar filosofia em Roma e, por algum tempo, participou da dissipação, do desperdício e da falta de ambição genuína de seus colegas ricos. Até que, de repente, cansou-se, ficou envergonhado e partiu para as montanhas em busca de uma vida melhor. Logo outros se uniram a ele, que começou a fundar algumas pequenas comunidades. A partir daí, foi um passo natural escrever um manual de instruções para seus seguidores cujo título era simples e enfático: *A regra*.

Durante sua vida, centenas de pessoas se inscreveram para viver em comunidades governadas por seus princípios. E, durante mais de mil anos, instituições imensas e impressionantes fundadas em seu nome tiveram papel central na civilização europeia.

Bento era um cristão extremamente devoto. Mas não é necessário compartilhar sua crença para reconhecer que suas recomendações se baseavam em algo fundamental da natureza humana. Na verdade, suas ideias sobre comunidades são facilmente separáveis do ambiente religioso específico em que se desenvolveram.

1. O prazer das regras
As regras de vida traçadas por Bento eram lindamente precisas e detalhadas. Seu ponto de partida era uma visão pessimista da natureza humana. Ele tinha clara consciência da facilidade com que nossa vida sai um pouco – ou muito – dos trilhos quando só fazemos o que nos vem à cabeça.

Suas regras contêm instruções sobre:

a. Comer
Regra 39: A não ser os doentes que estejam muito fracos, que todos se abstenham inteiramente de comer a carne de animais quadrúpedes.

Bento se preocupava muito com a ingestão de alimentos que nos deixam lentos, arrastados, com pena de nós mesmos. Recomendava que devíamos consumir refeições modestas, mas nutritivas, somente duas vezes por dia. (Um copo de vinho de vez em quando era permitido.) Carnes bovina e ovina deviam ser evitadas, mas consumir aves e peixes em pequena quantidade era o ideal. Bento era sábio a ponto de ver que seu trabalho intelectual era totalmente compatível com o hábito de pensar muito sobre o que se deve comer – e sua busca era pelo tipo de alimento que nutrisse e alimentasse a mente da melhor forma. Ele achava que todos deveriam se sentar juntos em mesas compridas, mas também sabia quanta conversa-fiada pode haver durante refeições e aconselhava os comensais a ouvir alguém lendo um livro importante e motivador enquanto consumiam frango com limão, abobrinha e feijão. Se precisassem de algo, que fizessem um sinal com as mãos.

b. Silêncio
Bento conhecia os benefícios do silêncio. Quando se tem uma grande tarefa a cumprir, a concentração é fundamental. Ele sabia tudo sobre distração: como é fácil ter vontade de acompanhar as últimas notícias, como as fofocas da cidade podem ser viciantes... É por isso que suas comunidades tendiam a se estabelecer em lugares remotos, geralmente perto de montanhas, e seus edifícios tinham paredes grossas, pátios silenciosos e aposentos lindamente serenos.

c. Cabelo e roupas
Na época de Bento, a moda era uma imensa fonte de interesse, despesas e atenção. O próprio Bento era um homem bonito, mas pretendia limitar quanto ele ou qualquer outra pessoa precisaria pensar em relação ao que vestir todo dia. Por isso ele recomendava que, em sua comunidade, todo mundo usasse as mesmas roupas: simples e úteis, fáceis de lavar e sem serem caras demais. Além disso, todos teriam o cabelo cortado da mesma maneira: curtíssimo.

d. Equilíbrio
Regra 35: Que os irmãos sirvam uns aos outros e que ninguém seja dispensado do serviço na cozinha, a não ser por razão de doença.

Para se concentrar direito em ideias e atividades intelectuais, Bento sabia que podia ser muito útil praticar alguma atividade física todos os dias – algo repetitivo e calmante seria ideal, como varrer o chão ou limpar um canteiro de alfaces. Às vezes, você também participaria do preparo das refeições e da lavagem de louça – todos participariam. Mas, na maior parte do tempo, seria a vez dos outros e você estaria livre – e sem culpa.

e. Dormir cedo
É preciso ir para a cama cedo e se levantar muito cedo, Bento sabia disso. A rotina é fundamental. Ninguém há de querer se envolver de repente numa conversa que começa às 11 horas da noite, fica bastante animada por volta da meia-noite e nos deixa ansiosos e incapazes de dormir à uma da madrugada. Acostume-se a se acalmar sistematicamente, concentrando os pensamentos e organizando a mente para o dia seguinte (muitos bons pensamentos surgem quando estamos dormindo).

f. Nada de se viciar em pornografia
Bento sabia que o sexo atrapalha. Não há por que ficar pensando sem parar e repetidamente em pessoas nuas quando é preciso cuidar de coisas importantes de verdade. Ele não era pudico e se divertiu bastante quando era estudante, mas sabia que a vida era curta e que havia muito a fazer. Por isso recomendava que, na comunidade ideal, todos deveriam se vestir de maneira recatada e que ninguém deveria estimular sentimentos sexuais. O sexo simplesmente destrói qualquer tentativa de concentração.

g. Arte/arquitetura
Nos edifícios beneditinos encontram-se obras de arte belas ou dramáticas que lembram algo importante ou nos ajudam a entrar num estado de espírito propício. Bento não considerava a boa arte e a boa arquitetura um luxo – elas oferecem um apoio vital à nossa vida interior. Sabia que entenderíamos o benefício de ficar dentro de nós observando o astral que emana do entorno. Por isso, há tempos os mosteiros beneditinos empregam os melhores artistas e arquitetos, como Palladio, Veronese e, hoje em dia, John Pawson. Se alguém vai viver junto com outras pessoas, faz sentido criar um lar que seja o mais inspirador e calmante possível.

Não basta adotar as regras criadas por São Bento. Ele nos mostra algo mais geral: o potencial das regras em nos ajudar a viver bem.

Há períodos na vida (e na história) em que nos parece que *ganhar* a liberdade é a chave para a felicidade. Para uma criança de 4 anos, a quem sempre disseram quando acordar, a que horas tomar banho e quando apagar a luz, é natural que ela considere maravilhoso ter idade suficiente para decidir por conta própria. Mas as regras de como viver – e a autoridade para nos fazer segui-las – começam a parecer mais importantes e até sábias quando temos uma noção mais urgente dos *problemas* para os quais algumas regras sensatas são possíveis *soluções*, quando percebemos nossa tendência à distração, à dissipação, à falta de força de vontade e a discussões tarde da noite. Nesse momento, podemos aprender que, longe de serem interrupções em nosso eu bom e natural, as regras na verdade são restrições que protegem nossas melhores possibilidades. Elas nos tornam mais fiéis a quem queremos ser do que um sistema que nos permita fazer absolutamente tudo.

2. Os destaques da comunidade

São Bento criou seu primeiro mosteiro no monte Cassino, a meio caminho entre Roma e Nápoles. Ele ainda existe (embora tenha sido reconstruído depois de ser bombardeado pelos aliados em 1944).

A escolha de um local elevado e quase inacessível não foi por acaso. A razão de ir para um mosteiro era evitar as distrações que poderiam afastar a atenção do que é realmente importante. Podemos não ter a mesma ideia de Bento sobre o que é importante, mas dividimos com ele uma preocupação profunda: como podemos nos concentrar no que realmente queremos realizar sem nos distrair o tempo todo?

São Bento admitia que é difícil para criaturas como nós ponderar a natureza de Deus, examinar nossos defeitos e decifrar o significado de alguns trechos bíblicos obscuros quando nosso instinto natural nos empurra para comer demais, fazer sexo, coçar o saco, embebedar-se e fofocar.

Sob inspiração de Bento, os mosteiros criaram uma série de inovações extraordinárias no campo da não distração. Ele propunha que, para evitar se distrair, é necessário viver bem longe de cidades grandes e pequenas. A arquitetura deve ser grandiosa e imponente, como um lembrete constante da importância do que se está fazendo. É preciso viver no local onde se trabalha, e não ir e vir. As paredes terão de ser altas e grossas. Não pode haver muitas portas nem grandes janelas panorâmicas dando para o mundo exterior. Sem dúvida, muros, claustros e a distância de alguns bons quilômetros das tabernas locais ajudam a lutar contra a distração.

O ideal da comunidade monástica é que viver coletivamente permite realizar mais do que seria possível apenas com o esforço individual.

Alguns aspectos que Bento imaginou para que isso funcionasse – como a segregação entre os sexos – não parecem tão interessantes. Mas ainda precisamos de algumas das vantagens da vida comunitária.

É algo que podemos ver no mercado imobiliário. O Royal Crescent, em Bath, na Inglaterra, é um exemplo de colaboração entre acomodação e arquitetura. Hoje, cerca de 200 pessoas moram nesse prédio, em geral em apartamentos de tamanho modesto. Por reunir a estrutura de seus lares, eles dividem coletivamente uma das maiores estruturas urbanas do mundo. Individualmente, todos têm que pagar planos de telefonia, sistemas de wi-fi, contas de luz, impostos municipais, emergências no encanamento. Porém é bem possível que um administrador pudesse fazer tudo isso por eles, com imensa economia em termos de frustração. Todos ganharíamos muito abrindo mão de um pouco de nosso famoso – e na verdade muito cansativo – individualismo.

Frequentemente, os mosteiros evoluíram para bem-sucedidos centros de negócios, operando nos principais mercados da época: agropecuária, mineração, escolas, hospitais e as versões mais antigas dos hotéis.

Pensamos que entendemos a colaboração nos negócios. Mas em geral só olhamos uma variedade limitada de opções. Ainda supomos que, numa empresa de tamanho médio, 157 pessoas precisarão percorrer rotas um pouquinho diferentes, estacionar o carro e, à noite, gastar seu dinheiro individualmente em miojo de frango, aluguel, um sofá-cama e uma ida ao bar.

Muitas grandes ambições do mundo moderno poderiam ser alcançadas com uma eficácia muito maior dentro de um mosteiro: um grande escritório de design, uma empresa de biotecnologia, uma produtora de TV.

Conclusão

A vida comunitária pode ser muito mais agradável e menos estressante do que a família nuclear, com todas as suas pressões e decepções. Ficamos imaginando que a felicidade está em encontrar outra pessoa especial (e depois reclamar dela por não ser suficientemente perfeita) ou então em nos tornarmos algo extraordinário – em vez de nos unir a várias pessoas muito comuns para fazer algo superlativo. Em geral, somos muito melhores quando pertencemos a uma equipe. Seríamos capazes de fazer com maior facilidade coisas em escala mais grandiosa – e ter a mente concentrada com mais frequência. Por isso São Bento continua a ser um pensador tão útil e provocante.

Alexis de Tocqueville

1805-1859

A democracia foi alcançada com uma luta tão longa, árdua e heroica que pode ser embaraçoso e mesmo vergonhoso sentir-se um pouco decepcionado com ela. Sabemos que, em momentos históricos decisivos, houve profundos sacrifícios para que pudéssemos de vez em quando marcar um X junto ao nome de um candidato na cédula de votação. Durante gerações, em grandes regiões do mundo, a democracia foi uma esperança secreta e urgente. Porém hoje é provável que tenhamos períodos de tédio e irritação com nossos políticos democraticamente eleitos. Ficamos decepcionados com os partidos e não sabemos se as eleições realmente fazem alguma diferença. Ainda assim, não apoiar a democracia, ser francamente contra ela, também não é uma atitude possível. Parecemos absolutamente comprometidos com a democracia, mas o tempo todo frustrados e decepcionados com ela.

Talvez o melhor guia para alguns desses sentimentos e para a democracia moderna em geral seja Alexis de Tocqueville, aristocrata francês do século XIX que, no início da década de 1830, viajou pelos Estados Unidos estudando a cultura política da primeira nação verdadeiramente democrática do mundo e depois reuniu seus pensamentos numa das maiores obras de filosofia política, *A democracia na América*, publicada na França em 1835. Para Tocqueville, a democracia era uma opção política extremamente nova e exótica. Ele nasceu em 1805, quando Napoleão era o ditador populista de metade da Europa. Depois de Waterloo, os reis Bourbon voltaram – e, embora houvesse eleições, o eleitorado era limitadíssimo. Mas Tocqueville acreditava e previa que a democracia seria a grande ideia do futuro no mundo inteiro. Ele queria saber como isso seria. O que aconteceria quando as sociedades que tinham sido governadas durante gerações por pequenas elites aristocráticas, que herdavam a riqueza e o poder, começassem a escolher seus líderes em eleições nas quais praticamente toda a população adulta pudesse votar?

Por isso Tocqueville foi aos Estados Unidos: para ver como seria o futuro. Ele chegou lá por cortesia de uma bolsa do governo francês, que queria que ele observasse o sistema prisional americano e fizesse um relatório com o qual o governo pudesse aprender algumas lições. Mas ele não estava muito interessado em prisões e deixou claro, em cartas a amigos, que sua verdadeira razão para viajar era observar a moral, a mentalidade e os processos políticos e econômicos americanos. Ele chegou a Nova York em maio de 1831 com o amigo e magistrado Gustave de Beaumont e embarcou numa longa viagem pelo novo país que duraria até fevereiro de 1832.

Tocqueville e Beaumont foram até Michigan, na época um território de fronteira, e lá tiveram uma ideia da vastidão da paisagem do Meio-Oeste americano. Também foram a Nova Orleans, mas durante a maior parte do tempo ficaram em Boston, Nova York e na Filadélfia. Conheceram todo mundo: presidente, advogados, banqueiros, sapateiros, cabeleireiros... e até apertaram a mão do último signatário ainda vivo da Declaração de Independência, um homem chamado Charles Carroll.

As observações de Tocqueville sobre os Estados Unidos são divertidas, muitas vezes engraçadas e, em geral, muito ácidas.

1. Sobre Nova York:

Para um francês, o aspecto da cidade é esquisito e não muito agradável. Não se vê cúpula, torre de igreja nem edifício grandioso, como resultado tem-se a impressão constante de estar num subúrbio.

2. Sobre o orgulho nativo:

Duvido que se possa extrair dos americanos alguma ínfima verdade desfavorável a seu país. A maioria se gaba dele sem discriminação e com uma impertinência desagradável aos estrangeiros [...] Em termos gerais, há muita mesquinharia de cidade pequena em sua formação [...] Ainda não encontramos um homem realmente extraordinário.

3. Sobre o espírito da classe média:

Esse país ilustra o desenvolvimento externo mais completo das classes médias, ou melhor, toda a sociedade parece ter se transformado numa grande classe média. Parece que ninguém tem os modos elegantes e a educação refinada das classes superiores da Europa. [...] Ficamos espantados ao mesmo tempo com algo vulgar e com a casualidade desagradável do comportamento.

4. Sobre as atitudes diante dos indígenas americanos:

No meio dessa sociedade americana tão bem policiada, tão moralizadora, tão caridosa, um egoísmo frio e uma insensibilidade completa predominam quando se trata dos nativos do país.

Os americanos dos Estados Unidos não deixam seus cães perseguirem os índios, como fazem os espanhóis no México, mas no fundo é o mesmo sentimento impiedoso que aqui, como em toda parte, anima a raça europeia. Este mundo aqui nos pertence, dizem eles a si mesmos todos os dias; a raça indígena está destinada à destruição final, que não se pode impedir e que não é desejável retardar. O céu não os fez para se tornarem civilizados; é necessário que morram. Além disso, não queremos nos misturar. Não faremos nada contra eles; vamos nos limitar a oferecer tudo que apresse sua ruína. Com o tempo, teremos suas terras e seremos inocentes de sua morte.

Satisfeito com esse raciocínio, o americano vai à igreja, onde ouve o ministro do evangelho repetir todo dia que todos os homens são irmãos e que o Ser Eterno que os fez todos à sua imagem lhes deu a todos o dever de se ajudarem uns aos outros.

5. Mas ele, por sua vez, também não gostava muito dos indígenas americanos:

Eu estava cheio das recordações do Monsieur de Chateaubriand e de Cooper e esperava que os nativos da América fossem selvagens, mas selvagens em cujo rosto a natureza tivesse estampado as marcas de algumas orgulhosas virtudes que a liberdade produz. Esperava encontrar uma raça de homens pouco diferentes dos europeus, cujo corpo tivesse se desenvolvido com o exercício extenuante da caça e da guerra e que nada perderiam por serem vistos nus.

Avaliem meu espanto ao ver o quadro que se segue. Os índios que vi naquela noite eram de pequena estatura; seus membros, até onde se podia dizer sob as roupas, eram finos e sem pelos; a pele, em vez de vermelha como geralmente se supõe, era de um bronze escuro, tal que, à primeira vista, se parecia muito com a dos negros. O cabelo preto caía com rigidez singular sobre o pescoço e, às vezes, sobre os ombros. Em geral, a boca era desproporcionalmente grande, e a expressão do rosto, ignóbil e maliciosa.

No entanto, havia muito de europeu em seus traços, mas dir-se-ia que vinham da plebe mais ignara de nossas grandes cidades europeias. Sua fisionomia revelava aquela profunda degradação que só o abuso prolongado dos benefícios da civilização pode criar, mas, apesar disso, eles ainda eram selvagens.

Porém havia também muito a admirar nos Estados Unidos: a beleza das mulheres, a simplicidade saudável da comida, a franqueza jovial das conversas, o conforto dos hotéis. Acima de tudo, Tocqueville adorou as paisagens naturais da região:

> É impossível imaginar algo mais belo do que o rio Norte ou Hudson. A grande largura da torrente, a riqueza admirável da margem norte e as montanhas íngremes que ladeiam as margens orientais tornam-no uma das paisagens mais admiráveis do mundo [...] Invejamos todos os dias os primeiros europeus que, 200 anos atrás, descobriram pela primeira vez a embocadura do Hudson e subiram sua corrente, quando suas duas margens eram cobertas de inúmeras florestas e só se avistava a fumaça dos selvagens.

Quando chegou a Nova York, Tocqueville pôs os pés na única democracia em grande escala e razoavelmente segura do planeta. E viu-se numa indagação muito sutil e útil: quais são as consequências sociais da democracia? Como se deveria esperar que fosse uma sociedade democrática?

Tocqueville estava muito atento ao lado problemático e potencialmente sombrio da democracia. Cinco questões o marcaram especialmente:

1. A democracia gera materialismo

Na sociedade que Tocqueville conhecia desde a infância, ganhar dinheiro não parecia ser a principal preocupação das pessoas. Os pobres (que formavam a maioria avassaladora) quase não tinham a menor chance de adquirir riqueza. Portanto, embora se preocupassem em ter o suficiente para comer, o dinheiro em si não fazia parte de seu modo de se ver nem de suas ambições; simplesmente não havia chance. Por outro lado, a minúscula camada superior de aristocratas proprietários de terras não precisava ganhar dinheiro – e considerava vergonhoso trabalhar para isso ou se envolver em ofícios ou no comércio. Em consequência, por razões muito diferentes, o dinheiro não era o padrão para julgar a vida.

No entanto, todos os americanos que Tocqueville conheceu acreditavam prontamente que, com trabalho duro, era possível ganhar uma fortuna e que isso era absolutamente correto e admirável. Portanto ninguém desconfiava dos ricos, havia certo julgamento moral contra os pobres e demonstrava-se um imenso respeito pela capacidade de ganhar dinheiro. Simplesmente parecia a única realização que os americanos consideravam digna de respeito. Por exemplo, nos Estados Unidos, observou Tocqueville, um livro que não gera dinheiro porque não vende bem não pode ser bom, porque o teste de toda qualidade é monetário. E tudo que produz lucro deve ser admirável em todos os aspectos. Era uma visão rasa e sem nuances que fez Tocqueville ver as vantagens dos sistemas de status multipolar e relativamente mais sutis da Europa, onde alguém poderia (num dia bom) ser considerado bom, mas pobre – ou rico, mas vulgar.

A democracia e o capitalismo criaram um modo relativamente igualitário, mas também muito raso e opressor, de os seres humanos se julgarem uns aos outros.

2. A democracia gera inveja e vergonha

Na viagem pelos Estados Unidos, Tocqueville percebeu um mal inesperado que corroía a alma dos cidadãos da nova república. Os americanos tinham muito, mas essa riqueza não impedia que quisessem sempre mais nem que sofressem sempre que viam alguém com bens que lhes faltavam. Num capítulo de *A democracia na América* intitulado "Causas do espírito inquieto dos americanos em meio à sua prosperidade", ele esboçou uma análise duradoura da relação entre insatisfação e expectativa elevada, entre inveja e igualdade:

> Quando todos os privilégios do berço e da fortuna são abolidos, quando todas as profissões são acessíveis a todos e a energia de um homem pode colocá-lo no topo de qualquer uma delas, uma carreira fácil e sem limites parece abrir-se à sua ambição e ele se convencerá prontamente de que não nasceu para um destino vulgar. Mas essa é uma noção errônea, corrigida pela experiência diária. A mesma igualdade que permite a todo cidadão conceber essas elevadas esperanças torna todos os cidadãos menos capazes de realizá-las [...] A essas causas deve-se atribuir aquela estranha melancolia que com frequência persegue os habitantes de países democráticos em meio à sua abundância e aquele desagrado com a vida que, às vezes, os invade em meio a circunstâncias calmas e serenas. Há na França queixas de que o número de suicídios aumenta; na América, o suicídio é raro, mas dizem que a insanidade é mais comum do que em qualquer outro lugar.

Familiarizado com as limitações das sociedades aristocráticas, Tocqueville não tinha nenhum desejo de retornar às condições que existiam antes de 1776 ou 1789. Ele sabia que os habitantes do Ocidente moderno gozavam de um padrão de vida muito superior ao das classes inferiores da Europa medieval. Mesmo assim, percebeu que essas classes desprovidas também se beneficiavam de uma calma mental para sempre negada a seus sucessores:

> Enquanto o poder da Coroa, sustentado pela aristocracia, governou pacificamente as nações da Europa, a sociedade possuiu, em meio à sua miséria, várias vantagens diferentes que hoje mal podem ser apreciadas ou concebidas. [...] O povo, nunca tendo concebido a ideia de uma condição social diferente da sua e sem alimentar nenhuma expectativa de jamais estar no mesmo nível de seus chefes, recebia deles benefícios sem discutir seus direitos. Apegava-se a eles quando eram clementes e justos e submetia-se sem resistência nem servilismo à sua extorsão como à visita inevitável da mão de Deus. Além disso, os costumes e os modos da época criaram uma espécie de lei em meio à violência e estabeleceram determinados limites

à opressão. Como o nobre nunca suspeitava que alguém tentaria privá-lo dos privilégios que acreditava legítimos e como o servo via a própria inferioridade como consequência da ordem imutável da natureza, é fácil imaginar que uma troca mútua de boa vontade ocorria entre duas classes dotadas de forma tão diferente pelo destino. Desigualdade e miséria encontravam-se então na sociedade, mas a alma de nenhuma classe de homens se degradava.

As democracias, contudo, desmantelaram todas as barreiras às expectativas. Todos os integrantes da comunidade se sentiam teoricamente iguais, mesmo quando lhes faltavam meios para alcançar a igualdade material. "Na América", escreveu Tocqueville, "nunca encontrei um cidadão pobre demais para lançar um olhar de esperança e inveja sobre os prazeres dos ricos." Os cidadãos pobres observavam os ricos de perto e confiavam que, algum dia, também seguiriam seus passos. Nem sempre estavam errados. Várias fortunas foram acumuladas por pessoas de origem humilde. No entanto, exceções não fazem a regra. Os Estados Unidos ainda tinham uma classe inferior. Só que, ao contrário dos pobres das sociedades aristocráticas, os americanos não eram mais capazes de ver sua condição como algo que não fosse a traição de suas expectativas.

Tocqueville sentiu que a concepção diferente de pobreza dos integrantes de sociedades aristocráticas e democráticas era ainda mais evidente na atitude dos criados frente a seus senhores. Nas aristocracias, os criados geralmente aceitavam de bom grado seu destino. Nas palavras de Tocqueville, podiam ter "pensamentos elevados, grande orgulho e respeito próprio". Contudo, nas democracias, a atmosfera da imprensa e da opinião pública sugeria implacavelmente aos criados que eles poderiam chegar ao topo da sociedade, que poderiam se tornar industriais, juízes, cientistas ou presidentes. Apesar de, a princípio, essa noção de oportunidade ilimitada estimular uma alegria superficial, sobretudo nos jovens, e embora permitisse que os mais talentosos ou sortudos dentre eles atingissem seu objetivo, com o passar do tempo a maioria não conseguia subir de vida – e Tocqueville observou que seu estado de espírito se tornava sombrio, que a amargura tomava conta de seu espírito e o sufocava, e que seu ódio por si e pelos senhores tornava-se feroz.

O rígido sistema hierárquico que se manteve em quase todas as sociedades ocidentais até o século XVIII e que negou toda esperança de ascensão social, exceto em casos raríssimos, era injusto em mil aspectos demasiado óbvios, mas oferecia aos membros das fileiras inferiores uma liberdade notável: a liberdade de não ter que tomar como ponto de referência as realizações de tantos membros da sociedade – e assim, de não se considerarem gravemente privados de status e importância.

3. A tirania da maioria

Em geral, pensamos em democracia como o oposto da tirania. Numa democracia, não deveria mais ser possível que uma panelinha governasse todo o resto à força; os líderes têm que governar com o consentimento dos governados. Mas Tocqueville notou que a democracia podia facilmente criar um tipo especializado de tirania: a da maioria. Em princípio, o grupo majoritário poderia muito bem ser severo e hostil às minorias. Ele não pensava simplesmente na perseguição política declarada, mas num tipo menos radical, embora ainda real, de tirania em que simplesmente estar "numa minoria" em relação à ideologia dominante começa a parecer inaceitável, pervertido e até mesmo ameaçador.

Ele achava que a cultura democrática poderia facilmente demonizar qualquer afirmação de diferença – e mais ainda de superioridade cultural ou ponderação elevada – percebida como ofensiva à maioria, embora essa atitude pudesse estar ligada a um mérito real. Na tirania da maioria, a sociedade fica pouco à vontade com qualquer tipo de ambição ou mérito excepcional. Nela, há um instinto agressivamente nivelador no qual se considera uma virtude cívica colocar em seu devido lugar qualquer um que pareça se elevar acima dos outros.

Ele achava que esse era um dos preços naturais a se pagar por viver numa democracia.

4. A democracia nos volta contra a autoridade

Tocqueville achava que a democracia incentivava ideias intensas de igualdade a tal ponto que isso podia se tornar algo prejudicial e desanimador. Ele via que a democracia estimula "no coração humano um gosto depravado por igualdade que impele os fracos a quererem trazer os fortes para seu nível".

É uma linha de pensamento que hoje parece quase brutal, porque, instintivamente, vemos a igualdade como algo desejável. Mas o que perturbava Tocqueville era o modo como, nos Estados Unidos, pessoas sem nenhuma distinção em termos de instrução, habilidade, experiência ou talento se recusavam a mostrar deferência pelos seus "superiores naturais", como dizia. E acreditava que isso tinha origem numa indisposição a se curvar diante de qualquer tipo de autoridade. Os americanos recusavam-se a pensar que alguém poderia ser melhor do que eles só porque se preparara para ser médico, estudara Direito durante duas décadas ou escrevera alguns bons livros. A relutância saudável e admirável a mostrar deferência aos outros incentivava, de modo inevitável, a recusa profundamente inútil a aceitar qualquer tipo de submissão a qualquer tipo de pessoa. Ainda assim, na sua visão, talvez algumas pessoas sejam mais sábias, mais inteligentes, mais bondosas ou mais maduras do que outras e, por essas ótimas razões, devessem ser ouvidas com atenção especial. Ele achava que a democracia era fatalmente tendenciosa a favor da mediocridade.

5. A democracia corrói a liberdade de pensamento

Intuitivamente, suporíamos que a democracia estimularia os cidadãos a terem mente aberta. Sem dúvida ela incentiva o debate e permite que as discordâncias sejam resolvidas pelo voto, e não pela violência. Pensamos na mente aberta como resultado de se viver num lugar onde muitas opiniões podem ser expostas.

No entanto, Tocqueville chegou à conclusão oposta: que em poucos lugares alguém encontraria "menos independência de pensamento e verdadeira liberdade de discussão do que nos Estados Unidos".

Na confiança de que o sistema era justo e correto, os americanos simplesmente abriam mão de sua independência de pensamento e depositavam sua fé nos jornais e no chamado "senso comum". O ceticismo dos europeus diante da opinião pública dera lugar a uma fé ingênua na sabedoria da multidão.

Além disso, por ser uma sociedade comercial, as pessoas tinham muito cuidado para não se distanciar demais dos vizinhos (que também podiam ser clientes). Era melhor distribuir clichês do que tentar ser original – mais ainda quando havia algo novo a vender.

De volta à França, Tocqueville buscou uma carreira na política. Embora naquele momento a França fosse teoricamente uma democracia, o eleitorado era extremamente restrito: menos de 5% dos homens adultos tinham direito ao voto. Ele foi deputado e, por alguns meses não muito gloriosos, ministro das Relações Exteriores. Mas, em 1851, o presidente eleito Luís Napoleão se declarou imperador e rasgou a constituição. Tocqueville, então com 40 e poucos anos, abandonou o campo político e levou uma vida mais tranquila nas propriedades da família. Sofreu longas crises de tuberculose e morreu em 1859, aos 53 anos.

Embora diga muitas coisas desagradáveis sobre a democracia, Tocqueville não é antidemocrático. Ele não estava tentando nos dizer que não deveríamos adotar a democracia. Pelo contrário, estava convencido de que ela predominaria sobre todas as outras formas de organização política. Na verdade, sua meta era fazer com que todos fôssemos realistas sobre o que isso significava. As democracias seriam muito boas em alguns aspectos e bem terríveis em outros.

Ao destacar suas desvantagens inerentes, ele mostrava por que viver numa democracia seria profundamente incômodo e frustrante em alguns aspectos fundamentais. Ele ensina a lição estoica de que certas dores têm que ser esperadas; é provável que elas acompanhem o progresso político. E prega uma lição cosmopolita e antiprovinciana: é claro que haverá muitas coisas ruins na política e na sociedade democrática. Não fique muito surpreso nem chocado; não venha com as expectativas erradas...

A frustração e a irritação são secretamente alimentadas pela esperança (isto é, pela convicção de que a situação realmente poderia ser muito diferente). Ao nos dizer com calma e sobriedade que a democracia tem grandes defeitos, Tocqueville tenta nos tornar estrategicamente pessimistas. É claro que a política será horrível por um lado. Não que estejamos fazendo nada muito errado. É o preço que pagamos (e deveríamos estar dispostos a pagar) quando conferimos suprema autoridade a todos.

Max Weber

1864-1920

Max Weber é um dos quatro filósofos mais indicados para nos explicar o sistema econômico peculiar em que vivemos, chamado capitalismo (os outros são Émile Durkheim, Karl Marx e Adam Smith).

Nascido em Erfurt, na Alemanha, em 1864, Weber viu seu país convulsionado pelas drásticas mudanças provocadas pela Revolução Industrial. O tamanho das cidades explodia, empresas imensas se formavam, uma nova elite administrativa substituía a antiga aristocracia. O pai de Weber, bem-sucedido nos negócios e na política, prosperou muito nessa nova era e deixou ao filho uma fortuna que lhe permitiu a independência de ser escritor. A mãe era uma pessoa sóbria e recatada, que geralmente ficava em casa, praticando uma versão de cristianismo muito piedosa e sexualmente rígida.

Ainda jovem, Weber se tornou um acadêmico de sucesso. Porém, aos

30 e poucos anos, numa reunião de família, ele se envolveu num grave desentendimento com o pai sobre o tratamento que este dava à mãe. Weber pai morreu pouco depois e o filho acreditou que poderia tê-lo matado sem querer. Isso o deixou num grave quadro de ansiedade e depressão. Weber teve que largar o emprego na universidade e passou dois anos deitado e praticamente mudo num sofá.

Acontece que a esposa Marianne era infelizmente muito semelhante à sua mãe. O casamento não foi consumado e era cheio de queixas neuróticas de ambos os lados. O caminho de Weber rumo à recuperação intelectual começou depois que ele teve um caso libertador com Else von Richthofen, uma aluna sexualmente progressista de 19 anos cuja irmã Frida, de temperamento comparável, era casada com o romancista D. H. Lawrence. Max Weber levou o tipo de vida que seu contemporâneo Freud nascera para analisar.

Enquanto vivo, Weber foi praticamente desconhecido. Mas posteriormente sua fama cresceu de forma exponencial, porque ele deu origem a algumas ideias básicas para entendermos o funcionamento e o futuro do capitalismo.

1. Por que o capitalismo existe?

O capitalismo pode nos parecer normal ou inevitável, mas é claro que não é. Ele passou a existir numa época relativamente recente em termos históricos e só conseguiu se enraizar num número limitado de países.

A opinião mais comum é que o capitalismo resulta da evolução da tecnologia (principalmente da invenção da máquina a vapor).

Mas Weber propôs que o capitalismo foi possibilitado por um conjunto de *ideias*, e não de descobertas científicas – especificamente, de ideias religiosas.

A religião fez o capitalismo acontecer. Não uma qualquer, mas um tipo muito peculiar e não católico como o que floresceu no norte da Europa, onde o capitalismo era e continua a ser particularmente vigoroso. O capitalismo foi criado pelo protestantismo, especificamente o calvinismo desenvolvido por João Calvino em Genebra e por seus seguidores puritanos na Inglaterra.

Em sua grande obra *A ética protestante e o espírito do capitalismo*, publicada em 1905, Weber apresentou algumas razões para explicar sua crença de que o cristianismo protestante foi fundamental para o surgimento do capitalismo:

a. O protestantismo nos faz sentir culpa o tempo todo

Na análise de Weber, os católicos levam vida relativamente fácil. Os fiéis que pecaram podem confessar suas transgressões a intervalos regulares, ser "purificados" pelos padres e, assim, recuperar o bom nome aos olhos de Deus. Porém essa purificação não está à disposição dos protestantes, pois só Deus é considerado capaz de perdoar e Ele não dá a conhecer suas intenções antes do Juízo Final. Até lá, alegava Weber, os protestantes guardam sentimentos acentuados de ansiedade, além do desejo culpado e vitalício de provar sua virtude diante de um Deus severo, onisciente e silencioso.

b. Deus gosta do trabalho duro

Aos olhos de Weber, o sentimento de culpa protestante foi deslocado para a obsessão pelo trabalho duro. Os pecados de Adão só poderiam ser purgados pela labuta constante. Descansar, relaxar e caçar – como a antiga aristocracia católica gostava de fazer – era pedir para entrar em encrencas divinas. Não por coincidência, havia muito menos festas e feriados no protestantismo. Deus não gostava de feriados. O dinheiro ganho não devia ser gasto em festas para comemorar o aqui e agora. Era para ser, sempre e unicamente, reinvestido no amanhã.

c. Todo trabalho é sagrado

Os católicos limitavam sua concepção de trabalho sagrado às atividades do clero. Mas os protestantes declaravam que qualquer tipo de trabalho podia e devia ser feito em nome de Deus, até se você fosse um padeiro ou um contador. Isso deu nova energia e seriedade moral a todos os ramos da vida profissional. O trabalho não servia mais apenas para ganhar a vida; ele fazia parte de uma vocação religiosa ligada a provar a Deus a própria virtude. O escriturário devia abordar seu trabalho no escritório com toda a piedade e seriedade de um monge.

d. O mais importante é a comunidade, não a família

Nos países católicos, a família era (e muitas vezes ainda é) tudo. É comum as pessoas darem emprego a parentes, ajudarem tios preguiçosos e, com leviandade e sem muito escrúpulo, subornarem as autoridades para obter algum ganho familiar. Mas os protestantes têm uma visão menos benevolente da família. Ela pode ser um refúgio para motivos egoístas, que vão contra os comandos de Jesus de que o cristão deve se preocupar com a família de todos os crentes, não especificamente com a sua. Para os primeiros protestantes, a energia altruísta de cada um deveria se voltar para a comunidade como um todo, o terreno público onde todos merecem justiça e dignidade. Defender a própria família contra e acima das reivindicações do grupo mais amplo era nada menos que um pecado. Estava na hora de se livrar dos interesses velados e estreitos e da lealdade ao clã.

e. Milagres não existem

O protestantismo voltou as costas aos milagres. Eles não acreditavam que Deus passe os dias puxando alavancas nos bastidores. Não é possível obter respostas diretas para as orações. O poder celeste não intervém de maneira fantástica e infantil. A isso Weber chamava de "desencantamento do mundo". Na filosofia protestante, a ênfase recaía sobre a ação humana: o mundo cotidiano era governado pelos fatos, pela razão e pelas leis da ciência que podem ser descobertas. Portanto, a prosperidade não era misteriosamente ordenada por Deus nem podia ser conquistada através de orações. Ela só podia resultar do pensamento metódico, da ação honesta e do trabalho industrioso e sensato durante muitos anos.

Em conjunto, esses fatores criaram, aos olhos de Weber, os catalisadores fundamentais para o capitalismo se estabelecer. Nessa análise, ele discordava diretamente de Karl Marx, que propunha uma visão *materialista* do capitalismo (segundo a qual a tecnologia teria criado o novo sistema social capitalista), e apresentava uma visão *idealista* (indicando que, na verdade, um conjunto de ideias criara o capitalismo e dera ímpeto a seus arranjos financeiros e tecnológicos recém-descobertos).

A discussão entre Weber e Marx girava em torno do papel da religião. Marx defendia que a religião era o "ópio do povo", uma droga que induzia à aceitação passiva dos horrores do capitalismo. Weber virou essa frase de ponta-cabeça. Na verdade, era a religião a causa e o principal sustentáculo do capitalismo. As pessoas não toleravam o capitalismo por causa da religião; elas só se tornaram capitalistas por causa dela.

2. Como desenvolver o capitalismo ao redor do mundo?

Hoje em dia há cerca de 35 países onde o capitalismo está bem desenvolvido. Ele provavelmente funciona melhor na Alemanha, onde Weber o observou pela primeira vez. Mas, nas nações restantes, pode-se dizer que ele não funciona nada bem.

Essa é uma fonte de muita angústia e perplexidade. Bilhões de dólares de auxílio são transferidos todos os anos do mundo rico para o mundo pobre, gastos em comprimidos para o tratamento de malária, painéis solares e financiamento de projetos de irrigação e educação de mulheres.

Mas a análise weberiana nos diz que essas intervenções materialistas nunca darão certo porque, para começo de conversa, o problema não é realmente material. É preciso começar no nível das ideias.

O que o Banco Mundial e o FMI deveriam dar à África subsaariana não é dinheiro nem tecnologia, mas ideias.

Na análise weberiana, alguns países não conseguem ser bem-sucedidos no capitalismo porque não sentem ansiedade e culpa suficientes, acreditam demais em milagres, gostam de comemorar hoje em vez de reinvestir no amanhã e seus integrantes consideram aceitável roubar da comunidade para enriquecer a família, favorecendo o clã acima da nação.

Weber não acreditava que a única maneira de ser um país capitalista desenvolvido fosse realmente se converter ao protestantismo. Ele argumentava que o protestantismo meramente concretizou pela primeira vez ideias que agora poderiam subsistir fora da ideologia religiosa.

Hoje, Weber aconselharia os que desejam espalhar o capitalismo a se concentrar em nosso equivalente da religião: a cultura. São as atitudes de uma nação, suas expectativas e a noção do que é a vida que produzem uma economia próspera ou não. O caminho para reformar uma economia, portanto, não deveria passar pelo auxílio material, e sim pela assistência cultural. A questão decisiva para uma economia não é a taxa de inflação, mas o que vai passar à noite na TV.

3. Por que o capitalismo não vai tão bem na República Democrática do Congo (o país mais pobre da Terra)?

Porque, diria Weber, esse pobre país tem a mentalidade errada, muito distante da mentalidade da Renânia, na Alemanha. Seus habitantes acreditam em clãs, têm pensamento mágico, não creem que Deus lhes ordena que sejam mecânicos ou cabeleireiros honestos...

O argumento de Weber é que, para o capitalismo se enraizar nos países em desenvolvimento e levar as vantagens da produtividade mais alta e de uma maior riqueza, é preciso buscar a mudança de mentalidade e instilar algo parecido com uma versão atualizada das atitudes do calvinismo.

A opinião de Weber sobre o desenvolvimento global surgiu em dois livros que ele escreveu sobre duas religiões que achava extremamente prejudiciais ao capitalismo, *A religião da Índia* e *A religião da China*. Para Weber, o sistema de castas dos hindus atribui a todos uma condição da qual não podem escapar e, portanto, torna inútil todo esforço comercial sustentado. A crença no *samsara* – a transmigração das almas – também inspira a opinião de que nada substancial pode mudar até a próxima vida. Ao mesmo tempo, a ideologia hindu do clã retira a pressão da responsabilidade individual e incentiva o nepotismo em vez da meritocracia. Essas ideias têm consequências econômicas; é por causa delas, argumentariam os weberianos, que hoje há muitos hospitais públicos excelentes em Genebra e Erfurt e pouquíssimos em Chennai ou Varanasi.

Weber observou fatores prejudiciais semelhantes na China. Lá, o confucianismo dá peso demais à tradição. Ninguém se sente capaz de repensar o modo de fazer as coisas. A devoção à burocracia estimula uma sociedade estática, enquanto o empreendedorismo surge de uma mistura frutífera de ansiedade e esperança.

4. Como mudar o mundo?

Weber escrevia numa época de revoluções. Muita gente à sua volta estava tentando mudar as coisas: comunistas, socialistas, anarquistas, nacionalistas, separatistas.

Ele também queria que a situação mudasse, mas acreditava que, antes, era preciso entender como o poder político funcionava no mundo.

Acreditava que a humanidade tinha passado por três tipos distintos de poder no decorrer de sua história. As sociedades mais antigas funcionavam de acordo com o que ele chamava de "autoridade tradicional". Nelas, os reis recorriam ao folclore e à divindade para justificar a manutenção de seu poder. Essas sociedades eram profundamente inertes e apenas raramente aceitavam alguma iniciativa.

Mais tarde, essas sociedades foram substituídas por uma época de "autoridade carismática", em que um indivíduo heroico – o mais famoso, Napoleão – subia ao poder sustentado por uma personalidade magnética e mudava tudo à sua volta com a paixão e a força de vontade.

Mas, insistia Weber, já passamos por esse período da história faz tempo e entramos na terceira época, a da "autoridade burocrática". Nela, o poder é mantido por imensas burocracias labirínticas cujo funcionamento é totalmente desconcertante para o cidadão comum. O que todos os funcionários públicos realmente fazem em suas mesas e reuniões não é claro. A burocracia adquire seu poder pelo conhecimento: só os burocratas sabem como as coisas funcionam e alguém de fora levará anos para descobrir (por exemplo, como a política habitacional ou o currículo das escolas realmente são estruturados). A maioria simplesmente desiste – o que é útil para os poderes instituídos...

A dominação da burocracia traz grandes consequências para quem tenta mudar uma nação. É frequente haver o desejo compreensível, mas mal orientado, de pensar que basta mudar o líder, imaginado como um tipo de superpai ou supermãe que determina pessoalmente como tudo funciona. Mas, na verdade, quase nunca a remoção do líder tem o grau de impacto que se espera. (A substituição de Bush por Obama, por exemplo, não levou a todas as mudanças que alguns esperavam; Weber não se surpreenderia.)

Weber sabia que, hoje, não se pode provocar mudanças sociais significativas só com base no carisma. Talvez pareça que a mudança política deva ser feita com retórica fogosa, marchas, fúria e gestos grandiosos e empolgantes, como publicar um livro revolucionário de sucesso. Mas Weber é pessimista sobre todas essas expectativas, pois não estão alinhadas com a realidade do funcionamento do mundo moderno. A única maneira de superar o poder da burocracia é com o conhecimento e a organização sistemática.

Weber nos incentiva a ver que a mudança não é impossível, mas complicada e lenta. Se quisermos que a situação melhore, boa parte terá que acontecer por processos aparentemente nada drásticos. Será pelo controle cuidadoso dos indicadores estatísticos, por informações pacientes dadas a ministros, por depoimentos em comitês e estudos minuciosos de orçamentos.

Conclusão

Weber, embora pessoalmente fosse um homem cauteloso, é uma fonte inesperada de ideias sobre como mudar as coisas. Ele nos diz como o poder funciona e nos lembra que, para mudar nações, as ideias podem ser muito mais importantes do que dinheiro ou ferramentas. É uma tese importantíssima. Aprendemos que muito do que associamos a vastas forças externas impessoais (e que, portanto, parecem totalmente fora de nosso controle) depende, na verdade, de algo bastante íntimo e, talvez, mais maleável: os pensamentos dentro da nossa cabeça.

Émile Durkheim

1858-1917

Émile Durkheim é o filósofo que mais pode nos ajudar a entender por que o capitalismo nos deixa mais ricos, mas, muitas vezes, mais desolados – e mesmo suicidas.

Ele nasceu em 1858 na cidadezinha francesa de Épinal, perto da fronteira alemã, numa família de judeus devotos. O próprio Durkheim não acreditava em Deus, mas sempre foi fascinado pela religião e era simpático a ela. Foi um aluno brilhante. Estudou na École Normale Supérieure, instituição de ensino de elite em Paris, viajou por algum tempo pela Alemanha e depois foi trabalhar na Universidade de Bordeaux. Casou-se e teve dois filhos: Marie e André. Antes dos 40 anos, foi nomeado para uma posição poderosa e prestigiosa como professor da Sorbonne. Tinha status e honras, mas sua mente continuava pouco convencional e sua curiosidade, insaciável. Morreu de derrame em 1917.

Durkheim viveu durante a imensa e rápida transformação da sociedade agrícola bastante tradicional da França numa economia industrial urbana.

Ele pôde ver que seu país estava se tornando cada vez mais rico, que o capitalismo era extraordinariamente produtivo e, em certos aspectos, libertador. Mas o que mais o espantou e se tornou o foco de toda a sua carreira foi o custo psicológico desse sistema econômico. Ele pode ter criado toda uma nova classe média, mas estava fazendo algo muito peculiar com a mente das pessoas. Quase literalmente, levava-as ao suicídio em número cada vez maior.

Essa foi a ideia inestimável revelada em *O suicídio*, a obra mais importante de Durkheim, publicada em 1897. O livro narrava uma descoberta trágica e extraordinária: a taxa de suicídios parece disparar quando uma nação se industrializa e o capitalismo se estabelece. Durkheim observou que a taxa de suicídios no Reino Unido de sua época era o dobro da da Itália; mas na Dinamarca, ainda mais rica e avançada, era quatro vezes maior do que no Reino Unido. Além disso, a taxa de suicídios era muito mais alta entre os instruídos do que entre os não instruídos; muito mais alta em países protestantes do que em países católicos; e muito mais alta entre cidadãos da classe média do que entre os pobres.

O foco de Durkheim no suicídio pretendia lançar luz sobre um nível mais geral de infelicidade e desespero na sociedade como um todo. O suicídio era a horrível ponta do iceberg do sofrimento mental criado pelo capitalismo.

Durante sua carreira, Durkheim tentou explicar por que as pessoas estavam tão infelizes nas sociedades modernas, embora tivessem mais oportunidades e acesso a mercadorias em quantidade – algo com que seus ancestrais jamais sonhariam. Ele isolou cinco fatores fundamentais:

1. Individualismo

Nas sociedades tradicionais, a identidade de cada um está intimamente ligada ao seu pertencimento a um clã ou uma classe. Suas crenças e atitudes, seu trabalho e seu status derivam automaticamente das circunstâncias do nascimento. Há poucas escolhas envolvidas: alguém pode ser padeiro, luterano e se casar com a prima de segundo grau sem jamais ter tomado uma decisão consciente por conta própria. Essa pessoa simplesmente se encaixou no lugar criado para ela pela família e pelo tecido existente da sociedade.

Mas, no capitalismo, é o indivíduo (mais do que o clã, a "sociedade" ou a nação) que agora escolhe tudo: que emprego aceitar, que religião seguir, com quem se casar... Esse "individualismo" nos obriga a sermos autores de nosso destino. A evolução da vida se torna um reflexo de méritos, habilidades e persistência.

Se tudo der certo, podemos ficar com todo o crédito. Porém, se não der, tudo é ainda mais cruel do que antes, pois significa que não há ninguém a quem culpar. Temos que carregar nos ombros toda a responsabilidade. Não somos mais simplesmente azarados. Nós escolhemos e fizemos tudo errado. O individualismo nos inclina a não admitir qualquer tipo de influência da sorte ou do acaso na vida. O fracasso se torna uma condenação terrível a nós mesmos. Esse é o fardo específico da vida no capitalismo moderno.

2. Excesso de expectativas

O capitalismo eleva nossas expectativas. Com esforço suficiente, qualquer um pode se tornar chefe. Todo mundo deveria pensar grande. Você não está preso ao passado, diz o capitalismo, você é livre para refazer sua vida. A publicidade estimula a ambição mostrando o luxo ilimitado que, se jogarmos as cartas certas, logo poderíamos obter. As oportunidades se tornam enormes... assim como as possibilidades de decepção.

A inveja predomina. Todo mundo fica profundamente insatisfeito com o próprio destino, não porque seja objetivamente terrível, mas pelos pensamentos torturantes sobre tudo que está quase (mas só quase) ao alcance.

Especificamente, o lado alegre e impetuoso do capitalismo atraía a ira de Durkheim. Em sua opinião, as sociedades modernas têm dificuldade em admitir que, com frequência, a vida é simplesmente muito triste e dolorosa. Nossa tendência ao pesar e à tristeza passa a parecer um sinal de fracasso em vez de uma reação justa aos fatos árduos da condição humana, como deveria ser.

3. Temos liberdade demais

Uma das reclamações contra as sociedades tradicionais muito defendida na literatura romântica é que as pessoas precisavam de mais "liberdade". Os tipos rebeldes se queixavam do excesso de normas sociais: determinando o que vestir, o que fazer nas tardes de domingo, que partes do braço uma mulher pode revelar...

O capitalismo, seguindo as primeiras tentativas dos rebeldes românticos, corroeu implacavelmente as normas sociais. O Estado se tornou mais complexo, mais anônimo e mais diversificado. As pessoas não têm mais muita coisa em comum entre si. As regras ou normas que tinham sido internalizadas perderam a validade.

Que tipo de carreira devemos seguir? Onde devemos morar? Que tipo de férias devemos tirar? Como deve ser um casamento? Como os filhos devem ser criados? No capitalismo, as respostas coletivas ficam mais fracas e menos específicas. Há muita confiança na expressão: "O que funcionar bem para você." Soa amigável, mas também significa que a sociedade não se importa muito com o que fazemos e não acredita ter boas respostas para as grandes perguntas da vida.

Em momentos de muita confiança, gostamos de nos ver como totalmente capazes da tarefa de reinventar a vida e resolver tudo sozinhos. Mas, na realidade, como sabia Durkheim, o mais comum é que simplesmente estejamos cansados demais, ocupados demais, inseguros demais – e sem ter a quem recorrer.

4. Ateísmo

O próprio Durkheim era ateu, mas ele temia que a religião tivesse se tornado implausível exatamente quando seu lado comunitário se tornava mais necessário para reparar o desgastado tecido social. Apesar de seus erros factuais, Durkheim apreciava a noção de comunidade oferecida pela religião: "A religião deu aos homens a percepção de um mundo além desta Terra onde tudo seria corrigido; essa possibilidade tornava as desigualdades menos perceptíveis e impedia que os homens se sentissem prejudicados."

Marx não gostava da religião porque tornava as pessoas muito dispostas a aceitar a desigualdade. Era um "opiáceo" que amortecia a dor e drenava a força de vontade. Mas sua crítica se baseava na convicção de que realmente não seria difícil demais criar um mundo igualitário e, portanto, o opiáceo poderia ser retirado sem problemas.

Durkheim era da opinião mais sombria de que seria dificílimo (talvez impossível) erradicar a desigualdade, de modo que teríamos de aprender de alguma forma a conviver com ela. Isso o levou a uma avaliação mais calorosa das ideias que pudessem suavizar os golpes psicológicos da realidade.

Durkheim também via que a religião criava laços profundos entre as pessoas. O rei e o camponês cultuavam o mesmo Deus, oravam no mesmo edifício, usando as mesmas palavras. Recebiam exatamente os mesmos sacramentos. Riquezas, condição social e poder não tinham qualquer valor espiritual direto.

O capitalismo não tinha nada para substituir isso. Sem dúvida, a ciência não oferecia as mesmas oportunidades de compartilhar experiências intensas. A tabela periódica pode até ter alguma beleza transcendente e ser uma maravilha da elegância intelectual – mas não é capaz de unir uma sociedade em torno de si.

Durkheim ficava muito comovido com rituais religiosos complexos que exigem participação e criam uma sensação forte de pertencimento. Uma tribo pode cultuar seu totem; os homens podem passar por um processo complexo de iniciação. Aos olhos de Durkheim, a tragédia era que nos livramos da religião exatamente na época em que mais precisávamos de sua dimensão consoladora coletiva e não tínhamos nada para pôr em seu lugar.

5. Enfraquecimento da nação e da família

Em certos momentos do século XIX, pareceu que a ideia de nação se tornaria tão poderosa e intensa que assumiria a noção de comunidade e devoção compartilhada que antes era oferecida pela religião. Reconhecidamente, houve momentos heroicos. Na guerra contra Napoleão, por exemplo, os prussianos desenvolveram um culto radical e abrangente da Terra Pátria. Porém o entusiasmo de uma nação em guerra, como percebeu Durkheim, não conseguiu se traduzir em nada muito impressionante em tempos de paz.

A família, do mesmo modo, poderia oferecer a experiência de pertencimento de que precisamos. Mas Durkheim não se convenceu disso. Realmente investimos muito na família, mas ela não é tão estável quanto seria de esperar. E não dá acesso a uma comunidade maior.

Cada vez mais, a "família", no sentido extenso tradicional, foi deixando de existir. Ela se resume ao casal que concorda em morar na mesma casa e cuidar de um ou dois filhos por algum tempo. Mas, na idade adulta, ninguém espera que esses filhos trabalhem junto com os pais; ninguém espera que seu círculo social se sobreponha ao dos pais nem que os filhos sintam que a honra da família está em suas mãos.

Nossa noção mais folgada e individual de família não é, necessariamente, algo ruim, porém significa que a família não está em condições de assumir a tarefa de nos oferecer uma noção maior de pertencimento a um grupo, de nos dar a sensação de que fazemos parte de algo mais valioso do que nós mesmos.

Conclusão

Durkheim é um mestre no diagnóstico de nossos males. Ele nos mostra que a economia moderna exerce uma pressão tremenda sobre os indivíduos, mas nos deixa perigosamente privados da orientação da autoridade e de consolo comunitário.

Ele não se sentia capaz de encontrar respostas aos problemas que identificou, mas sabia que o capitalismo teria que achar uma solução ou desmoronar. Somos herdeiros de Durkheim e ainda temos à nossa frente a tarefa que ele nos legou: criar novas maneiras de pertencimento, de reduzir a pressão sobre o indivíduo, de encontrar o equilíbrio correto entre liberdade e solidariedade e de gerar ideologias que nos permitam deixar de levar nossos fracassos para o lado pessoal e de maneira tão trágica.

Margaret Mead

1901-1978

Quando usamos a palavra "moderno" para descrever alguma coisa, em geral é num sentido positivo. Temos muito apreço e somos até um pouco convencidos dos milagres da ciência moderna, dos benefícios da tecnologia moderna e até da superioridade dos pontos de vista modernos. Mas e se, na corrida rumo a um futuro novo e sempre melhor, tivermos deixado para trás algumas verdades importantes sobre nós mesmos? Uma das pessoas que mais nos ajudou a examinar esse problema foi Margaret Mead, talvez a mais famosa antropóloga do século XX.

Margaret Mead nasceu na Filadélfia em 1901, a mais velha de cinco filhos. O pai era professor de Finanças; a mãe era socióloga e estudava imigrantes italianos. Quando Margaret era pequena, a família se mudava com frequência e ela alternou períodos na escola tradicional com instrução em casa. Também experimentou diversas religiões (porque membros de sua família professavam fés diferentes) e acabou escolhendo o cristianismo episcopal. Talvez sua experiência com diversas crenças e diferentes escolas tenha influenciado sua decisão de estudar a grande variedade nos modos de as pessoas pensarem e interagirem.

Depois de estudar Psicologia na Universidade DePauw e no Barnard College (numa época em que ter educação superior era algo muito incomum para uma mulher), Mead começou o doutorado na Universidade de Colúmbia, no campo relativamente novo da Antropologia. Seu orientador, Franz Boas, foi, em essência, o fundador dessa disciplina nos Estados Unidos. Ao contrário dos primeiros antropólogos, que imaginavam que a humanidade progredia de maneira linear da "barbárie" à "selvageria" e à "civilização", Boas defendia que o mundo estava fervilhando com culturas diferentes, cada uma com os próprios pontos de vista, ideias e deficiências. O mundo ocidental moderno não era o ponto mais alto da realização humana, mas simplesmente um exemplo particular do que os seres humanos eram capazes de realizar.

Para seu trabalho de campo, Boas sugeriu a Mead que viajasse para Samoa, um pequeno arquipélago de ilhas vulcânicas tropicais no centro do oceano Pacífico. Na época, Samoa era governado pelos Estados Unidos a leste e pela Nova Zelândia a oeste e se convertia lentamente ao cristianismo. Boas esperava que a viagem lhe permitisse estudar uma cultura "primitiva" ainda relativamente intocada pelo mundo tecnologicamente avançado e demonstrar que ela possuía ideias próprias e uma cultura muito desenvolvida. Alinhada com as preocupações do orientador, Mead estava muito interessada nas comunidades primitivas porque acreditava que essas culturas isoladas poderiam servir de "laboratório" para revelar quais normas culturais eram as mais úteis e saudáveis. Ela também considerava fundamental fazer isso depressa, pois temia que essas culturas estivessem desaparecendo e que logo se perdessem para sempre.

De 1925 até o início da Segunda Guerra Mundial, Mead foi a Samoa e depois a outras ilhas no sul do oceano Pacífico. Ela morou com os povos nativos como antropóloga, registrando seu modo de vida. Nos grupos que Mead estudou havia muitos pescadores e agricultores e poucos alfabetizados. Ela aprendeu a levar bebês agarrados ao pescoço e a se vestir com roupas nativas. Não tinha acesso a aparelhos de gravação além de câmeras fotográficas e recorria principalmente à memória e a anotações por escrito – e, é claro, à sua capacidade de aprender depressa a língua nativa e ser aceita pelo povo. Numa das ilhas, ela morou na varanda da frente do posto de saúde da Marinha (que tinha mais privacidade do que uma casa nativa). Pessoas iam visitá-la a qualquer hora do dia e da noite, geralmente só para conversar. Ela aprendeu a ser uma estrangeira a quem os moradores locais não tinham medo de fazer confidências.

O trabalho de Mead demonstrou um ponto fraco da sociedade moderna relacionado à vida sexual. A própria Margaret levou uma vida pouco convencional, envolvida ao mesmo tempo com sucessivos maridos e com sua amante sempre presente – outra antropóloga famosa, Ruth Benedict. Ela acreditava que "é possível amar várias pessoas e que a afeição expansiva tem seu lugar em diversos tipos de relacionamento". Talvez porque sua própria vida não fosse heterossexual nem monogâmica, ela enfatizava a facilidade com que outras culturas permitiam práticas diferentes dessas e a relação saudável com o amor e o sexo que se podia manter com esse comportamento.

Em seu livro *Coming of Age in Samoa* (Adolescência em Samoa), de 1928, Mead descreveu como a cultura samoana era mais aberta e à vontade em relação ao sexo. Esse foi seu primeiro livro e seu projeto de pesquisa mais famoso, no qual estudou moças pouco mais novas do que ela mesma: adolescentes que estavam passando pela transição para a idade adulta. Ela queria entender se a experiência delas era muito diferente da das adolescentes americanas e, caso fosse, se era possível aprender com elas. Queria sobretudo testar se "as sociedades poderiam ser alteradas mudando-se o modo como os filhos são criados". Ela descobriu que as crianças pequenas sabiam tudo sobre masturbação e aprendiam sobre relações sexuais e outros atos observando tudo em primeira mão, mas não achavam nada disso mais escandaloso nem digno de comentários do que os nascimentos e mortes. A homossexualidade era incidental, mas também não representava nenhuma vergonha, e a orientação das pessoas flutuava naturalmente durante a vida sem as definir.

Muitas das diferenças que Mead encontrou não eram simples curiosidades, mas práticas passíveis de reprodução. O divórcio era comum e nada vergonhoso; dizia-se apenas que o relacionamento "falecera". Amar mais de uma pessoa era aceito e considerado comum. O adultério podia levar ao divórcio, mas não necessariamente. Mead descreve que, na cultura samoana, a amante do marido ou o amante da esposa de alguém poderia receber o perdão do cônjuge traído:

> Ele vai à casa do homem que ofendeu acompanhado de todos os homens de sua casa [...] Os suplicantes sentam-se diante da casa, belos capachos postos sobre a cabeça [...], curvados na atitude do mais

> profundo desalento e humilhação [...] Então, perto do anoitecer, [o marido traído] dirá finalmente: "Venham, já basta. Entrem em casa e bebam o *kava*. Comam o que eu lhes servir e jogaremos nossos problemas no mar."

Mead defendia que, como a cultura samoana tinha a compreensão de que o sexo e toda a sua complexidade e dificuldade faziam parte do ciclo natural da vida e desenvolvera respostas úteis e significativas para abordar essas dificuldades, a vida sexual pessoal era muito mais fácil. Ela descobriu, por exemplo, que normas assim tornavam a adolescência muito menos difícil para as mocinhas samoanas do que para as americanas, porque as samoanas tinham relativamente menos responsabilidades e havia pouca pressão para que se ajustassem a um tipo específico de conduta sexual. Não eram pressionadas a se abster de sexo nem a cumprir marcos específicos, como arranjar namorados ou se casar. Em contraposição ser uma adolescente americana era algo estressante, principalmente por causa da natureza da cultura, e não por causa da adolescência em si.

Aqui, Mead fez uma crítica mais profunda a sua própria cultura. Ela percebia que, na vida dos americanos de seu tempo, as crianças eram criadas de uma maneira que lhes "negava todo conhecimento em primeira mão sobre nascimento, amor e morte, e atormentadas por uma sociedade que não permite que os adolescentes cresçam no próprio ritmo, aprisionados na pequena e frágil família nuclear da qual não podem fugir e na qual há pouca segurança". Embora muito tenha mudado nos Estados Unidos e no mundo ocidental desde essa época, suas ideias ainda se aplicam em vários aspectos. Nossos adolescentes ainda são pressionados a se ajustar a modelos específicos de comportamento sexual humano e essa pressão, ao lado das pressões que sofremos durante a idade adulta, torna nossa vida mais difícil e vazia do que poderia ser. A vida moderna não permite que sejamos livremente amorosos e sexuais, tão complexos e repletos de mudanças quanto as outras culturas permitem.

Mead também descobriu que o comportamento humano em relação ao gênero variava muito entre as culturas, muito mais do que os americanos da época poderiam imaginar. Por exemplo, os americanos consideravam os homens produtivos, sensatos e mais agressivos, enquanto as mulheres eram mais frívolas, pacíficas e maternais. Porém em seu livro *Sexo e temperamento*, de 1935, em que estudou tribos de Papua Nova Guiné, Mead encontrou resultados radicalmente diferentes. Ela registrou que, na tribo

Arapesh, tanto homens quanto mulheres eram pacíficos e maternais, enquanto entre os mundugumor homens e mulheres eram impiedosos e agressivos. Talvez o mais espantoso tenha sido sua descrição do povo da região de Chambri, onde as mulheres eram dominadoras e muito mais agressivas do que os homens, enquanto os homens eram dependentes e precisavam de apoio emocional. Em resumo, Mead mostrou que nenhuma dessas características era da "natureza humana". Todas eram simplesmente possibilidades ensinadas, incentivadas ou rejeitadas pela cultura.

A conclusão mais espantosa de Mead foi, é claro, que a cultura determinava, muito mais do que se pensava até então, a personalidade do indivíduo. Não era o sexo que fazia as mulheres cachearem os cabelos ou ouvir sobre os sentimentos dos outros, nem a "raça" que levava algumas nações a atacar regularmente os vizinhos. Em vez disso, foram as expectativas e normas sociais que se desenvolveram lentamente durante séculos que criaram a base para a constituição psicológica de cada indivíduo. "Temos que reconhecer", lembrava ela aos leitores, "que, por trás das classificações superficiais de sexo e raça, existem as mesmas potencialidades, recorrentes de geração em geração, que perecem porque a sociedade não tem lugar para elas."

A moderna cultura americana também não tinha lugar para determinadas potencialidades, e nisso não era mais bem-sucedida do que nenhuma cultura primitiva. Podemos pensar, por exemplo, que os homens gostam de futebol porque são o sexo mais voltado à guerra, mas na verdade eles são o sexo mais voltado à guerra porque, por razões arbitrárias ou por conveniência, foram eles os designados a ir para a guerra. Do mesmo modo, podemos acreditar que as mulheres cuidam dos filhos não porque sejam naturalmente maternais, mas na verdade porque foram levadas a isso por lhes terem atribuído a tarefa de criar filhos. Com essas suposições, esquecemos o potencial humano de gentileza e dureza que outras culturas preservaram.

Ao fazer essa crítica, Mead seguia uma longa linhagem de pensadores que reconheceram que a civilização moderna, com todas as suas vantagens tecnológicas e sua rápida evolução, deixou para trás alguns aspectos da experiência humana – não reconhecidos, mal compreendidos ou mal abordados. Nesse sentido, ela tinha muito em comum com o filósofo genebrino Jean-Jacques Rousseau (1712-1778), para quem, originalmente, a natureza dos seres humanos era muito diferente e bem mais solitária. Rousseau sugeria que, com o desenvolvimento da civilização, a natureza humana foi moldada pela sociedade, geralmente para pior. Ele defendia que essa construção artificial da ordem social (frequentemente através de violência e opressão) limita o potencial humano.

A posição de Mead, por sua vez, era de que ainda hoje assumimos erradamente as convenções que Rousseau descreve como antinaturais e, com isso, perdemos possibilidades maiores, tanto para nosso comportamento individual quanto para nossa maneira de reorganizar as sociedades. Ela acreditava que, com o estudo de outras culturas, sobretudo as primitivas que tinham se desenvolvido sem contato com a nossa, exploraríamos melhor essas possibilidades. Talvez pudéssemos, por exemplo, escolher quando ser amorosos e quando ser agressivos; quando exigir um determinado padrão de comportamento sexual e quando aprender a aceitar, com elegância e consciência, nossas necessidades divergentes.

Mead tinha convicção de que era importante refletir sobre as normas culturais porque as pessoas precisavam que a cultura as guiasse rumo a uma vida emocional mais saudável. Ela imaginava que cada cultura, assim como as tribos expulsas da Torre de Babel falavam uma linguagem única, também tinha algo único para oferecer como contribuição cultural: "Cada povo primitivo selecionou um conjunto de talentos humanos, um conjunto de valores humanos, e formou para si uma arte, uma organização social, uma religião que são sua contribuição inigualável à história do espírito humano." A beleza dessas diferenças não estava no fato de que o povo que ela estudava sempre tivesse encontrado soluções melhores do que as dos americanos (às vezes ela fazia críticas duras ao povo que estudava), mas que ambos os grupos poderiam aprender um com o outro: "A partir desse contraste, tornados autoconscientes e autocríticos de um modo novo e vivo, podemos ser capazes de julgar com novos olhos e talvez estruturar de maneira diferente a educação que damos a nossas crianças."

Na verdade, a própria Mead aprendeu muito com os objetos de sua pesquisa antropológica. Por exemplo, ela criou a filha Mary Catherine Bateson com base em alguns conceitos dos povos primitivos com que trabalhou. E escolheu um médico novo para sua filha, o Dr. Benjamin Spock, em parte porque ele permitia práticas pouco convencionais, como a amamentação sob demanda, que Mead aprendeu com povos que pesquisou (e que hoje é algo comum e aceito no Ocidente, graças, em parte, ao Dr. Spock).

Durante a Segunda Guerra Mundial, o acesso ao Pacífico Sul se tornou impossível e Mead começou a estudar culturas mais "complexas" como a sua. Também lhe pediram que voltasse sua pesquisa a assuntos ligados à guerra, primeiro estudando como manter o moral elevado durante o conflito e depois analisando as complexidades sociais da distribuição de alimentos. Ela chegou a escrever um livro sobre o caráter nacional americano, intitulado *And Keep Your Powder Dry* (E mantenha sua pólvora seca, 1942). Com a ajuda do marido Gregory Bateson, ela fundou o Instituto de Estudos Interculturais para continuar suas pesquisas.

Depois da guerra, Mead também trabalhou com as forças armadas americanas e estudou as reações russas à autoridade para tentar prever o que os soviéticos fariam durante a Guerra Fria. Ela se tornou cada vez mais famosa e viajou muito, dando palestras e aulas em universidades. Durante 50 anos, de 1928 até sua morte em 1978, trabalhou no Museu Americano de História Natural, em Nova York, como curadora de seus projetos. Escreveu 20 livros, ingressou na Academia Americana de Artes e Ciências, ganhou 28 diplomas honorários e recebeu postumamente a Medalha Presidencial da Liberdade.

Mead era defensora de muitas causas políticas, lutando contra a pobreza e o racismo e apoiando os direitos da mulher. Escreveu um livro mostrando que muitas das diferenças de inteligência entre as "raças" que psicólogos haviam medido resultavam das convenções e do conhecimento culturais. Ela incentivava os leitores e ouvintes a também pensarem que os problemas sociais são culturalmente condicionados e são questões que poderiam ser superadas através de novas ideias e iniciativas. Ela é famosa por ter dito (provavelmente): "Nunca duvide que um pequeno grupo de pessoas dedicadas possa mudar o mundo. Na verdade, ele é a única coisa que já conseguiu fazer isso."

O trabalho dedicado da própria Mead ajudou gerações de americanos e pessoas do mundo inteiro a ver possibilidades maiores para os indivíduos e para os valores modernos. Ela sugeriu que víssemos a natureza humana menos como um fato singular e universal e mais como uma paisagem que não para de mudar, pela qual temos que viajar para nos tornarmos mais sábios. "Assim como o viajante que já se afastou de casa é mais sábio do que aquele que nunca atravessou a própria soleira", disse ela, "o conhecimento de outra cultura deveria reforçar nossa capacidade de examinar a nossa com mais firmeza e de apreciá-la com mais amor." Com isso, sugeria, poderíamos descobrir e oferecer apoio a um potencial humano não desenvolvido e esquecido em nossa corrida rumo à "modernidade".

Theodor Adorno

1903-1969

Theodor Wiesengrund Adorno nasceu em Frankfurt em 1903, numa família culta e rica. O pai, comerciante de vinhos, era de origem judaica, mas na universidade se convertera ao protestantismo. Desde pequeno, Teddy (como o chamavam os amigos íntimos) foi um excelente pianista. Até os 20 e poucos anos, planejava uma carreira de compositor, mas acabou se voltando para a filosofia. Em 1934, por razões raciais, ele foi proibido de dar aula na Alemanha. Então mudou-se para Oxford e, depois, para Nova York e Los Angeles. Ele considerava a cultura de consumo da Califórnia fascinante e repugnante na mesma medida e pensou com profundidade incomum sobre bronzeados e *drive-ins*. Depois da guerra, voltou à Alemanha Ocidental, onde morreu em 1969, com 65 anos.

Adorno acreditava que os intelectuais deveriam se unir para mudar a sociedade e foi intimamente ligado ao pioneiro Instituto para Pesquisa Social, fundado e financiado pelo amigo Felix Weil (cujo pai era um negociante muito bem-sucedido). O Instituto visava a desenvolver um entendimento psicológico dos problemas criados pelo capitalismo moderno e se concentrava menos nos duros aspectos econômicos da vida do que na cultura e na mentalidade do capitalismo.

Adorno chamou atenção para três aspectos significativos em que o capitalismo nos corrompe e nos degrada:

1. O tempo de lazer se torna tóxico

Embora não ignorasse questões como a legislação trabalhista e a reforma do sistema tributário, Adorno acreditava que o principal foco dos filósofos progressistas deveria ser estudar como a classe média e os trabalhadores dos países desenvolvidos pensam e sentem – sobretudo o modo como passam as noites e os fins de semana.

Adorno tinha uma visão muito ambiciosa de como deveríamos preencher nosso tempo de lazer, que não considerava um momento para relaxar nem para afastar a mente das coisas. Ele defendia que o lazer precisa servir a um propósito maior: o tempo livre – e as atividades culturais que podemos realizar nele – é nossa principal oportunidade para expandir e desenvolver a nós mesmos, para tentar alcançar nossa melhor natureza e adquirir ferramentas necessárias para mudar a sociedade. Durante o lazer podemos assistir a filmes específicos que nos ajudem a entender nossos relacionamentos com nova clareza, ler livros de filosofia e história que possam nos dar novas ideias sobre a política ou escutar os tipos de música que nos dão coragem para reformar a nós mesmos e a nossa vida coletiva.

Mas, no mundo moderno, Adorno lamentava que o lazer tinha caído nas mãos de uma máquina de entretenimento onipresente e profundamente malévola que chamava de "indústria cultural" e que, em sua filosofia, ocupava o mesmo lugar demoníaco que a religião ocupara na de Marx. Os filmes modernos, a televisão, o rádio, as revistas – e, hoje, as mídias sociais – pareciam, para Adorno, ter sido projetados para nos manter distraídos, incapazes de entender a nós mesmos, e sem força de vontade para alterar a realidade política. Esse é o novo e catastroficamente perigoso ópio do povo.

Por exemplo, na opinião de Adorno, os noticiários, embora ostensivamente nos atualizem sobre tudo que é "importante", só existem para nos alimentar com uma mistura de tolices lascivas e matérias políticas que acabam com qualquer possibilidade de que venhamos a entender a prisão aberta em que existimos. Os jornalistas afirmarão com arrogância que estão nos dando "a verdade", mas eles mesmos estão ocupados demais, com medo demais de seus chefes e desatentos demais para estar em condições de oferecer esse elixir. O cinema, por sua vez, estimula temores e desejos totalmente desconectados dos desafios reais que enfrentamos. Podemos passar duas horas da vida seguindo as aventuras de uma invasão alienígena – enquanto as calamidades reais do mundo continuam sem a nossa atenção. Os museus expõem obras de arte sem permitir que elas falem às necessidades e aspirações do público. Perambulamos pelas galerias admirando em silêncio as chamadas "obras-primas", embora, no íntimo, não tenhamos certeza do que elas realmente significam e de por que deveríamos nos importar. A indústria cultural gosta de nos manter assim: distraídos, dóceis, confusos e intimidados. Quanto à música popular, ela se concentra incansavelmente nas emoções do amor romântico e nos sugere, de forma egoísta, que a felicidade só vem quando encontramos uma pessoa muito especial em vez de nos despertar para os prazeres da comunidade e de uma empatia humana mais amplamente distribuída.

Adorno era muito estrito a respeito da produção cultural de seu tempo porque acreditava nas possibilidades mais elevadas da cultura. Ela não existe para nos ajudar a passar o tempo, para impressionar os vizinhos nem para nos drogar com alegria momentânea. Ela deve ser nada menos que uma ferramenta terapêutica que nos ofereça consolo, compreensão e transformação social. Não admira que ele descrevesse Walt Disney como o homem mais perigoso dos Estados Unidos.

2. O capitalismo não nos vende as coisas de que realmente precisamos

Devido à imensa variedade de artigos de consumo disponíveis no capitalismo moderno, naturalmente supomos que tudo que podemos querer esteja à venda. O único problema, se é que ele existe, é que não temos como pagar.

Porém Adorno ressaltou que nossas verdadeiras necessidades são cuidadosamente escondidas de nós pela indústria capitalista, de modo que acabamos esquecendo do que realmente precisamos e nos contentamos com desejos manufaturados por grandes empresas sem nenhum interesse em nosso verdadeiro bem-estar. Embora pensemos que vivemos num mundo de abundância, o que realmente precisamos para prosperar – ternura, compreensão, calma, discernimento – está em dolorosa escassez e totalmente desconectado da economia.

Em vez disso, a ferramenta de manipulação de massa do capitalismo – a publicidade – explora nossos anseios genuínos para nos vender itens que nos deixarão mais pobres e mais esgotados psicologicamente. Um anúncio mostrará um grupo de amigos caminhando pela praia, conversando de forma amistosa, ou uma família fazendo piquenique e rindo em harmonia. A publicidade faz isso porque sabe que ansiamos por comunidade e conexão. Mas a economia industrial não está programada para nos ajudar a alcançar essas coisas; na verdade, ela prefere nos manter solitários, consumindo. Então, no fim do anúncio, somos instados a comprar algum uísque de 25 anos ou algum carro tão potente que nunca seria legalmente permitido atingir sua velocidade máxima.

3. Há protofascistas por toda parte

Adorno escrevia na aurora da ascensão dos questionários psicológicos. Eles eram muito usados nos Estados Unidos para mensurar as atitudes e o comportamento comercial dos consumidores.

O pensador se interessava pelo conceito subjacente àquela ferramenta e, com colegas, dedicou-se a projetar um tipo bem diferente de questionário: um que identificava fascistas em vez dos possíveis compradores de um novo sabão em pó.

O questionário pedia aos participantes que avaliassem seu nível de concordância com afirmações como:

- A obediência e o respeito à autoridade são as virtudes mais importantes que as crianças devem aprender.

- Quem tem maus modos, maus hábitos e falta de educação não pode esperar a companhia de gente decente.

- Se todos falassem menos e trabalhassem mais, o mundo seria melhor.

- Quando alguém tem um problema ou uma preocupação, é melhor nem pensar no assunto e se ocupar com coisas mais alegres.

Depois de uma bateria de perguntas como essas, Adorno se sentiu confiante de que conseguiria identificar os fascistas que se escondiam na nova geração. Dado o trauma pelo qual a Alemanha acabara de passar, não surpreende que Adorno desse tanta atenção a seu questionário e à chamada "escala F".

Mas uma lição mais aplicável que se pode tirar dessa experiência diz respeito à necessidade de mudar a política não só pela legislação e pela mobilização, mas também através da psicologia. A psicologia precede a política. Muito antes de ser racista, homofóbica ou autoritária, a pessoa, como sugeriu Adorno com maestria, provavelmente sofre de imaturidade e de fragilidades psicológicas. E é tarefa da sociedade como um todo aprender a perceber isso e agir para solucionar essas questões.

Em vez de deixar os problemas piorarem por tanto tempo que, finalmente, não haverá como resolvê-los senão pela força (exercida pela polícia ou pelas forças armadas), deveríamos aprender a entender a psicologia da insanidade cotidiana desde os primeiros sinais. Adorno e sua equipe mandaram a escala F a todas as escolas da Alemanha Ocidental. Freud deveria ter sido capaz de chegar a Hitler antes do Exército Vermelho e do general Patton. A psicoterapia não é um luxo refinado e exclusivo da classe média. Para Adorno, ela deveria ocupar corretamente seu lugar na vanguarda da transformação social progressista.

Conclusão

Adorno reconhecia, de forma muito inusitada, que os principais obstáculos ao progresso social são culturais e psicológicos, e não estreitamente políticos e econômicos. Na verdade, já temos o dinheiro, os recursos, o tempo e as habilidades para garantir que todos durmam numa casa atraente, parem de destruir o planeta, tenham um emprego gratificante e se sintam apoiados pela comunidade. Só continuamos a sofrer e a nos ferir porque, antes de tudo, nossa mente está doente. Essa é a provocação contínua oferecida pelo trabalho encantador e calmamente furioso de Theodor Adorno.

Rachel Carson

1907-1964

Não há nada muito natural em cuidar da natureza. O impulso-padrão geralmente foi o de conquistar e domar o mundo natural: desmatar a floresta, caçar os animais, drenar os pântanos e extrair das profundezas da Terra quaisquer materiais que pudermos. Durante muitíssimo tempo, isso pareceu heroico e benéfico. O esforço humano estava numa escala insignificante em comparação com a abundância aparentemente ilimitada do mundo. Só muito recentemente nos tornamos coletivamente capazes de prejudicar o planeta e esgotar alguns de seus recursos.

Só aprendemos a cuidar da natureza quando há alguém disponível para guiar nossas emoções e ressaltar a beleza e a complexidade da borboleta, a força e a pureza assombrosa do mar, a economia e a elegância do carvalho...

No país mais destrutivo e poluidor que a humanidade já conheceu, essa pessoa – durante toda uma geração – foi Rachel Carson. Cientista e escritora, ela quase sozinha ensinou seus conterrâneos americanos a respeitar a natureza e a reconhecer que estavam no processo de destruí-la num ritmo mais rápido do que todas as civilizações anteriores – e que arranjariam uma encrenca das boas se não mudassem seus modos arrogantes o mais cedo possível.

À primeira vista, o trabalho de Carson parece um alerta simples e urgente contra os riscos das novas tecnologias agrícolas (principalmente das substâncias químicas nocivas), mas seu texto está longe de ser uma polêmica seca contra a degradação ambiental. Ela entendia, como pouquíssimos ambientalistas antes e depois, que, para que sua causa ganhasse ímpeto numa sociedade democrática de consumo, seria preciso encantar o público e fazê-lo amar a natureza. Não bastava que as pessoas se sentissem culpadas pelo que a ganância e o consumismo estavam fazendo com o mundo; ela teria que conseguir que elas se apaixonassem pelos mares, pelas florestas e pelas pradarias para que houvesse alguma possibilidade de que quisessem mudar seu modo de agir.

No finalzinho da vida, Carson escreveu um livro infantil, lindamente ilustrado com fotografias da natureza. Ela o chamou de *Maravilhar-se*, tentando guiar os pais a ensinar os filhos desde a mais tenra idade a se sentirem próximos da Terra e de suas criações miraculosas:

> O mundo infantil é fresco, novo e belo, cheio de assombro e entusiasmo. Nosso infortúnio é que, para a maioria de nós, essa visão clara, esse verdadeiro instinto pelo que é belo e assombroso, vai enfraquecendo e chega a se perder antes de chegarmos à idade adulta. Se tivesse influência sobre a fada boa que deve presidir o batizado das crianças, eu lhe pediria que seu presente para todas as crianças do mundo fosse um maravilhamento tão indestrutível que durasse a vida inteira, como antídoto infalível ao tédio e ao desencantamento da idade mais avançada, à preocupação estéril com coisas artificiais, à alienação das fontes de nossa força.

Rachel Louise Carson nasceu e cresceu numa pequena fazenda familiar na Pensilvânia, onde aprendeu a amar os animais e a natureza desde bem pequena. Numa época em que era incomum mulheres obterem um diploma superior, ela foi para a Universidade Chatham e estudou uma mistura peculiar de Letras e Biologia. Depois começou o doutorado na Universidade Johns Hopkins, onde, após alguns estudos frustrantes e infrutíferos com esquilos e víboras, ela finalmente publicou uma dissertação sobre o sistema excretor dos peixes. No entanto, teve que abandonar o tema (e a educação superior por completo) para ajudar a família, que estava em dificuldades – seu pai, sua irmã e, finalmente, sua sobrinha morreram tragicamente em rápida sucessão.

Isso aconteceu na época da Grande Depressão, quando muitos órgãos do governo dos Estados Unidos estavam criando novos empregos, alguns bastante peculiares, para reduzir o número de desempregados. Por acaso, Carson conseguiu um cargo de redatora de transmissões radiofônicas do Escritório de Pesca federal. A série se chamava "Romance sob as águas" e visava a instruir os americanos a respeito da biologia marinha e da importância do trabalho do próprio órgão. Carson logo descobriu um talento excepcional para fazer a vida dos animais aquáticos parecer interessante para o público em geral. Ela escreveu sobre enguias, búzios e caranguejos, sobre o papa-tabaco, o peixe-cachimbo e o linguado-do-remo – e conquistou o público. "Se houver poesia em meu livro sobre o mar, não é porque a coloquei lá deliberadamente", escreveu ela com modéstia, "mas porque ninguém poderia escrever com veracidade sobre o mar e deixar a poesia de fora."

Mas certamente havia poesia, e seu gênio foi saber como exprimi-la:

> Quem conheceu o oceano? Nem eu nem você, com nossos sentidos presos à terra, conhecemos a espuma e a maré alta que bate sobre o caranguejo escondido sob as algas em sua casa nas poças entre as pedras; nem a cadência das ondas longas e lentas em alto-mar, onde cardumes de peixes viajantes caçam e são caçados, e o golfinho rompe as ondas para respirar na atmosfera lá em cima. Também não podemos conhecer as vicissitudes da vida no fundo do mar [...], onde cardumes de peixes minúsculos cintilam na penumbra como uma chuva prateada de meteoros e enguias jazem à espera entre as rochas. Menos ainda se concede ao homem que desça aqueles 10 quilômetros incompreensíveis até os recessos abissais, onde reinam o silêncio absoluto, o frio invariável e a noite eterna.

Carson acabou escrevendo três livros sobre o mar. O primeiro era uma meditação especialmente poética (*Sob o mar-vento*, 1941), o segundo (*O mar que nos cerca*, 1951) examinava os padrões migratórios e sazonais das criaturas marinhas e o terceiro (*Beira-mar*, 1955) se concentrava nos ecossistemas costeiros e em sua importância e resiliência. Ela possuía o talento de estimular os leitores a abandonarem a visão míope humana normal e aprenderem a considerar a existência sob o ponto de vista de um góbio-de-areia ou de um peixe-carneiro-americano. Entendia que os fatos científicos jamais seriam suficientes para comover uma população distraída pela televisão comercial e por empregos extenuantes, e que precisaria dos dons de um grande escritor para ajudar a salvar o planeta.

Carson queria promover a identificação com a Terra como um todo, de modo que os seres humanos aprendessem a se considerar parte de algo insondável, belo e frágil em vez de apenas os designados senhores e destruidores de "recursos". Seus dons chegaram ao ponto máximo em seu livro mais sutil, apaixonado e comovente: *Primavera silenciosa* (1962).

O tema principal do livro era, a distância, pouco promissor: os pesticidas. Mas ele venderia 20 milhões de exemplares e mudaria o rumo da história.

No fim da década de 1950, o governo federal dos Estados Unidos começou a produção em massa de pesticidas desenvolvidos em laboratórios financiados pelas forças armadas. O mais popular era o diclorodifeniltricloroetano (DDT), projetado a princípio para livrar as ilhas do Pacífico dos insetos transmissores de malária durante a Segunda Guerra Mundial. O DDT era tão eficaz e, aparentemente, tão benéfico que seu inventor, Paul Hermann Müller, ganhou um Prêmio Nobel.

No entanto, essa provou ser uma invenção frankensteiniana. Aos poucos, revelou-se que não matava apenas insetos transmissores de malária, mas também, e durante meses, qualquer tipo de inseto. Além disso, o DDT era levado pela água da chuva para rios e aquíferos e envenenava peixes, toupeiras, ratos, raposas, coelhos e praticamente tudo que fosse vivo. As aplicações de DDT tinham o poder de contaminar todo o suprimento mundial de alimentos, além de se acumular de forma carcinogênica no tecido adiposo dos seres humanos.

O livro causou furor. Embora Carson fosse uma escritora renomada, revistas e jornais rechaçaram seus argumentos. Os cientistas que tinham ajudado a desenvolver o DDT e as empresas onde trabalhavam questionaram furiosamente os perigos do pesticida. Companhias como a Monsanto publicaram artigos polêmicos contra a obra e divulgaram boatos maldosos sobre a autora. O executivo de uma empresa esbravejou: "Se o homem seguisse fielmente os ensinamentos da Srta. Carson, voltaríamos à Idade das Trevas e os insetos, as doenças e os vermes mais uma vez herdariam a Terra." Ezra Taft Benson, secretário de Agricultura dos Estados Unidos, escreveu ao presidente Eisenhower que, como Carson era fisicamente atraente e solteira, era "provavelmente uma comunista". (Na verdade, talvez ela apenas estivesse ocupada demais escrevendo artigos científicos ou, possivelmente, tivesse uma amizade romântica com uma amiga.)

Apesar dos esforços das grandes corporações e de seus aliados políticos, *Primavera silenciosa* superou todos os obstáculos. Como já esperava críticas da indústria química, Carson preparou o livro como se fosse um processo e incluiu 55 páginas de notas no final para provar suas afirmações. Seus argumentos eram inquestionáveis.

O título *Primavera silenciosa* trazia a imagem aterrorizante de um mundo sem pássaros canoros nem quase qualquer tipo de vida natural. Começava com a descrição de uma cidadezinha americana anônima, cheia de confortos consumistas, aparelhos elétricos e lanchonetes baratas, mas sem sabiás, joaninhas, cotovias nem esquilos. Um mundo ostensivamente alterado para a conveniência dos seres humanos terminaria sendo um mundo para nenhum ser humano.

Carson nos incentivava a deixar a natureza em paz. Deixada à própria sorte, a natureza lutaria contra a superpopulação de insetos. Porém, quando o homem interferia, as populações indesejadas acabavam se tornando resistentes a todos os venenos e então aumentavam rapidamente, porque os insetos que controlavam as pragas também teriam sido mortos sem querer.

A pensadora concluiu que os cientistas (e os seres humanos modernos em geral) são filosoficamente ingênuos a ponto de supor que a natureza seja uma força a ser controlada à vontade, e não uma entidade feroz, vasta e complexa que reage de forma imprevisível a qualquer ação humana. Ela sugeria que os seres humanos pensassem com mais criatividade em modos de impedir os danos dos insetos, esterilizando-os, por exemplo, usando as mesmas "iscas" químicas que eles usam para caçar uns aos outros ou empregando frequências sonoras específicas para destruir larvas. Quanto à questão mais ampla dos seres humanos e seu meio ambiente, Carson então lembrava aos leitores que lidar com a natureza sempre exigiria apreciação, respeito, assombro e a compreensão de que ela é uma força que está muito além do controle e da total compreensão humana.

Com seu estilo lírico de escrita, sua defesa do primitivo e seu amor à natureza, Carson foi a herdeira de Henry David Thoreau na era científica. Como a obra dele, a sua era guiada pela noção de responsabilidade em relação à terra, ao mar e ao céu. Como Thoreau, ela via tudo isso como fontes de sabedoria e saúde psicológica. Se aprendessem a viver mais de acordo com seus ciclos, com seus processos sutis e com a própria simplicidade, os seres humanos teriam acesso a uma sabedoria nutritiva e a um antídoto contra os males psicológicos da vida moderna.

Carson morreu de câncer de mama pouco depois da publicação de *Primavera silenciosa*, mas sua obra perdurou. O livro logo se tornou uma influência fundamental no nascente movimento ambientalista. Além de o DDT ter sido estritamente controlado e, finalmente, proibido (tanto nos Estados Unidos quanto no exterior), suas opiniões sobre a natureza passaram a fazer parte de nossa consciência comum. Em grande parte graças a ela, hoje somos capazes de pensar em nós mesmos como parte de um ecossistema maior extremamente ameaçado por nossas ações e que precisa ser tratado com o máximo cuidado e humildade.

Carson revelou que algo que parecia uma minúcia técnica complicada (livrar-se de pragas nos milharais do Meio-Oeste americano) era, em última análise, uma questão moral e metafísica. No fundo, o bom manejo da Terra exige que compreendamos tanto nossa força científica quanto nossa típica estupidez moral e nossa cegueira imaginativa.

Em *Maravilhar-se*, seu livro infantil publicado postumamente, Carson se despiu da imagem de cientista para nos falar em termos muito simples e comoventes sobre como amar esta pequena nave mãe azul que nos sustenta:

> Numa noite tempestuosa de outono, quando meu sobrinho Roger tinha uns 20 meses, enrolei-o num cobertor e o levei até a praia na escuridão chuvosa. Lá, à beira de onde-não-podemos-ver, grandes ondas trovejavam, formas brancas obscuramente vistas que ribombavam, gritavam e nos jogavam grandes punhados de espuma. Juntos, rimos de pura alegria: ele, um bebê que encontrava pela primeira vez o louco tumulto de *Oceanus*, eu com o sal de meia vida de amor ao mar dentro de mim. Mas acho que sentimos o mesmo arrepio na espinha com o vasto oceano estrondoso e a noite selvagem que nos cercava.

Talvez essa seja sua ideia mais radical: que é o amor, e não a culpa, a chave para transformar a relação da humanidade com a natureza.

Psicologia

Sigmund Freud

1856-1939

Ele se descrevia como neurótico obsessivo. E, embora o pai da psicologia moderna nos dissesse muito sobre nossa vida interior, ele mesmo era vulnerável de um jeito comovente.

Sigmund Schlomo Freud nasceu em 1856 numa família judia de classe média, numa cidade que hoje fica na República Tcheca. Ele sentia um amor profundo pela mãe, que o chamava de seu "Sigi de ouro", e uma hostilidade igualmente profunda pelo pai, que pode ter ameaçado cortar o pênis do pequeno Sigi se ele não parasse de tocá-lo.

Sua vida profissional não foi um sucesso imediato. Quando era estudante de medicina, ele dissecou centenas de machos de enguia na vã tentativa de localizar seus órgãos reprodutores e acabou não conseguindo publicar nada sobre o tema. Então voltou sua atenção para um novo e empolgante medicamento anestésico e alardeou suas espantosas propriedades.

Mas, infelizmente, a cocaína se mostrou perigosa e viciante e Freud teve que parar de defender seu uso clínico.

Alguns anos depois, ele por fim começou a delinear a disciplina que acabaria tornando-o famoso: uma nova medicina psicológica a que chamou de psicanálise. Seu estudo fundamental foi o livro *A interpretação dos sonhos*, de 1900. Muitos outros se seguiram; os mais importantes foram *A psicopatologia da vida cotidiana* (1901), *Duas histórias clínicas: o "pequeno Hans" e o "Homem dos Ratos"* (1909), *Além do princípio do prazer* (1920) e *O mal-estar na civilização* (1930).

Apesar do sucesso como médico, escritor e especialista em psicologia, ele se sentia frequentemente infeliz. Era viciado em trabalho e confidenciou a um amigo: "Não consigo imaginar uma vida sem trabalho como algo realmente confortável." Numa época mais extenuante de sua pesquisa, registrou: "O principal paciente que me preocupa sou eu mesmo..."

Ele podia ser muito ciumento em relação aos colegas. Certa vez desmaiou ao assistir a uma palestra de Carl Jung e proibiu quase todos os alunos de sequer ver Alfred Adler. Estava convencido de que morreria entre os 61 e os 62 anos, e tinha uma grande fobia desses números. Certa vez, entrou em pânico numa viagem a Atenas porque o número do quarto do hotel era 31 – metade de 62. Ele se acalmava com seu amado charuto, mas também tinha vergonha disso, porque achava que era um substituto do hábito masturbatório da infância.

Mesmo assim, suas tristezas e angústias privadas participaram de sua maior contribuição: a investigação da estranha infelicidade da mente humana. Seu trabalho nos mostra que, nas palavras dele, a parte consciente e racional da mente não é "senhora nem sequer da própria casa". Em vez disso, somos governados por forças conflitantes, muitas delas além de nossa percepção consciente. Por mais estranhas, desconcertantes ou engraçadas que pareçam algumas de suas teorias, devemos lhe dar ouvidos, porque ele nos oferece uma descrição maravilhosamente esclarecedora da razão por que é tão difícil ser humano.

1. Prazer *versus* realidade

No ensaio "Formulações sobre os dois princípios do funcionamento mental", escrito em 1911, Freud apresentou uma teoria sobre esse conflito interior. Ele descreveu o "princípio do prazer", que nos empurra na direção de coisas agradáveis, como o sexo e a *panna cotta*, e nos afasta de coisas desagradáveis, como trabalho monótono e gente chata. No início da vida, somos governados apenas por esse instinto. Quando bebês, nos comportamos mais ou menos unicamente de acordo com o princípio do prazer e, à medida que crescemos, nosso inconsciente continua a fazer o mesmo, pois "o inconsciente é sempre infantil".

O problema, disse Freud, é que não podemos simplesmente seguir o princípio do prazer, pois ele nos levaria a fazer coisas malucas como dormir com membros da nossa família, roubar o dinheiro dos outros e matar quem nos incomoda. Precisamos levar em conta o que ele chamou de "princípio da realidade".

Em termos ideais, nos ajustamos às exigências do princípio da realidade de maneira útil e produtiva: "Um prazer momentâneo de resultado incerto é abandonado, mas só para ganhar, mais adiante no novo caminho, um prazer assegurado." Esse é o princípio por trás de boa parte da religião, da educação e da ciência: aprendemos a nos controlar e a pôr de lado prazeres de curto prazo para alcançar um prazer maior (e, em geral, mais aceitável socialmente) a longo prazo.

Mas Freud notou que, na prática, a maioria das pessoas tem dificuldade com isso. Ele acreditava que há tipos melhores e piores de adaptação à realidade e chamava os problemáticos de "neuroses". Em casos de neurose, colocamos de lado – ou reprimimos – o impulso do prazer, mas pagamos um preço. Ficamos infelizes sem entender nossos próprios sintomas de angústia.

Por exemplo, podemos ter dificuldade para reprimir a atração por pessoas diferentes do nosso parceiro. No entanto, essa luta é dolorosa demais para ser vivenciada diretamente o tempo todo, então a reprimimos inconscientemente. Em vez dela, temos ilusões de ciúme pelo cônjuge e nos convencemos de que ele ou ela nos trai. Essa é uma projeção de nossa ansiedade. Ela abranda parte de nossa culpa por olhar o outro lado da cerca, mas também pode enlouquecer nosso cônjuge. É uma adaptação aos desafios que enfrentamos, mas é claro que, na verdade, não é muito boa.

Freud achava que a vida era cheia desse tipo de neurose, criada em consequência de um conflito entre o "id", movido pelo princípio do prazer, e o "ego", que decide racionalmente o que deveríamos fazer com os impulsos do id. Às vezes, as neuroses surgem devido à luta entre o ego e o superego, que é nosso lado moralista.

Para entender essa dinâmica, geralmente é preciso recordar a época da vida que gerou tantas dessas neuroses.

2. Infância

A infância é realmente a época em que aprendemos diversas adaptações à realidade, para melhor ou (com frequência) para pior. Quando bebês, surgimos cheios de desejos crus e sem princípios. No entanto, com a criação, somos "civilizados" e, assim, postos na linha da realidade social. Se não nos ajustarmos bem, haverá problemas.

Em nossa história psicológica, o que vem primeiro é a fase que Freud chamou de "oral", na qual lidamos com o ato de comer. Nascemos querendo mamar no seio sempre que possível. Mas, com o tempo, temos que ser desmamados. Isso é muito difícil para nós. Se nossos pais não forem cuidadosos (ou pior, se forem um pouco sádicos), podemos criar todo tipo de neurose: autonegação internalizada, usar comida para nos acalmar ou criar hostilidade ao seio. Mais do que tudo, lutamos com a dependência. Se a mãe espera demais, podemos nos tornar muito exigentes e surpresos quando o mundo exterior não nos fornece tudo que queremos. Ou podemos aprender a desconfiar totalmente da dependência em relação a outros.

Em seguida vem a "fase anal" (mais conhecida como "largar as fraldas"), em que enfrentamos os desafios da evacuação. Nossos pais nos dizem o que fazer e quando ir ao banheiro – eles nos dizem como sermos bonzinhos. Nessa fase, começamos a aprender a testar os limites da autoridade. Podemos, por exemplo, escolher prender as fezes como forma de desafio. Então, quando adultos, talvez nos tornemos "anal-retentivos" e resistentes. Também podemos nos tornar pães-duros. Por outro lado, se os pais forem permissivos demais, podemos testar a autoridade e os limites dos outros com demasiada frequência. Além de fazer "sujeira" quando criança, isso também nos leva ao esbanjamento e à falta de consideração com os outros quando crescemos.

Freud diz que a forma como nossos pais reagem importa muito. Se nos envergonham quando não obedecemos, podemos desenvolver medos e angústias de todos os tipos. Mas, ao mesmo tempo, precisamos aprender os limites e o comportamento socialmente adequado. Em resumo, a hora de largar as fraldas é um período importantíssimo para navegar pelo conflito entre a busca de prazer e as exigências dos pais. Devemos nos adaptar apropriadamente a essas exigências, senão teremos problemas graves.

Depois vem a "fase fálica" (que vai mais ou menos até os 6 anos), em que abordamos os problemas dos anseios genitais e dos desejos sexuais impossíveis e recém-surgidos. Freud chocou seus contemporâneos ao insistir que crianças pequenas são sexuais: elas têm sentimentos sexuais, ereções, masturbam-se, querem se esfregar em vários objetos e pessoas (até hoje essa ideia deixa muita gente pouco à vontade). Na época de Freud, mandava-se violentamente que a criança parasse. Hoje dizemos a mesma coisa, mas com delicadeza. Porém a questão é a mesma: não conseguimos permitir a sexualidade infantil. Para a criança, isso significa que uma parte muito poderosa de seu jovem eu é firmemente reprimida.

A situação fica ainda mais complicada porque as crianças direcionam seus impulsos sexuais aos pais. Freud descreveu o chamado complexo de Édipo (nome do personagem trágico grego), no qual somos todos predispostos a nos "apaixonar por um dos pais e odiar o outro".

Começa assim: quando crianças, a maioria de nós é muito apegada à mãe. Na verdade, Freud diz que os meninos direcionam automaticamente para ela seus impulsos sexuais primitivos. Mas, por mais que ela nos ame, mamãe sempre terá outra vida. Provavelmente ela terá um relacionamento (em geral, com nosso pai) ou, se não tiver, haverá várias outras prioridades que nos fazem sentir frustrados e abandonados quando crianças. Isso faz nosso eu infantil sentir ciúme e raiva – e também vergonha e culpa pela raiva. Quando pequeno, o menino, principalmente, sentirá ódio da pessoa que afasta a mãe dele e também terá medo de essa pessoa matá-lo. Esse complexo como um todo – agora o nome faz sentido – já cria um volume imenso de angústia para a criança. (Na opinião de Freud, para as meninas não é mais fácil, o complexo é só um pouco diferente.)

Então vem o problema do incesto propriamente dito. Adultos não devem fazer sexo com crianças. Esse é o gravíssimo tabu do incesto, do qual toda a sociedade depende. Também não devemos fazer sexo com parentes. Mas, embora todos afirmemos que ficamos horrorizados com essa ideia, como se o incesto fosse simplesmente a última coisa a nos passar pela cabeça, Freud nos lembra que nada vira tabu a não ser que muita gente se disponha inconscientemente a quebrá-lo. Isso explica toda a histeria em torno do incesto e do sexo com crianças: essa ideia se esconde em algum lugar no fundo de nossa mente.

Para evitar o sexo em família, a criança tem que ser desmamada do desejo de praticar sexo com mamãe ou papai. E eles também precisam ser bondosos e não deixá-la culpada em relação ao sexo. Porém todo tipo de coisa pode dar muito errado.

A maioria das pessoas vivencia alguma forma de confusão sexual relativa aos pais – o que, mais tarde, se liga a nossas ideias sobre o amor.

Mamãe e papai nos dão amor, mas misturado com vários tipos de comportamento problemático. No entanto, como os amamos e dependemos deles, permanecemos leais a eles e também a seus padrões destrutivos. Assim, por exemplo, se a mãe é fria e faz comentários desdenhosos, mesmo assim seremos capazes de sentir saudades dela e até achá-la muito legal. Em consequência, podemos ter a tendência de sempre associar amor a frieza.

3. Idade adulta

Em termos ideais, deveríamos ser capazes de praticar sexo genital sem problemas e, a longo prazo, fundir amor e sexo com alguém que seja bondoso. É claro que isso raramente acontece.

Em geral, não conseguimos fundir amor e sexo, pois temos a sensação de que o sexo não combina com sentimentos de ternura. "O homem desse tipo mostrará entusiasmo sentimental por mulheres que respeita profundamente, mas que não o excitam para atividades sexuais", observou Freud, "e só será potente com outras mulheres, que não 'ama', mas que desdenha e até despreza."

As neuroses não se criam apenas dentro dos indivíduos. A sociedade como um todo nos mantém neuróticos. No livro O *mal-estar na civilização* (1930), Freud escreveu que certo grau de repressão e disfunção psicológica é simplesmente o custo da vida em sociedade. A sociedade insiste em regulamentar o sexo, impõe o tabu do incesto, exige que deixemos nossos desejos imediatos de lado, ordena que obedeçamos à autoridade e só disponibiliza dinheiro por meio do trabalho. Uma civilização não repressora é uma contradição.

4. Análise

Freud tentou inventar uma cura para a neurose: a psicanálise. Mas, desde o princípio, a oferta era muito limitada. Ele achava que o paciente precisava ter menos de 50 anos, senão sua mente estaria rígida demais. Além disso, a terapia era caríssima, já que ele achava que os pacientes deveriam visitá-lo quatro vezes por semana. E era bastante pessimista quanto ao resultado: acreditava que, no máximo, conseguiria transformar a infelicidade histérica em tristeza cotidiana. Mesmo assim, achava que, com um pouco de análise adequada, as pessoas conseguiriam descobrir suas neuroses e se ajustar da melhor forma às dificuldades da realidade.

Eis algumas coisas que Freud buscava "analisar" em suas sessões:

a. Sonhos

Freud acreditava que o sono era a oportunidade de relaxarmos da dificuldade de estarmos conscientes e, principalmente, de vivenciar o que ele chamava de realização de desejos. A princípio, talvez não pareça óbvio. Por exemplo, podemos pensar que sonhamos que não passamos no vestibular simplesmente porque estamos estressados no trabalho. Mas Freud nos diz que realmente temos esse tipo de sonho porque uma parte de nós deseja que não houvéssemos passado no vestibular e assim não tivéssemos todas as responsabilidades da idade adulta, o emprego e o sustento da família. É claro que também temos sonhos de manifestação de desejos mais intuitivos, como aqueles em que dormimos com um colega de trabalho encantador de quem, durante o dia, nunca percebemos que gostávamos.

Quando acordamos, temos de retornar ao mundo e aos ditames de nosso superego moralista – e geralmente reprimimos os sonhos. É por isso que esquecemos rapidamente os sonhos realmente empolgantes que tivemos.

Consultório de Freud em Londres, com um divã para os pacientes se sentarem ou se deitarem enquanto eram analisados

b. Atos falhos

Freud adorava observar como os pacientes usavam as palavras. Ele achava especialmente revelador quando ocorria um deslize ou ato falho (esses erros reveladores também são chamados de "lapsos freudianos" ou "parapráxis"). Por exemplo, Freud escreveu sobre um homem que pediu à mulher (de quem não gostava muito) que fosse se juntar a ele nos Estados Unidos, para onde tinha emigrado. Ele queria sugerir que ela pegasse o navio *Mauritânia*, mas escreveu que ela devia viajar no *Lusitânia*, que naufragara sem sobreviventes no litoral da Irlanda, torpedeado por um submarino alemão na Primeira Guerra Mundial.

c. Piadas

Freud considerava o humor um mecanismo de sobrevivência psicológica. Em *O chiste e sua relação com o inconsciente* (1905), ele explicou: "[Os chistes] possibilitam a satisfação de um instinto (seja voluptuoso, seja hostil) diante de um obstáculo que se põe em seu caminho." Em resumo, as piadas, como os sonhos, nos permitem contornar a autoridade e satisfazer desejos.

Em 1933, os nazistas subiram ao poder. "Que progresso estamos fazendo", disse Freud a um amigo. "Na Idade Média, teriam me queimado vivo; hoje, se contentam em queimar meus livros." Nem ele foi capaz de ver o que o mundo enfrentaria com os nazistas. Amigos da elite e um oficial nazista solidário ajudaram-no e à sua família a fugir para Londres, onde ele morou pelo resto da vida. Morreu em 1939 de câncer do palato.

Outros analistas seguiram os passos de Freud e desenvolveram novas técnicas psicanalíticas e, finalmente, o amplo e variado campo da psiquiatria moderna. As terapias modernas, em boa parte, são muito diferentes da de Freud, mas tudo começou com sua premissa de descobrir as partes difíceis e obscuras da vida interior e desenredá-las, lentamente, sob a condução de um ouvinte treinado e gentil.

Podemos pensar que já o superamos ou que ele sempre foi ridículo. Há a tentação de dizer que ele simplesmente inventou aquilo tudo e que a vida não é tão difícil quanto descreveu. Mas então, certa manhã, nos vemos cheios de raiva inexplicável de nosso cônjuge, ou enlouquecidos com uma ansiedade incessante no trem rumo ao trabalho, e lembramos mais uma vez que nosso funcionamento mental realmente é fugidio, difícil e freudiano. Ainda podemos rejeitar sua obra, é claro. Mas, como Freud explicou: "Quem desdenha a chave jamais será capaz de destrancar a porta."

Anna Freud

1895-1982

O comportamento defensivo está na base de muitos dos problemas que temos com os outros e com nós mesmos. Ele nos leva a atribuir culpa incorretamente, a ouvir críticas sensatas como ataques cruéis e a recorrer ao sarcasmo e à ironia como alternativa à sinceridade.

A melhor guia sobre a origem do comportamento defensivo foi a psicanalista Anna Freud, filha de Sigmund. Era a caçula dos seis filhos da família e nasceu em Viena em 1895, quando as teorias radicais do pai sobre o sexo e a mente começavam a torná-lo famoso na Europa do fim de século. Anna era considerada uma criança "comum" e teve dificuldades na escola, onde ganhou um apelido terrível: "Diabo Negro". Mas depois tornou-se professora e, em seguida, a psicanalista pioneira no tratamento de crianças.

Em 1934, ela publicou *O ego e os mecanismos de defesa*, livro que, pela primeira vez, apresentou a ideia de que, instintivamente, tentamos proteger nosso "ego" (nossa imagem aceitável sobre quem somos) com vários mecanismos de defesa – métodos de reação que procuram nos poupar da dor. O problema é que, no ato de nos defendermos de imediato, prejudicamos a probabilidade de lidar com a realidade a longo prazo e, portanto, de nos desenvolver e amadurecer como resultado.

Anna Freud destacou os dez principais mecanismos de defesa:

1. Negação

Não admitimos que haja um problema. Pensamos coisas como: "Gosto de beber muito e às vezes tenho ressacas horríveis. Mas não bebo demais." Ou: "Gasto muito dinheiro, mas não mais do que os outros. Eu não diria que sou uma pessoa financeiramente irresponsável." Se outras pessoas (parentes, amigos, cônjuge) tentam nos fazer admitir que algum problema existe, tendemos a reagir muito mal.

O mecanismo imediato de sobrevivência – o instinto de curto prazo de sentir que está tudo bem conosco – é recusar-se a reconhecer que há um problema, porque admiti-lo significa que teremos que fazer todo tipo de coisa constrangedora e complicada para resolvê-lo. Mas a negação atrapalha a administração do problema a longo prazo.

Às vezes, a pura negação não parece bastar. Cria-se então alguma prova do outro lado. Um menino de 9 anos que às vezes adora um aconchego da mãe mas reluta em admitir isso para si mesmo pode dizer que ela é má e irritante. Ele está "provando" para si mesmo que não precisa dela e, quando se sentir choroso e solitário, não poderá ser porque está sentindo falta da mamãe.

A negação não é uma mentira. Esse mecanismo de defesa é como uma cortina de fumaça que torna extremamente difícil ver o que acontece em nossa própria vida.

2. Projeção

A projeção envolve o reconhecimento de um sentimento negativo que, em vez de ser assumido pela pessoa, é atribuído a outra (ou projetado na outra). Pode soar estranho e complicado, mas acontece muito.

Você recebe um bilhete lhe dizendo que o chefe quer falar com você pessoalmente sobre algo sério. Talvez seu primeiro instinto seja imaginar que vão demiti-lo, explicar que descobriram alguns fatos terríveis a seu respeito. Você forma na cabeça uma imagem dessa pessoa fria, autoritária e muito zangada.

Quando chega à reunião, descobre que eram apenas algumas orientações úteis sobre um novo contrato importante que está prestes a ser fechado. Assim, todas as emoções – o terror, a frieza, a raiva vingativa – na verdade estão vindo de você. Você as projetou no chefe, passando os sentimentos negativos, que não quer reconhecer em si, para outra pessoa.

Anna Freud caminhando com o pai, Sigmund, 1913

Ou então você sente que seu parceiro ou parceira será extremamente crítico se neste ano você não ganhar mais dinheiro do que no ano passado. Isso o deixa muito nervoso; você imagina as observações ferinas que ouvirá, os olhares de desprezo. Mas, na verdade, o outro não tem esses sentimentos e pode ser genuinamente compreensivo e solidário (embora fique claro que seria bom se sua renda estivesse aumentando). Os pensamentos duros e amargos não estão em seu parceiro ou parceira. Estão em você e vêm, digamos, de sua mãe. Mas você os projeta no candidato mais próximo.

Portanto, em vez de se sentir muito frustrado consigo mesmo (uma sensação extremamente desconfortável), você pode se sentir maltratado (sentimento um pouco mais suportável). Afinal de contas, pelo menos na sua cabeça, você tem um cônjuge muito controlador que nunca fica satisfeito. Em vez de enfrentar a questão difícil e dolorosa e se perguntar por que não consegue ganhar mais – ou por que não é aceitável ganhar o que ganha –, você cria uma distração: seu parceiro "irritante".

3. Voltar-se contra o eu
Recorremos a mecanismos de defesa para nos proteger do sofrimento psicológico. Portanto, parece paradoxal dizer (como Anna Freud insistia) que se ferir – ficar com raiva de si mesmo ou se odiar – poderia ser uma defesa. É uma questão do que achamos mais assustador. Pode haver muitas coisas mais assustadoras do que não gostarmos de nós mesmos.

As defesas podem ser rastreadas até a infância. E uma criança abandonada ou ferida por um pai ou mãe pode buscar refúgio num pensamento que, embora amargo, é menos horroroso do que as alternativas. A criança pensa: "Eu devo ser ruim e sem valor. Sou uma pessoa horrível; é por isso que meu pai/minha mãe se comporta dessa maneira." Assim, o pensamento final é: "Ainda tenho bons pais." Pensar assim é doloroso, mas pode ser menos catastrófico do que a verdade: a criança compreender que está nas mãos de alguém que não se importa com ela.

4. Sublimação
A sublimação envolve redirecionar pensamentos ou emoções inaceitáveis para canais mais "elevados" e idealmente mais construtivos.

Muitos músicos transformaram experiências de vida negativas – vício em drogas, males sociais, problemas familiares e assim por diante – em espetáculos e canções populares comoventes que serviram para inspirar e dar energia a muita gente. Um artista perturbado como Vincent van Gogh, que lutava com o vício em absinto que o levou a cortar fora a orelha, foi capaz de canalizar seus problemas para a arte e criar imagens imensamente memoráveis.

A arte nos dá os exemplos mais visíveis de uma possibilidade mais ampla. O impulso agressivo de dizer a todos o que fazer e impor a própria vontade sem restrições pode ser sublimado pela determinação de tornar o próprio trabalho preciso e impressionante. O impulso fascista pode ser redirecionado para uma aspiração socialmente benéfica à ordem e à coerência.

5. Regressão

Com frequência, a infância parece – pelo menos em retrospecto – uma época segura. Quando criança, a pessoa estava protegida das responsabilidades. Não se esperava que ela fosse compreensiva, tomasse decisões difíceis, fosse coerente ou soubesse explicar qual era o problema.

Na regressão como mecanismo de defesa, a pessoa se torna infantil em algum aspecto fundamental. Ela pode, por exemplo, ficar muito indecisa para não ter que tomar uma decisão e arcar com a responsabilidade pelas consequências.

Uma característica central da regressão é a convicção de que os problemas sempre são culpa dos outros. É um retorno estratégico à crença da criança de que os pais dominam o mundo e podem fazer qualquer coisa – se algo dá errado, eles podem e devem consertar. E a única pessoa que não pode ser culpada de jeito nenhum é a criança, é claro.

O ataque de raiva é um mecanismo de defesa regressivo muito característico. Em vez de tentar encontrar uma solução para o problema, a pessoa tenta (na lógica infantil) resolvê-lo ficando zangada. No mundo adulto, pode parecer loucura, mas os bebês realmente têm que pedir ajuda chorando, gritando e batendo os punhos. É simplesmente o melhor que conseguem fazer. Então, na verdade, o ataque de fúria significa: "Não posso ser responsável por esta situação, você tem que me ajudar, porque sou só um bebê."

6. Racionalização

A racionalização é uma desculpa aparentemente inteligente para nossas ações (ou para algo que nos aconteceu). Porém ela é cuidadosamente ajustada para levar à conclusão que sentimos que precisamos: que somos inocentes, bons, dignos.

Um tipo básico de racionalização envolve desdenhar das coisas que não temos mas, secretamente, gostaríamos de ter. Depois de ser rejeitado num emprego, o racionalizador defensivo dirá "Era uma empresa chata" ou "Eu nem queria esse emprego mesmo". A pessoa pode ter desejado muito aquela vaga, porém pode ser doloroso e profundamente humilhante admitir isso para si. Assim, uma ideia mais aceitável do eu é preservada criando-se uma ficção que parece razoável, cuidadosa e racional: "Agora que estou pensando melhor, na verdade não era um emprego muito bom." Só que essa conclusão não nasceu da avaliação dos méritos do emprego, mas da necessidade psicológica urgente de proteger a própria autoestima.

7. Intelectualização

A intelectualização é semelhante e envolve ignorar algo muito doloroso e importante através de um diálogo interior muito plausível sobre algo totalmente diferente. A sensação de perda, culpa, traição e raiva quando nos separamos de um parceiro ou parceira deixa cicatrizes e pode ser neutralizada através de uma reflexão sobre a história do fim do Império Romano ou o plano do governo de elevar a tributação. Muitos intelectuais não estão meramente pensando muito. Eles também são culpados de recorrer à "intelectualização" e de se assegurar de que suas pesquisas mantenham uma série de questões mais pertinentes a distância.

8. Formação reativa

A formação reativa é fazer o oposto de nossos sentimentos iniciais e inaceitáveis. Podemos chamá-la de "sobrecompensação".

Alguém muito interessado em sexo com adolescentes pode, por exemplo, se converter a uma religião com ênfase específica na abstinência dos jovens. Geralmente somos culpados de formação reativa na infância. Quando nos envergonhamos da atração por um ou uma colega, podemos ser maus ou agressivos com ele ou ela só para não admitir a atração.

9. Deslocamento

O deslocamento é o redirecionamento de um desejo (geralmente agressivo) para um destinatário substituto. Em geral, é gerado por alguém irritante que nos parece uma ameaça e reagimos direcionando nossos sentimentos para outra pessoa que seja mais fácil culpar.

O caso clássico é alguém que se sente ameaçado pelo chefe e, ao voltar para casa, grita com o cônjuge.

10. Fantasia

A fantasia é outro mecanismo escapista e evita os problemas imaginando-os bem longe ou dissociando-se da realidade.

Ela se manifesta numa variedade de situações cotidianas, dos devaneios à literatura e à pornografia. Usamos esses momentos para nos afastar do mundo ameaçador e encontrar conforto em outro lugar. Depois de um dia ruim no trabalho, por exemplo, podemos mergulhar num filme de ação, escutar música psicodélica ou assistir a vídeos pornôs. Essas atividades nos permitem fugir de nossos problemas e preocupações reais. O setor turístico tira grande proveito de nossa necessidade de fantasiar.

Em março de 1938, poucos anos depois de escrever o livro sobre os mecanismos de defesa, Anna se mudou para Londres com a família para escapar da ocupação nazista de Viena. Após a guerra, ela estabeleceu, com a amiga Kate Friedlaender, especializada em delinquência juvenil, cursos de terapia infantil numa clínica e creche em Hampstead.

Morreu em 1982. Suas cinzas foram colocadas junto às dos pais no Crematório Golders Green, no norte de Londres, numa antiga urna funerária grega, juntamente com as de sua parceira e colega vitalícia Dorothy Tiffany-Burlingham.

Conclusão

Anna Freud partiu de uma posição de profunda generosidade em relação aos mecanismos de defesa. Recorremos a eles porque nos sentimos imensamente ameaçados. Eles são nosso modo instintivo de afastar o perigo e limitar a dor psicológica.

Ela sempre nos lembra que as defesas não são voluntárias. Não são escolhas conscientes e deliberadas. Não percebemos o que estamos fazendo. Não achamos que estamos na defensiva. Não vemos que estamos negando nem que estamos racionalizando. O papel do mecanismo de defesa não é chegar à verdade, mas afastar a inquietação.

Anna Freud nos ensina uma lição de humildade. Ela revela a enorme probabilidade de que os mecanismos de defesa tenham um papel marcante e poderoso na vida, embora não seja óbvio para a pessoa que isso acontece. É um pensamento que promove humildade e que deveria suscitar um pouco mais de gratidão em relação às pessoas que aceitam levar a vida perto de nós.

Melanie Klein

1882-1960

Melanie Klein era uma psicanalista judia vienense extremamente criativa e original que, depois de descobrir a obra de Freud, dedicou a vida a enriquecê-la de modo valioso e interessante. Talvez ela seja mais lembrada hoje pela teoria inerentemente sensata, mas aparentemente improvável, sobre o "seio bom" e o "seio mau", apresentada no livro *A psicanálise de crianças* (1932). Em um minutinho voltaremos a falar sobre isso.

Freud conquistara renome nos lembrando que muitos dos nossos desejos são profundamente inaceitáveis em sua forma crua e sem disfarce. Sob a superfície civilizada, em nosso inconsciente, somos motivados pelo que o inventor da psicanálise chamou de "princípio do prazer", que nos incita a querer uma série sempre diferente de coisas surpreendentes, anárquicas e, do ponto de vista cotidiano, simplesmente chocantes. Queremos matar, castrar e mutilar nossos inimigos, ser a pessoa mais poderosa da face da

Terra, fazer sexo com partes incomuns do corpo de homens, mulheres e crianças, acasalar com membros de nossa família e nos tornar imortais.

Esses desejos são tão explosivos, peculiares e perigosos que têm que ser dominados pela mente racional, ou ego, se quisermos progredir no mundo. Mas esse processo pode ir mais ou menos bem, dependendo de como nossa mente consciente sai dos caprichos da infância. No pior dos casos, na tentativa de reprimir essas exigências inconscientes impossíveis de atender, acabamos desenvolvendo neuroses e inibições rígidas que nos defendem do que queremos, mas cobram um preço alto: perdemos a criatividade e ficamos gravemente tolhidos na vida cotidiana. Por exemplo, podemos ficar incapazes de sair de casa (de tanto medo que uma parte nossa tem de que poderíamos tentar matar alguém), nos tornar impotentes (porque, lá no fundo, temos muito medo da agressão de uma figura paterna em relação à nossa potência) e fracassar em tudo que fazemos (para assegurar que não entremos em rivalidade com um irmão que, em segredo, invejamos mas tememos). A psicanálise foi projetada para nos ajudar a entender esse tipo de neurose e desfazê-la com paciência, para que, finalmente, consigamos um ajuste à realidade mais flexível e menos inibido.

Melanie Klein descobriu a psicanálise em 1914 e imediatamente foi cativada por sua ambição e sabedoria. Mulher inteligentíssima, o pai a impedira de realizar seu desejo de ser médica e a família a empurrou para um casamento sem amor com um homem grosseiro e desagradável com quem ela não tinha nada em comum. Estava entediada, sexualmente frustrada e em mau estado mental. A psicanálise a salvou. Ela largou o marido, leu tudo o que pôde, frequentou aulas e começou a publicar os próprios artigos. Logo se afastou de Freud numa área que a maioria dos outros analistas negligenciava: a análise de crianças. Freud não acreditava que as crianças pudessem ser adequadamente analisadas, pois, em sua opinião, a mente delas ainda não estava formada a ponto de permitir uma visão do inconsciente. Mas Klein defendia que o analista poderia ter uma visão útil do mundo íntimo da criança estudando como ela brincava em sua presença. Então ela equipou o consultório com cavalinhos, bonequinhos e locomotivas e fez da observação das brincadeiras das crianças a peça central de seu trabalho clínico. Ela se estabeleceria como psicanalista de crianças em Berlim e depois em Londres, onde se instalou em 1926 e ficou pelo resto da vida (tornando-se uma estrela no Grupo de Bloomsbury e fazendo amizade com Virginia e Leonard Woolf).

No trabalho com crianças, Klein queria entender como os seres humanos evoluem dos impulsos primitivos de busca do prazer da primeira infância às adaptações mais maduras posteriores. Especificamente, ela queria saber o que podia dar errado nessa jornada e provocar as adaptações neuróticas dos adultos.

Em primeiro lugar, ela se espantou com a dificuldade da situação das crianças pequenas (nas palavras da psicanalista Julia Kristeva, Klein descrevia os dias e noites do recém-nascido "com o horror de um quadro de Hieronymus Bosch"). Fraco, totalmente à mercê dos adultos, incapaz de entender o que está acontecendo, o bebê, na descrição de Klein, não consegue compreender que as pessoas que o cercam são de fato *pessoas*, com uma realidade alternativa própria e um ponto de vista independente. Nas primeiras semanas, a mãe nem sequer é "mãe" para a criança. Chegando ao ponto da questão: para o filho, ela é apenas um par de seios que aparecem e desaparecem com imprevisibilidade aleatória e dolorosa. Em relação à mãe, todas as experiências do bebê são momentos de intensa dor e, então, por razões que ele não consegue entender, momentos de prazer igualmente intenso. Quando o seio está lá e o leite flui, calma e satisfação primordiais inundam o bebê; ele se enche de sentimentos de bem-estar, gratidão e ternura (sentimentos que, na idade adulta, estarão intensamente associados a estar apaixonado, momento em que os seios continuam a ter papel importante para muitas pessoas). No entanto, quando o seio é desejado mas, por qualquer razão, não aparece, o bebê é jogado num pânico insondável; sente que está morrendo de fome, fica enraivecido, aterrorizado e vingativo.

Klein pensava que isso leva o bebê a adotar um mecanismo de defesa primitivo contra o que representaria uma angústia intolerável. Ele "divide" a mãe em dois seios muito diferentes: o "seio bom" e o "seio mau". O seio mau é odiado com paixão; o bebê quer morder, ferir e destruir esse objeto de ímpia frustração. Mas o seio bom é reverenciado com intensidade igualmente total, embora mais benigna.

Com o tempo e o desenvolvimento saudável, essa "divisão" se cura. Aos poucos, a criança percebe que, na verdade, não há seio inteiramente bom nem inteiramente mau; ambos pertencem à mesma mãe, que é uma mistura desconcertante de positivo e negativo: fonte de prazer *e* de frustração, de alegria *e* de sofrimento. A criança (pois agora falamos de alguém com uns 4 anos) descobre uma ideia fundamental da psicanálise kleiniana: o conceito de *ambivalência*. Para os kleinianos, ser capaz de se sentir ambivalente por alguém é uma imensa conquista psicológica e o primeiro indicador do caminho da maturidade genuína.

Mas isso não é inevitável nem garantido. É difícil atingir a área cinzenta. Só aos poucos a criança saudável percebe a distinção fundamental entre intenção e efeito, entre o que a mãe queria e o que a criança sentiu em suas mãos apesar disso. Embora nenhuma mãe saudável queira desapontar e assustar o próprio filho, mesmo assim ele pode ter sido profundamente ferido por ela e se sentido muito confuso. Essas percepções psicológicas complicadas pertencem ao que Klein chamou de "posição depressiva", um momento de sobriedade e melancolia em que a criança aceita (inconscientemente) a ideia de que a realidade é mais complicada e menos moralmente limpa do que ela imaginava. A mãe (ou outras pessoas em geral) não pode ser sempre culpada de todos os reveses; quase nada é totalmente puro nem totalmente mau, as coisas são uma mistura desconcertante e intrigante de bom e mau... Isso é difícil de aceitar e, para Klein, explica o olhar sério e distante que às vezes as crianças têm durante devaneios. Nesses momentos, esses pequenos seres parecem estranhamente sábios e graves; em algum ponto lá no fundo, estão entendendo a ambiguidade moral do mundo real.

Infelizmente, na análise de Klein, nem todo mundo chega à posição depressiva, porque alguns ficam presos num modo de divisão primitiva que ela chamou (de modo um tanto assustador) de "posição paranoide-esquizoide". Durante muitos anos e até na idade adulta, essas pobres pessoas se sentirão incapazes de tolerar a mínima ambivalência; ansiosas para preservar a noção da própria inocência, têm que amar ou odiar. Precisam buscar bodes expiatórios ou idealizar. Nos relacionamentos, tendem a se apaixonar violentamente e depois, no momento inevitável em que o/a amante as decepciona de algum modo, mudam abruptamente e se tornam incapazes de sentir alguma coisa. Provavelmente esses infelizes irão de candidato em candidato, sempre buscando uma imagem de satisfação completa várias vezes violada por um erro involuntário da pessoa amada.

Não é preciso acreditar na verdade literal da teoria de Klein para reconhecer seu valor para nós como representação incomum, embora útil, da maturidade. O impulso de reduzir os outros ao que podem fazer por nós – nos oferecer leite, nos dar dinheiro, nos manter felizes – em vez do que são em si e por si – um ser multifacetado com seu centro de gravidade tantas vezes impreciso – pode ser dolorosamente observado na vida emocional em geral. Com a ajuda de Klein, aprendemos que fazer as pazes com a natureza ambivalente de todos os relacionamentos faz parte do crescimento (tarefa que praticamente nunca concluímos) e é provável que fiquemos um pouco tristes e talvez, por algum tempo, até deprimidos.

Donald Winnicott

1896-1971

Como construir um mundo melhor? Há tantas coisas urgentes e conhecidas por onde poderíamos começar: malária, emissões de carbono, evasão fiscal, tráfico de drogas, erosão do solo, poluição da água...

Donald Winnicott merece seu lugar na história pela simplicidade drástica de sua abordagem. Ele propôs que a felicidade e a satisfação futura da raça humana dependem, em última análise, menos de questões políticas externas do que de algo bem mais próximo de nós: o modo como os pais criam os filhos. Em sua opinião, todas as doenças da humanidade são, em essência, consequências de um fracasso na provisão parental. Fascismo, delinquência, fúria, misoginia, alcoolismo são apenas sintomas de infâncias ruins pelas quais o coletivo tem que pagar. O caminho rumo a uma sociedade melhor começa no berçário.

Donald Winnicott foi um pediatra inglês que, no início da carreira, se apaixonou pelo novo campo da psicanálise. Ele foi analisado por James

Strachey, que traduziu Freud para o inglês, e se tornou o primeiro psicanalista de crianças com formação médica no Reino Unido. Trabalhou como especialista em medicina pediátrica no Paddington Green Children's Hospital, em Londres, e também teve um papel importantíssimo na educação do público em geral sobre a criação de filhos, proferindo cerca de 50 palestras na BBC e outras país afora e publicando 15 livros, dentre os quais o sucesso *Tudo começa em casa*.

Devia ser muito esquisito, em 1954, sintonizar a rádio BBC no horário nobre e ouvir alguém de voz suave e inteligente combater incisivamente a ideia de que os bebês choram "para chamar a atenção" ou de que mandar crianças de 7 anos para o internato seria uma boa ideia para "torná-las mais fortes".

Era bastante estranho também que Winnicott fosse inglês, dado que, tanto na época quanto hoje, esse país era famoso pela falta de ternura e pela resistência à introspecção (e por seu compromisso com a ironia, o isolamento e o sarcasmo). Como ele ressaltou: "O inglês não quer ficar aborrecido, não quer ser lembrado de que há tragédias pessoais por toda parte, de que realmente não é feliz; em resumo, ele se recusa a ser afastado de seu golfe."

Ainda assim, o ramo de psicanálise de Winnicott, num exame mais atento, era peculiarmente inglês. Ele escrevia em prosa simples e pragmática, exprimindo as ideias mais profundas com linguagem acessível e sem adornos. Ali não havia incompreensibilidade nem abstrações alemãs. Havia também uma modéstia inglesa característica sobre o que ele via como a razão por trás da psicanálise de crianças. Em sua famosa formulação, Winnicott queria ajudar os outros a serem pais "suficientemente bons". Não brilhantes nem perfeitos (como outros países talvez desejassem), apenas bons. E isso porque ele demonstrava em alto grau o temperamento pessimista, modesto e realista que é a glória particular da mente inglesa.

Num artigo de juventude, ele anunciou seu projeto:

> Acho útil dividir o mundo de pessoas em duas classes. Há as que nunca foram "desapontadas" quando bebês e que, nessa medida, são candidatas a gozar a vida e a viver. Também há aquelas que sofreram experiências traumáticas do tipo que resulta da decepção ambiental e que levarão consigo a vida inteira a lembrança do estado em que estavam em momentos de desastre. Essas são candidatas a vidas de tempestade, tensão e, talvez, doença.

Era essa segunda categoria que ele queria salvar e poupar na geração seguinte. E o que seria necessário, a seus olhos, para incentivar os pais "suficientemente bons"? Winnicott fez algumas sugestões:

1. Lembre-se de que seu filho é muito vulnerável

Winnicott começa explicando ao público quão psicologicamente frágil é um bebê. Ele não entende a si mesmo, não sabe onde está, luta para se manter vivo, não tem como saber quando virá a próxima mamada nem consegue se comunicar consigo ou com os outros. É uma massa não diferenciada nem individualizada de impulsos conflitantes. Não é uma pessoa. Assim, os primeiros meses são uma luta imensa. O trabalho de Winnicott nunca perde isso de vista e, portanto, ele insiste várias vezes que são os que cercam o bebê que têm que se "adaptar" e fazer todo o possível para interpretar as necessidades da criança, e não impor exigências para as quais ela não está pronta.

A criança que se adaptou ao mundo cedo demais ou que recebeu exigências inadequadas será excelente candidata a problemas mentais, assim como a saúde é o resultado de um ambiente que pode atender adequadamente à criança, que pode afastar elementos da realidade até que a pequena criatura esteja pronta.

No pior dos casos, a mãe deprimida pode forçar prematuramente o bebê a ser "alegre", a estar bem porque ela não está. O filho de pais muito irritados e instáveis pode ter pavor de exprimir qualquer uma de suas emoções mais sombrias. O filho de pais invasivos pode ser impedido de desenvolver a capacidade de estar só.

2. Permita que a criança fique zangada

Winnicott sabia quanta violência, quanto ódio pode haver num bebê saudável. E avisou, referindo-se ao que acontece quando se esquece uma mamada: "Se você o desapontar, para ele será como se feras selvagens fossem engoli-lo."

Mas, embora o bebê às vezes queira matar e destruir, é fundamental que os pais permitam que a fúria se esgote e que, de modo nenhum, se sintam ameaçados pelo "mau" comportamento nem sejam moralistas:

> Quando o bebê grita em estado de fúria e sente que destruiu tudo e todos, mas as pessoas à sua volta permanecem calmas e ilesas, essa experiência fortalece muito sua capacidade de perceber que aquilo

que sente como verdadeiro não é necessariamente real, que fantasia e fato, ambos importantes, são, apesar de tudo, diferentes um do outro.

Winnicott interpretava os sentimentos violentos contra os pais como um aspecto natural do processo de maturação: "Para o bebê ser criado de modo a descobrir a parte mais profunda de sua natureza, alguém tem que ser desafiado e, às vezes, até mesmo odiado [...] sem que haja perigo de total rompimento da relação."

É por isso que ele apreciava e defendia os adolescentes difíceis, do tipo que grita com os pais e tenta furtar dinheiro de suas bolsas. São a prova de crianças que foram adequadamente amadas e que, por isso, podem ousar desafiar e testar o mundo adulto:

> Uma criança normal, se tiver confiança na mãe e no pai, não se detém diante de nada. Com o passar do tempo, experimenta seu poder de tumultuar, destruir, assustar, desgastar, desperdiçar, manipular e se apropriar. Tudo que leva pessoas aos tribunais (ou aos hospícios, aliás) tem seu equivalente normal na primeira infância [...]. Quando o lar suporta tudo que a criança pode fazer para tumultuá-lo, [a situação vai se acalmar]. (Quase sempre, Winnicott usa um tom profundamente encorajador.)

3. Garanta que seu filho não seja obediente demais

Os pais ficam muito contentes quando bebês e crianças seguem suas regras. Dizem que essas são "boas" crianças. Winnicott tinha muito medo de "boas" crianças. Ele tinha uma visão mais bagunçada da infância. A característica dos primeiros anos é a capacidade de exprimir livremente muitos sentimentos "maus" sem consequências e sem medo de represália.

No entanto, há pais que não conseguem tolerar o mau comportamento por muito tempo e exigem obediência estrita cedo demais. Na formulação de Winnicott, isso levaria ao surgimento de um "Falso Eu" – uma persona que, por fora, seria obediente e boa, mas por dentro suprimiria os próprios instintos vitais, que não seria capaz de equilibrar adequadamente o lado social com o lado destrutivo nem de desenvolver generosidade ou amor verdadeiros, porque não lhe permitiram que explorasse completamente o egoísmo e o ódio. Só por meio de cuidados atentos e adequados a criança seria capaz de gerar um "Eu Verdadeiro".

No esquema de Winnicott, os adultos que não conseguem ser criativos, que, por assim dizer, estão um pouco mortos por dentro, quase sempre são filhos de pais incapazes de tolerar desafios, pais que tornaram seus filhos "boas" crianças muito antes do tempo, matando assim sua capacidade de ser propriamente bons, propriamente generosos e bondosos (pois, na verdade, a personalidade obediente é apenas uma versão falsa de um eu responsável e generoso).

4. Deixe seu filho se virar

Toda falha do ambiente obriga a criança a se adaptar prematuramente. Por exemplo, se os pais são caóticos demais, a criança tenta rapidamente pensar em excesso sobre a situação. Suas faculdades racionais são superestimuladas (mais tarde, ela pode tentar ser intelectual).

O pai ou mãe deprimido pode, sem querer, forçar o filho a ser alegre demais, não lhe dando tempo para processar os próprios sentimentos melancólicos. Winnicott via perigo na criança que, em suas palavras, tinha que "cuidar do estado de espírito da mãe".

Ele tinha um ódio especial a "pessoas [que] estão sempre sacudindo os bebês nos joelhos, tentando produzir risinhos". Essa era meramente sua maneira de afastar a própria tristeza, exigindo risos de um bebê que podia ter coisas bem diferentes em mente.

Para Winnicott, o ato primordial de saúde parental é simplesmente ser capaz de parar de pensar em si por algum tempo em nome de estabelecer empatia com as peculiaridades e necessidades de uma pessoa pequena, misteriosa, linda e frágil cuja alteridade única tem que ser reconhecida e respeitada em seu todo.

5. Perceba a gravidade da tarefa que assumiu

Muitos pais que Winnicott atendeu se sentiam esgotados por tanto trabalho. Ele tentava apoiá-los lembrando-os da máxima importância do que estavam fazendo. A seu modo, eles eram tão importantes para a nação quanto o primeiro-ministro e o gabinete:

> O alicerce da saúde do ser humano é construído por vocês nas primeiras semanas e nos primeiros meses do bebê. Talvez esse pensamento ajude um pouco quando a perda temporária do interesse pelas questões do mundo parecer estranha. [...] Isso não surpreende. Você está envolvido em estabelecer as fundações da saúde mental da próxima geração.

Winnicott considerava a criação de filhos a "única base real da sociedade e única fábrica de tendência democrática no sistema social de um país".

É claro que haverá erros. Coisas dão errado na infância. E é para isso que servem os psicanalistas. Aos olhos de Winnicott, o analista na idade adulta age como pai ou mãe substituto, um substituto "suficientemente bom" que "está na posição da mãe de um bebê". A boa análise tem coisas em comum com aqueles primeiros anos. Nela também o analista tem que escutar sem forçar o paciente a "melhorar" antes do tempo. Ele não deve lhe enfiar a cura goela abaixo, mas oferecer um lugar seguro em que pedacinhos da infância que não se completaram ou deram errado possam ser recriados e ensaiados. A análise é uma oportunidade de completar os passos que faltam.

Em sua descrição do que os pais deveriam fazer pelos filhos, Winnicott, com efeito, se referia a uma palavra que raramente mencionava diretamente: amor. Costumamos imaginar que o amor é uma "conexão" mágica e intuitiva com alguém. Porém, nos textos de Winnicott, temos um quadro diferente. Amor é uma submissão do ego, um afastamento das próprias necessidades e suposições para escutar atenta e meticulosamente o outro, cujo mistério é respeitado, ao lado do compromisso de não se ofender nem retaliar quando algo "mau" vem à tona, como costuma acontecer quando se está perto de alguém, criança ou adulto.

Desde a morte de Winnicott, nos tornamos coletivamente pais e mães um pouco melhores. Mas só um pouco. Talvez passemos mais tempo com nossos filhos. Em teoria, sabemos que eles são muito importantes, mas, provavelmente, ainda falhamos na parte em que Winnicott se concentrou: a adaptação. Rotineiramente, ainda deixamos de suprimir nossas necessidades ou sufocar nossas exigências quando estamos com uma criança. Ainda estamos aprendendo a amar nossos filhos – e é por isso, defenderia Winnicott, que o mundo ainda está cheio dos feridos ambulantes, pessoas de respeitabilidade e "sucesso" exteriores que, mesmo assim, não são "reais" o suficiente por dentro e infligem a outros suas feridas. Temos muito a avançar até sermos "suficientemente bons". É uma tarefa que, a seu modo, é tão importante quanto curar a malária ou desacelerar o aquecimento global.

John Bowlby

1907-1990

Entre nossas aspirações mais profundas e aparentemente mais naturais está o anseio por relacionamentos estáveis e satisfatórios, por prosperar em parcerias que sejam boas para as duas pessoas. Não parece que isso é pedir muito. Muita gente está à procura de mais ou menos a mesma coisa. Porém o fato doloroso é que um número imenso de relacionamentos tem um episódio difícil atrás de outro ou a repetição de conflitos aparentemente intratáveis. Os relacionamentos parecem uma dificuldade, e não um apoio. Eis uma das perguntas mais importantes: por que é tão difícil manter os relacionamentos felizes e construtivos que todos queremos?

A grande percepção da psicanálise, ainda não totalmente digerida, é que os desafios dos relacionamentos não começam durante o jantar num bom restaurante nem no bar da faculdade. Na verdade, eles começam quando somos crianças. Não há período da vida mais importante do que a infância. Uma boa infância é a base firme de uma vida feliz, enquanto uma infância ruim simplesmente nos condena ao sofrimento duradouro. A contribuição do grande psicanalista John Bowlby foi ligar as tensões e os conflitos que temos com nossos parceiros à nossa primeira experiência de cuidado materno.

Em parte, suas ideias são sólidas porque ele recorreu profunda e honestamente à própria experiência para formulá-las. Nascido em 1907, Edward John Mostyn Bowlby teve a típica infância britânica de classe alta. Seu pai era um médico famoso e muito bem-sucedido, com título de cavaleiro e relações na família real. O jovem Bowlby raramente via os pais e era cuidado por Minnie, uma adorável babá. Mas Minnie era uma empregada e foi demitida quando John tinha 4 anos. Seus pais não estavam sendo deliberadamente insensíveis. Eles, como praticamente todo mundo na época, não percebiam até que ponto a partida da babá poderia ferir o filho. Aos 7 anos, o menino, de acordo com as convenções de sua classe, foi para o internato, lugar de onde o amor materno estava rigorosamente excluído.

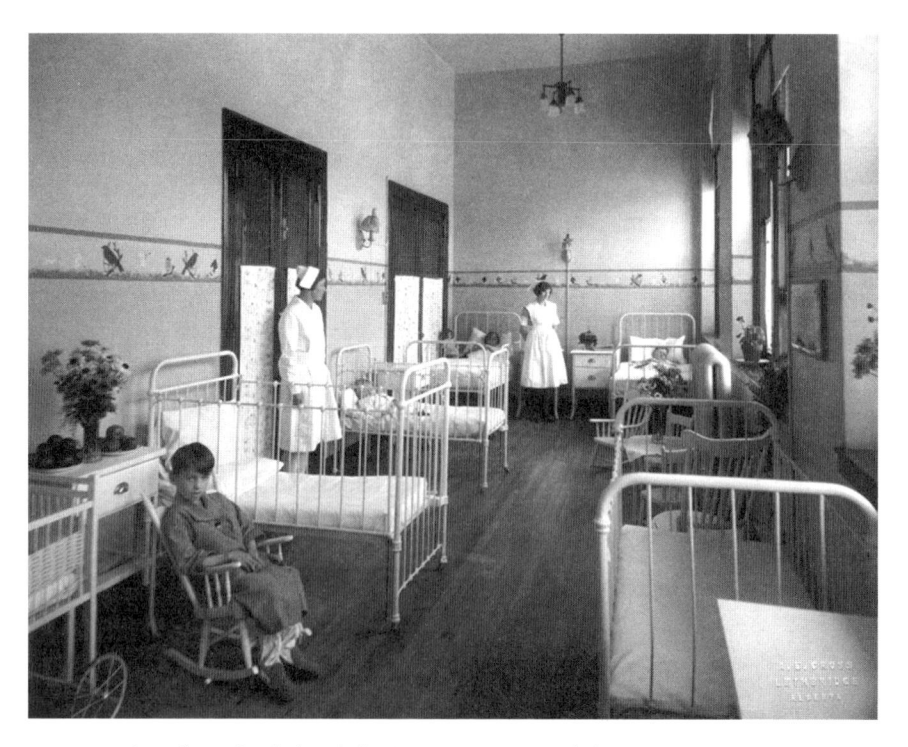

As enfermarias do hospital privavam as crianças da ligação com as mães

Bowlby foi um estudante de medicina brilhante e um pesquisador imaginativo. Em 1952, fez um filme, *A Two-Year-Old Goes to Hospital* (Uma criança de 2 anos vai para o hospital), que mostrava o sofrimento pelo qual uma criança passava ao ser internada e separada dos pais. Nas enfermarias, as mães não tinham permissão de pegar os filhos doentes no colo, por exemplo, por medo da transmissão de germes. Os horários de visita eram punitivamente restritos.

No início da década de 1950, quando foi consultor da Organização Mundial da Saúde, Bowlby escreveu um relatório intitulado *Cuidados maternos e saúde mental*. Ele atacou as concepções predominantes (inclusive as defendidas com vigor por sua própria mãe) e argumentou que a bondade não sufoca nem torna as crianças mimadas. E afirmou a importância de que tanto a mãe quanto a criança desenvolvam um relacionamento íntimo e agradável. Isso deu início a uma onda de reformas: as regras de visita de muitas instituições de saúde foram alteradas, numa medida seca e burocrática que deu fim a tardes incontáveis de tristeza silenciosa e noites de angústia solitária.

Bowlby invoca de modo pungente o cuidado amoroso de que um menininho precisa: "todos os carinhos e brincadeiras, as intimidades da amamentação com as quais a criança aprende o conforto do corpo da mãe, os rituais de lavar-se e vestir-se por meio dos quais, com o orgulho e a ternura dela pelos seus membros miúdos, ele aprende o próprio valor". Essas experiências ensinam uma confiança básica: as dificuldades podem ser administradas, os lapsos não passam disso e podem ser endireitados, temos direito natural a ser tratados com carinho e consideração, sem que precisemos fazer nada para merecer isso e sem apelos nem exigências especiais. "É como se o cuidado materno fosse tão necessário para o desenvolvimento adequado da personalidade quanto a vitamina D para o desenvolvimento adequado dos ossos."

Os pais ideais estão presentes quando as crianças precisam deles. São bons em realmente escutar o que a criança diz. Ajudam a criança a entender por si só o que está sentindo. Os pais ideais não ficam ansiosamente por perto, tentando cuidar de todos os menores detalhes. Os pais ideais mostram que os problemas, as dificuldades e os perigos nem sempre têm que ser evitados, que é possível lidar com eles, resolvê-los ou superá-los com habilidade. Pais assim tornam a criança segura. Além de se sentir amparada em momentos específicos, a criança leva essa segurança consigo para as tarefas da vida, tornando-se uma pessoa segura, de modo que tem menos necessidade urgente de validação externa, fica menos arrasada com o fracasso e precisa de menos marcadores de status para se assegurar do próprio valor, porque leva dentro de si uma noção estável, sensata e segura de quem é.

Mas o fato é que, com frequência, não recebemos todo o cuidado materno de que precisamos. Os pais, sem querer desapontar ninguém, erram de várias maneiras. São incoerentes. Em certo momento estão totalmente disponíveis, satisfeitos em brincar e fazer coisas. De repente, ficam friamente ocupados e distantes. Ou podem ser doces e ternos – mas igualmente rabugentos ou furiosos. Estão por perto e depois desaparecem. Podem estar ocupados quase o tempo todo ou preocupadíssimos com o trabalho ou a própria vida social. Seus próprios medos, angústias e problemas podem impedi-los de dar a atenção sábia e generosa de que a criança precisa.

Num livro publicado em 1959, intitulado *Separação – Angústia e raiva*, Bowlby examina o que acontece quando não há cuidado materno suficiente. Ele descreveu o comportamento que observara em crianças que tinham sido separadas dos pais. Elas passavam por três estágios: protesto, desespero e isolamento. A primeira fase começava assim que os pais saíam e durava de algumas horas a uma semana. No protesto, as crianças choravam, rolavam e reagiam a qualquer movimento como se fosse a possibilidade de retorno da mãe.

Se algo assim é vivenciado com frequência, a criança anseia por atenção, amor e interesse dos pais, mas sente que qualquer coisa boa pode desaparecer a qualquer momento. Ela procura muita tranquilização e fica aborrecida quando isso não vem. É volátil: anima-se, depois se desespera, depois volta a se encher de esperança. Segundo Bowlby, esse é o padrão do "apego ansioso".

Porém o grau de separação dos pais pode ser maior. A criança talvez se sinta tão indefesa que se isola: entra em seu próprio mundo. Para se proteger, torna-se fria e distante. Segundo Bowlby, essa tem "apego evitante", isto é, vê ternura, intimidade e investimento emocional como fontes de perigo e os rechaça. Na verdade, ela pode estar desesperada por um carinho ou consolo, mas essas coisas lhe parecem traiçoeiras demais.

O foco do pensamento de Bowlby era o que acontece à criança quando há dificuldades demais para formar apegos seguros. Mas as consequências não se restringem magicamente à idade de 8, 12 ou 17 anos. Elas duram a vida inteira. O padrão de relacionamento que desenvolvemos na infância se manifesta na vida adulta.

Nosso estilo de apego é alimentado pelas primeiras experiências na vida e define nosso modo individual de estar com os outros. É como sentimos o que os outros pretendem, como configuramos nossas necessidades, como esperamos que a situação se desenrole. É um roteiro preexistente que se inscreve em nossos relacionamentos na idade adulta, em geral sem que sequer percebamos o que acontece. Parece algo óbvio e familiar (mesmo quando é desconfortável). Nós o levamos conosco de um parceiro a outro.

Na mesma linha da opinião de Bowlby sobre o relacionamento das crianças com os pais, há três tipos básicos de apego em relação a outros adultos:

1. O **apego seguro** é o (raro) ideal. Se há um problema, você o resolve. Não fica alarmado com a fraqueza do parceiro. Consegue lidar bem com ela porque é capaz de cuidar de si mesmo quando necessário. Assim, se o parceiro está meio mal, confuso ou simplesmente irritante, você não precisa reagir com exagero. Afinal, mesmo que ele não consiga ser legal com você, você consegue cuidar de si, e quem sabe ainda lhe reste um pouco para atender às necessidades dele. Você dá ao outro o benefício da dúvida quando interpreta seu comportamento. Percebe que talvez esteja apenas ocupado quando não demonstra interesse pelo seu novo corte de cabelo ou suas ideias sobre o noticiário. Talvez a situação esteja complicada no trabalho e por isso ele não se interessa pelo seu dia. As explicações são conciliatórias, generosas e, em geral, mais precisas. Você demora a se enfurecer e é rápido ao perdoar e esquecer.

2. O **apego ansioso** é marcado por um comportamento "grudento": você telefona só para saber onde o outro está e fica de olho no que ele está a fim de fazer. É preciso ter certeza de que o outro não o largou – nem fugiu do país. O apego ansioso envolve muita raiva, porque parece que há muito em jogo. Para a pessoa muito ansiosa, um pequeno lapso, uma palavra apressada, um esquecimento minúsculo parecem ameaças imensas, parecem anunciar o rompimento iminente do relacionamento como um todo. As pessoas com apego ansioso logo se tornam coercitivas e exigentes e se concentram nas próprias necessidades, não nas do parceiro.

3. No **apego evitante**, a pessoa prefere se isolar e se afastar a se zangar ou admitir que precisa do outro. Se há um problema, ela não fala. Seu instinto é dizer que na verdade não gosta da pessoa que a feriu. Os cônjuges evitantes costumam se unir aos ansiosos. É uma combinação arriscada.

O evitante não oferece muito apoio ao ansioso. E o ansioso está sempre invadindo a delicada privacidade do evitante.

Bowlby nos ajuda a ir na direção de maneiras mais generosas e construtivas de ver o que nossos parceiros estão fazendo quando nos aborrecem ou nos desapontam. Na verdade, quase ninguém é puramente ansioso ou evitante. A maioria é só um pouquinho assim durante parte do tempo. Portanto, alertados por Bowlby, podemos ver que a frieza e a indiferença aparentes de um parceiro não surgem porque ele nos detesta, mas porque, muito tempo atrás, foi demasiado ferido pela intimidade. Ele ou ela se protege por medo e merece compaixão, não uma descompostura.

E isso abre possibilidades de autoconhecimento que podem nos ajudar a reformar (ainda que só um pouquinho) nosso comportamento. Talvez eu trabalhe tanto porque não consigo confiar em ninguém e porque, muito tempo atrás, senti que o trabalho me ajudaria a assegurar o amor evasivo e pouco confiável dos meus pais.

Bowlby morreu em setembro de 1990, com 83 anos, em sua casa de veraneio na ilha de Skye.

Há um princípio potente, modesto e muito real de esperança em suas teorias. As ideias de Bowlby sobre a importância do vínculo inicial entre mãe e filho levaram muito tempo para receber apoio e reconhecimento mais amplo. Mas isso acabou acontecendo. Não houve um único momento revolucionário. Muitos milhares de pessoas mudaram de ideia aos pouquinhos: a ideia que parecia idiota começou a parecer meio interessante. A lenta revolução ocorreu à mesa do jantar e no portão da escola, em conferências em lugares distantes e em análises meticulosas de custo/benefício elaboradas por funcionários públicos. É um processo de evolução social em que há poucos heróis óbvios e muitos participantes necessários que talvez nunca saibam exatamente que contribuição deram, de modo que hoje uma criança que terá de enfrentar uma cirurgia assustadora é cercada de amor e cuidado e seus pais dormem numa cama a seu lado.

Quanto tempo demorou, na história, para essa necessidade ser levada a sério? E isso deve ter sido muito comovente para esse homem, cuja família, infância e educação poderiam ter eliminado quaisquer dessas ideias solidárias.

Arte e Arquitetura

Andrea Palladio

1508-1580

Na Europa e nos Estados Unidos, uma pessoa passa, em média, 84% da vida num ambiente interior, isto é, dentro de alguma obra de arquitetura. No resto do tempo, geralmente estamos perto de edifícios, mesmo que não lhes prestemos muita atenção. Apesar dessa enorme exposição, no total, como cultura, não somos muito ambiciosos em relação à aparência das edificações. Tendemos a supor que, em sua maioria, os prédios junto aos quais vivemos não são em nada especiais e que não se pode fazer nada quanto a isso. Nós passamos a imaginar que as grandes obras são criações inigualáveis e caríssimas de arquitetos geniais. É possível viajar nas férias para visitar grandes obras arquitetônicas, mas é difícil que esse seja o padrão esperado em casa. Vicenza, a 40 quilômetros de Veneza, é um dos principais alvos do turismo arquitetônico global por uma razão: muitas obras de Andrea Palladio se localizam nessa cidade ou em suas redondezas.

Andrea Palladio nasceu no final de novembro de 1508 em Pádua, na Itália. Foi aprendiz de pedreiro e, depois, escultor em pedra. Seu nome real era Andrea di Pietro della Gondola (isto é, André filho de Pedro da Gôndola). E só por volta dos 30 anos ele se envolveu no projeto de edificações – e seu primeiro cliente importante sugeriu a mudança para um nome com mais estilo, *Palladio*.

Nos 40 anos seguintes de sua vida profissional, Palladio projetou cerca de 40 *villas*, algumas casas urbanas e um punhado de igrejas. Não é uma lista imensa, dado o volume de obras em andamento na época. Durante a maior parte da carreira, ele teve uma mistura de sucessos e reveses profissionais, embora aos 60 anos finalmente se firmasse como o maior arquiteto de Veneza – a cidade mais rica e poderosa do mundo na época. Ele era um pai dedicado, mas seus dois filhos mais velhos, que trabalhavam com ele, morreram jovens. O próprio Palladio morreu no verão de 1580, com 71 anos.

Sobre a arquitetura, Palladio tinha opiniões quase diametralmente opostas às de hoje. Sua atitude pode ser resumida em duas ideias centrais. Primeiro, a arquitetura tem um propósito claro, que é nos ajudar a sermos pessoas melhores. Depois, há as regras da boa construção. A grande arquitetura (e ele estava convencido disso) é mais um ofício do que uma arte, não é necessariamente cara e serve para a vida cotidiana, para fazendas, celeiros e escritórios, não só para projetos glamorosos ocasionais.

1. O propósito da arquitetura

Costumamos não levantar esta questão, pois ela facilmente pode parecer ingênua ou pretensiosa. É como se você já devesse saber a resposta ou então alguém se disporá a iniciar uma investigação complicada sobre o assunto.

Palladio defendia que a arquitetura tem um propósito importante, que está acima e além da provisão de pisos, paredes e tetos. Ele achava que deveríamos construir para estimular bons estados de espírito em nós e nos outros. Especificamente, acreditava que a arquitetura poderia nos ajudar com três virtudes psicológicas: calma, harmonia e dignidade.

a. Calma

Palladio tenta reduzir ao máximo o que está acontecendo: todos os elementos de um cômodo são centrados, equilibrados, simétricos. Ele usa apenas formas geométricas simples. Em geral, as paredes são lisas e neutras. Não deve haver mobília em excesso. A serenidade do espaço é projetada para nos acalmar. Ele não está tentando nos surpreender nem entusiasmar e nos convida a nos concentrarmos e a estarmos menos distraídos.

b. Harmonia
Palladio era obcecado por garantir que cada elemento de uma edificação se encaixasse perfeitamente com os outros.

> Um belo edifício deve ser como um corpo inteiro e perfeito, no qual cada membro combina com outro e tão bem com o todo que parece absolutamente necessário.

O projeto de uma janela se relaciona com o de uma porta, todas as aberturas se alinham entre si, cada cômodo tem um formato claro e simples, as portas estão sempre alinhadas.

Edifícios intensamente coerentes comovem porque contrabalançam a tendência natural da vida, em que as coisas se misturam, confundem e comprometem. Eles agem contra a angústia de que muitas preocupações nossas não se alinhem corretamente: que a vida profissional e doméstica, o sexo e o amor, o desejo e o dever lutem continuamente entre si. A edificação cria um ambiente no qual nos é oferecida uma sensação limitada, mas real, de que tudo que é importante se encaixa com elegância.

c. Dignidade
Uma das ambições da arquitetura de Palladio era dar mais dignidade a partes da vida que, injustamente, eram consideradas sem valor. E, a seus olhos, lhes faltava o prestígio que realmente mereciam.

Villa Barbaro, Vêneto, Itália, 1560

Na Villa Barbaro, uma casa de fazenda cerca de 40 quilômetros ao norte de Veneza, os celeiros, estábulos e silos são tão magníficos quanto a casa do proprietário, que nem é tão grande assim. Em vez de ficarem escondidos ou instalados à distância, esses edifícios de trabalho são apresentados como honrados e importantes.

Ele não estava tentando disfarçar a realidade utilitária da fazenda. Pelo contrário, queria demonstrar sua genuína (embora em geral pouco apreciada) dignidade.

Ao direcionar a arquitetura a esses estados psicológicos, Palladio não nos lisonjeava. Ele não estava fingindo que seus edifícios refletiam o que normalmente somos. Sabia perfeitamente bem que as pessoas tendem a ser (tanto naquela época quanto hoje) raivosas e agitadas, que a dignidade é uma máscara que cai, que ficamos deprimidos. Ele não tentava dar expressão à natureza humana ordinária. De acordo com a antiga tradição clássica, acreditava que as edificações deveriam tentar compensar nossos pontos fracos e nos incentivar a ter maior controle, equilíbrio e comedimento do que conseguimos no cotidiano. Precisamos de edificações serenas, harmoniosas e seguras exatamente porque não somos sempre assim. Em termos ideais, a arquitetura incorpora o que temos de melhor. O edifício ideal é como a pessoa ideal.

Palladio é classicamente pessimista quanto à nossa capacidade de nos agarrarmos a ideias. A mente não é confiável e é muito fácil perdermos contato com nossa melhor natureza. Sob pressão, é comum esquecermos o que é importante para nós. A tarefa da arquitetura é nos oferecer um ambiente que nos recorde continuamente – e nos estimule a nos tornar – quem realmente queremos ser.

2. Regras

É claro que há muitas regras úteis – segurança em aviões, práticas contábeis, jogos de cartas. Mas geralmente desconfiamos da ideia de que as regras possam ser importantes para qualquer produto cultural, íntimo ou criativo, de que haja regras benéficas para a conversação, a arte, os relacionamentos e até mesmo a arquitetura. Tendemos a ver as regras como algo secundário, sem originalidade. Como Aristóteles, Palladio era da opinião de que muitas realizações criativas (como escrever tragédias, conversar ou cultivar amizades) deveriam ser compreendidas como habilidades ou ofícios. É possível aprendê-las. De acordo com o ponto de vista clássico, o bom resultado nessas áreas não tem a ver simplesmente com sorte ou acaso. E, idealmente, as regras englobam tudo que precisamos para fazê-las bem.

Em 1570, Palladio publicou *Os quatro livros da arquitetura*. A obra é um exemplo antigo e muito ilustre do gênero "como fazer". O livro oferece instruções sobre como construir. Há um guia prático de como cavar alicerces, como julgar a qualidade do cimento e várias maneiras confiáveis de construir paredes e fazer pisos.

Ele também desenvolve regras de proporção com base em razões matemáticas simples. O antigo filósofo grego Pitágoras ficou famoso ao descobrir que duas cordas tensionadas, uma com metade do comprimento da outra, têm um som harmonioso quando vibram ao mesmo tempo. Ele descobriu que a qualidade agradável do som era governada por um princípio matemático simples. Palladio e outros desenvolveram um equivalente visual dessa ideia.

Ambientes extravagantes não são o que mais importa. Sem eles, a abertura da janela ainda será adorável, porque são as proporções, e não a decoração, que a tornam harmoniosa. Isso significa que uma edificação igualmente bela pode ser produzida com menor custo (uma das principais preocupações de Palladio), porque as proporções são belas, não importa que o prédio seja de mármore, tijolo, concreto ou madeira.

E ele oferece uma grande variedade de regras simples para tornar os prédios atraentes: devem ser simétricos; deve haver três, cinco ou sete aberturas laterais, não um número par; os cômodos devem ter formatos geométricos simples; o comprimento deve ser três quintos da largura, e a altura, três quintos da largura.

Palladio se considerava um artesão. Ele simplesmente seguia um conjunto de regras que outros também poderiam seguir, pois trabalhava contra a ideia de que a arquitetura exige um gênio especial. O ideal de livro de receitas é que edificações visualmente elegantes possam ser apresentadas como um padrão, como aconteceu (em nível significativo sob a influência de Palladio) em Londres e em muitas cidades do século XVIII.

Uma preocupação central em *Os quatro livros da arquitetura* é educar o possível cliente ou consumidor de arquitetura. É frequente não sabermos direito por que gostamos ou não de um edifício. Podemos ter reações muito positivas ou negativas e dizer que algo é ótimo ou horrível. Mas, quando somos pressionados, em geral temos dificuldade de oferecer uma explicação. Achamos difícil dizer o que deixa um prédio tão atraente e outro, sem graça. Ficamos tentados a dizer que é uma questão puramente pessoal, que o gosto na arquitetura é puramente subjetivo. É um sentimento bem-intencionado, mas também infeliz. Ele faz o jogo dos incorporadores que não têm preocupação nenhuma com a beleza e estão seguros de saber que jamais serão responsabilizados pelo que fazem.

Conclusão

As ideias de Palladio reverberaram pelos séculos. Mas não basta os edifícios terem colunas ou imitarem templos antigos para, necessariamente, serem autenticamente "palladianos". Os prédios são palladianos quando se dedicam à calma, à harmonia e à dignidade com base em regras que possam ser (e sejam) amplamente usadas. É aí então que exibem a mesma ambição da qual Palladio é um expoente e defensor central: deveria ser normal que as edificações nos apresentassem um retrato sedutor de nossa natureza mais calma e digna.

Johannes Vermeer

1632-1675

Vivemos num mundo saturado de falso glamour. Na verdade, o problema não está no glamour em si, mas nas coisas que concordamos coletivamente em considerar glamorosas. O progresso não está em erradicar por completo essa categoria de nossa vida. Em vez disso, precisamos direcionar nossa admiração e nosso entusiasmo com mais sabedoria e voltá-los para o que genuinamente merece prestígio.

Uma das coisas mais fundamentais que os artistas podem fazer por nós é virar o refletor do glamour em direções melhores e mais úteis. Eles conseguem identificar elementos que costumamos nem ver, mas sobre os quais, idealmente, deveríamos nos interessar muito. E, com a ternura, a beleza, a habilidade e a sabedoria com que retratam essas coisas, também conseguimos ver seu verdadeiro valor.

As mulheres serviçais – e o pão e o leite – não eram considerados muito emocionantes no final da década de 1650, quando Johannes Vermeer pintou sua famosa leiteira. Ele não buscou um modelo que já fosse muito admirado. Em vez disso, preferiu dedicar seu tempo a olhar com muita atenção para uma cena que amava, mas que a maioria das pessoas da época consideraria tediosa e indigna de um momento de consideração.

Vermeer viu na criada despejando leite algo que sentiu merecer contemplação e admiração prolongadas. Ele achava que algo muito importante estava acontecendo. Pelos padrões mundanos, trata-se de uma situação bem modesta. O recinto não tem nada de elegante. Mas o cuidado com que ela trabalha é adorável. Vermeer se impressiona com a ideia de que nossas verdadeiras necessidades podem ser muito simples. Pão e leite são realmente muito satisfatórios. A luz que entra pela janela é linda. Uma parede branca e vazia pode ser encantadora.

O pintor redistribui o glamour elevando o prestígio das coisas que representa. E tenta nos levar a sentir o mesmo. A leiteira é um tipo de propaganda (ou anúncio) dos prazeres domésticos.

JOHANNES VERMEER, *A leiteira*, 1657

Vermeer nasceu em 1632 na pequena e bela cidade holandesa de Delft, onde seu pai era estalajadeiro e negociante de arte de moderado sucesso. Vermeer ficou lá quase a vida inteira. Nunca saiu de Delft depois do casamento (aos 21 anos). Mal saía de sua casa agradável. Ele e a esposa Catharina tiveram dez filhos (e muitas outras gestações) e ele pintava muito nos cômodos da frente do andar superior. Vermeer era um pintor lento e, na verdade, não só pintor. Ele manteve a estalagem da família e o comércio de obras de arte e se tornou chefe da guilda local de pintores. Segundo os critérios de hoje em dia, sua carreira não foi um imenso sucesso. Ele não foi muito famoso em vida nem ganhou muito dinheiro.

JOHANNES VERMEER, *Moça com brinco de pérola*, 1665

Na verdade, ele era um exemplar do tipo de pessoa que (naquela época) apenas recentemente havia ganhado importância: o indivíduo de classe média. Vermeer estava na adolescência quando a Holanda (ou, tecnicamente, as Sete Províncias) se tornou um Estado independente, a primeira "república burguesa" do mundo. Ao contrário das nações aristocráticas semifeudais que a cercavam, a Holanda concedeu a honra e o poder político a pessoas que não estavam no topo da sociedade – mercadores, administradores, empreendedores e artesãos prósperos. Foi o primeiro país do mundo a ser reconhecidamente moderno.

Uma grande ideia do cristianismo que, em última análise, pode ser separada da teologia que a acompanha é que a vida interior de todos é importante, mesmo que, por fora, as pessoas não pareçam muito distintas. Os pensamentos e sentimentos de um aprendiz de alfaiate contam tanto (do ponto de vista espiritual) quanto os de um general ou imperador.

Vermeer pinta *Moça com brinco de pérola* com o mesmo tipo de consideração. Ela não é famosa nem importante aos olhos do mundo maior. Não é rica. O brinco que usa é bonito, mas é um enfeite menor segundo os padrões da moda. Essa é a única coisa cara que possui. E, apesar disso, ela não precisa de justiça, não é oprimida nem maltratada pelo mundo. Ela é ordinária (por falta de palavra melhor). É claro que, em si, ela, assim como todo mundo, não tem nada de ordinária – é única, misteriosa e profundamente ela mesma.

O quadro que resume muito bem a filosofia de Vermeer, *A ruela*, se tornou uma das obras de arte mais famosas do mundo. Ele ocupa um lugar de honra no grande Rijksmuseum de Amsterdã, tem um seguro de 500 milhões de euros e é tema de uma montanha de artigos eruditos.

Porém o quadro, curiosa e claramente, está fora de sincronia com seu status. Afinal de contas, ele quer nos mostrar que o ordinário pode ser muito especial. A imagem diz que cuidar de um lar simples mas bonito, limpar o quintal, olhar as crianças, cerzir tecido – e fazer essas coisas com fé e sem exasperação – é o real dever da vida.

É um quadro anti-heroico: uma arma contra falsas imagens de glamour. Ele se recusa a aceitar que o verdadeiro glamour depende de façanhas espantosas de coragem ou da conquista de status. Defende que fazer as coisas modestas, as coisas esperadas de todos nós, é o bastante. O quadro nos pede que sejamos um pouco como ele: que adotemos as atitudes que ele ama e as apliquemos à vida.

JOHANNES VERMEER, *Vista de Delft*, 1660-1661

Se alguma sociedade boa e decente tivesse um documento de fundação, esse quadrinho poderia representar esse papel. Ele é uma contribuição central para a compreensão do mundo sobre a felicidade.

JOHANNES VERMEER, *A ruela*, 1658

Vermeer não viveu muito. Morreu em 1675, ainda com 43 anos.

Mas ele transmitiu uma ideia fundamental e imensamente saudável: boa parte do que é importante para nós não é emocionante, urgente, dramática nem especial. A maior parte da vida é ocupada em coisas rotineiras, ordinárias, humildes, modestas e (para ser franco) um pouco chatas. Nossa cultura deveria se concentrar em nos fazer apreciar a média, o cotidiano e o ordinário.

Quando pintou a cidade onde morava, Vermeer não escolheu um dia especial. O céu não estava muito nublado nem especialmente ensolarado. Não acontecia nada. Não havia nenhuma celebridade. Mas, como ele nos ensinou a reconhecer, tudo era mesmo muito especial.

Caspar David Friedrich

1774-1840

Uma das coisas inesperadamente importantes que a arte pode fazer por nós é nos ensinar a sofrer. Ela consegue isso evocando cenas sombrias, melancólicas ou dolorosas, que normalizam e dão dignidade ao sofrimento que talvez estejamos sentindo em isolamento e confusão. Essas cenas revelam, com grandeza e habilidade técnica, que o pesar é parte da condição humana.

Caspar David Friedrich, um pintor da sublime tristeza, nasceu em 1774 em Greifswald, antiga cidade comercial no extremo norte da Alemanha, na costa do mar Báltico. Era um lugar belo de um jeito severo, típico do Norte. Quando criança, ele adorava o modo como os cumes, pináculos e torres da cidade se erguiam acima das árvores na neblina matutina das manhãs de verão.

O pai era um artesão modesto pouco caloroso e de poucas palavras. Sua amada mãe morreu quando Caspar era bem pequeno. Com 13 anos, ele viu o irmão mais novo, Johann Christoffer, cair num buraco no gelo de um lago congelado e se afogar.

O menino cresceu taciturno, intenso e tímido. Aprendeu a pintar desde pequeno, mas foram necessários muitos anos de pobreza e dificuldade até que seu estilo próprio começasse a ganhar forma. O gosto da época favorecia paisagens clássicas e ensolaradas. A Itália no verão era o ideal. Mas Friedrich se sentia atraído por aspectos da natureza que, até então, eram considerados desagradáveis e desinteressantes: manhãs frias e úmidas, noites glaciais junto ao mar, a madrugada logo antes do nascer do sol, os campos alagados no fim da primavera.

A primeira obra madura de Friedrich – o primeiro grande quadro no qual começou a apresentar sua visão própria da vida – foi um choque para seus contemporâneos. Em vez dos anjos, santos chorosos e soldados convencionais, ele representou a crucifixão de Jesus no alto de um penhasco montanhoso em meio a abetos teutônicos, com os raios do sol atingindo as nuvens lá atrás.

Friedrich percebeu então que a natureza poderia exprimir muitos estados de espírito solenes antes associados a uma representação literal da história cristã. Com o tempo, abriu mão totalmente das referências diretas a Jesus, mas manteve a atmosfera de tragédia e pesar associados à sua vida e morte. Ele descobriu que árvores altas, montanhas, encostas escarpadas, o nascer da lua, a imobilidade da água à noite, as charnecas planas e a neblina podiam transmitir as mesmas mensagens de dor, amor, sofrimento e redenção que os teólogos cristãos encontravam no Evangelho. Ele continua a ser um pintor especialmente indicado para aquelas pessoas que não creem mais, mas se sentem atraídas pelas emoções solenes que acompanham a fé.

Em 1818, com 44 anos, Caspar David se casou com Christiane Caroline Bommer, de 25. Tiveram três filhos: duas meninas, Emma e Agnes Adelheid, e um filho, Gustav Adolf. No geral, parece ter sido um bom relacionamento. Caroline aparece em muitos quadros seus, mas sempre sozinha. Ele se sentia atraído por homens e mulheres solitários, como se o que há de mais importante em nós só viesse à tona quando estamos afastados do falatório da civilização. Friedrich tinha apenas um punhado de amigos e quase nunca saía de seu estúdio mobiliado de maneira simples.

CASPAR DAVID FRIEDRICH, *Mulher diante do sol nascente*, 1818-1820

CASPAR DAVID FRIEDRICH, *O mar de gelo*, 1824

Em vez de algo de que deveríamos fugir (através dos negócios, da bebida ou das fantasias sexuais), Friedrich sugere que a solidão é um estado que nos coloca em contato com nossas possibilidades mais profundas.

Ele também acreditava que, de maneira redentora e confortante, a dureza da natureza poderia colocar as dores da condição humana em perspectiva.

Os seres humanos podem ser cruéis, o destino pode ser impiedoso, mas contemplar a colisão inevitável de placas de gelo nos tira de dentro de nós mesmos, para além da inveja, da mágoa ou da decepção que possam nos atormentar, reduzindo nossa sensação de perseguição pessoal.

Obras como *Lua nascente sobre o mar* nos trazem a consciência de nossa insignificância, provocam a percepção de que os desastres humanos são mesquinhos quando comparados à eternidade e nos deixam um pouco mais dispostos a nos curvar às tragédias incompreensíveis que acompanham a vida. A partir daí, as irritações e preocupações ordinárias são neutralizadas. Em vez de tentar remediar nossas humilhações insistindo em nossa importância ferida, podemos, com a ajuda de uma grande obra de arte, absorver e apreciar nosso nada essencial.

CASPAR DAVID FRIEDRICH, *Lua nascente sobre o mar*, 1822

Aqui, Friedrich usa uma impressionante formação rochosa escarpada, um trecho abandonado de litoral, o horizonte brilhante, as nuvens distantes e um céu pálido para nos induzir a um estado de tristeza redentora. Podemos nos imaginar, depois de uma noite insone, caminhando antes do alvorecer pelo promontório desolado, longe de companhia humana, sozinhos com as forças básicas da natureza. As menores porções de rocha já foram tão dramáticas e imponentes quanto a formação maior mais além. Algum dia, a longa e lenta passagem do tempo também as desgastará. A primeira porção do céu está vazia e sem forma, um puro nada prateado, mas acima dela há nuvens que captam a luz na parte de baixo e continuam passando, de seu jeito transitório e sem sentido, indiferentes a todas as nossas preocupações.

O quadro não se refere diretamente a nossos relacionamentos nem ao estresse ou à tribulação da vida cotidiana. Sua função é dar acesso a um estado de espírito em que temos clara consciência da grandeza do tempo e do espaço e da insignificância de nossa situação dentro do esquema maior das coisas. A obra é mais sombria do que triste; calma, mas não desesperançada. E, nessa condição da mente – esse estado da alma, para ser mais romântico –, somos deixados, como costuma acontecer com a obra de Friedrich, mais bem equipados para lidar com os pesares intensos, intratáveis e particulares que jazem à nossa frente nos dias por vir.

Como muitos artistas, Friedrich não teve muito sucesso. Era admirado e suas obras foram compradas por um pequeno número de pessoas sérias (e dois grandes pintores da época, Kersting e Dahl, eram seus amigos). Ele morreu em 1840 com 65 anos, quase esquecido.

Friedrich não sabia que, no futuro distante, seu trabalho seria profundamente admirado – não porque nos deixa alegres, mas exatamente por saber colocar em perspectiva e exprimir o que temos de mais triste em todos nós.

Henri Matisse

1869-1954

A elite cultural fica nervosa com arte alegre ou doce. Teme que obras de arte felizes e bonitas estejam negando que a situação do mundo é ruim e que há muito sofrimento na vida de quase todo mundo.

O medo é que fiquemos tão absortos em nos divertir que esqueçamos as coisas ruins e, portanto, não nos demos ao trabalho de fazer nada para resolvê-las.

No entanto, esses temores em geral são infundados. Longe de assumir um ponto de vista demasiado cor-de-rosa e sentimental ao dizer isso, na maior parte do tempo sofremos por excesso de melancolia. Temos grande consciência dos problemas e das injustiças do mundo. Nosso problema, na verdade, é que nos sentimos impotentes, pequenos e fracos diante deles. É por nos sentirmos sobrecarregados e desesperançados que nos recolhemos para dentro de nós.

A alegria é uma conquista e a esperança é algo a comemorar. Se o otimismo é importante, é porque muitos resultados são determinados por quanto dele aplicamos às tarefas. Ele é um ingrediente importante do sucesso. Isso vai de encontro à visão elitista de que a habilidade é a principal exigência de uma vida boa. Mas, em muitos casos, a diferença entre o sucesso e o fracasso pode ser determinada por nada menos do que a noção do que é possível e pela energia que se consegue reunir para convencer os outros do que lhe é devido. É possível estar fadado ao fracasso não por falta de talento, mas por uma ausência de esperança.

Os problemas de hoje raramente são criados por quem tem uma visão demasiado ensolarada da vida. Os problemas do mundo são trazidos de forma tão contínua à nossa atenção que precisamos de ferramentas que preservem nossas disposições mais esperançosas.

O próprio Matisse sabia muito, em primeira mão, sobre sofrimento e tragédia (o que aumenta nossa confiança em seu trabalho agradável, esperançoso e encantador). Mas esse conhecimento o deixou ainda mais vivo para seus opostos. Em seu modo de ver, o verdadeiro problema era que a escuridão e o sofrimento têm tanta facilidade em nos dominar que realmente precisamos fazer um esforço deliberado para nos lembrarmos de coisas alegres e esperançosas.

Matisse nasceu em 1869 numa família relativamente próspera. O pai era mercador de ferragens e cereais. E Henri não deveria ser artista. O pai tinha muita vontade de que ele tivesse uma carreira segura, respeitável e lucrativa como advogado. Com 20 e poucos anos, Matisse ficou desesperado para largar o emprego no escritório de advocacia, mas o pai se opôs vigorosamente. Finalmente, o pai cedeu e concordou que o filho poderia estudar pintura – mas só enquanto se ativesse ao estilo mais tradicional e conservador.

Para se desenvolver como pintor de quadros alegres, sensuais e de cores vivas, Matisse teve que enfrentar o pai, adotar a pobreza (quando todo o apoio da família foi cortado) e ser insultado por seus mentores e professores.

Nos anos anteriores à Primeira Guerra Mundial, Matisse começou a construir uma carreira de sucesso. Estava vendendo alguns quadros e ia ficando mais conhecido nos círculos artísticos aventurosos. Justo quando tudo parecia bem, o mundo inteiro começou a desmoronar.

No ano da Batalha do Somme, ele pintou *A janela*.

Não que Matisse não se importasse com as trincheiras a um dia de viagem de Paris. Isso intensificou sua percepção de como era adorável o tronco de uma árvore visto apenas de relance pela abertura das cortinas,

HENRI MATISSE, *A janela*, 1916

o desenho dos tacos do piso e o frescor e encanto gerais de um vaso de flores num cômodo elegante mas despretensioso da cidade. É como se ele estivesse lembrando a si mesmo (e a nós) que essas coisas ainda existem. Não foram destruídas. Não se trata da obra de alguém indiferente. É a obra criada com o reconhecimento de como é fácil ficar paralisado pelo desespero. E a sugestão de folhas verde-claras pela janela pode nos comover gentilmente até hoje, quando estamos sobrecarregados pelo que consideramos o peso da vida.

Mais tarde, houve traumas mais particulares. Matisse foi diagnosticado com câncer de duodeno e se envolveu numa disputa judicial muito demorada com a esposa de quem se separara.

Em 1942, quando Paris tinha caído e o 6º Exército alemão avançava pela Rússia rumo aos campos petrolíferos do sul, Matisse pintou alguns quadros de dançarinas com pernas fabulosas reclinadas em grandes poltronas macias.

A mais pungente de suas obras repletas de alegria e esperança foi produzida no finalzinho da vida, por volta de 1950, quando ele já passara dos 80. Estava inválido havia anos, em geral preso ao leito, às vezes capaz de se deslocar numa cadeira de rodas. Ele sabia que enfrentava a morte.

HENRI MATISSE, *Dançarina e cadeira rococó sobre fundo preto*, 1942

O azul e o amarelo profundos e o padrão simples do vitral parecem brilhar de prazer com a existência. Mas Matisse não estava exprimindo uma alegria que tivesse sentido recentemente. O grande pintor sofrido e vulnerável tentava afastar o próprio medo da melancolia e do desânimo. Com seu gênio, ele nos lembrava de que não há nada tão sério quanto saber ter esperança.

HENRI MATISSE, *Árvore da vida*, na capela de Nossa Senhora do Rosário, Vence

Edward Hopper

1882-1967

E dward Hopper é um pintor de quadros de aparência melancólica que não nos deixam melancólicos. Em vez disso, nos ajudam a reconhecer e aceitar a solidão que, com frequência, está no âmago da tristeza.

Em *Automat*, uma mulher sozinha toma uma xícara de café. Está tarde e, a julgar pelo chapéu e pelo casaco, faz frio lá fora. O recinto parece grande, bem iluminado e vazio. A decoração é funcional e a mulher parece constrangida e um pouco assustada. Talvez não esteja acostumada a ficar sozinha num lugar público. Algo parece ter dado errado. Ela convida o espectador a imaginar histórias sobre ela, de traição ou perda. Talvez esteja tentando não deixar a mão tremer enquanto leva a xícara de café aos lábios. Podem ser 11 horas da noite no fim do inverno de uma cidade americana grande e escura.

EDWARD HOPPER, *Automat*, 1927

Automat é um quadro sobre tristeza, mas não é um quadro triste. Pode haver algo atraente e até encantador em lanchonetes anônimas. A falta de domesticidade, as luzes fortes e a mobília anônima trazem um alívio daqueles que podem ser os confortos falsos do lar. Pode ser mais fácil se entregar à tristeza ali do que numa sala de estar aconchegante, com papel de parede e fotos emolduradas. No geral, parece que o lar traiu os personagens de Hopper. Algo aconteceu lá que os força a sair à noite, a ir para a rua. A lanchonete 24 horas, a sala de espera da estação ferroviária ou o motel são santuários para aqueles que, por sólidas razões, não conseguiram encontrar seu lugar no mundo ordinário dos relacionamentos e da comunidade.

A capacidade de Hopper de retratar a solidão veio de sua familiaridade com ela. Ele nasceu em 1882 em Upper Nyack, cidade de estaleiros no estado de Nova York, e teve uma infância confortável de classe média como filho de um comerciante. Por dentro, porém, Hopper costumava sentir-se esquisito, como se não pertencesse àquela vida.

Sonhava em ser artista plástico, mas os pais insistiram que estudasse a arte do comércio para se manter financeiramente. Ele detestava e, para escapar, fez várias viagens a Paris, fingindo estudar arte francesa. Na verdade, ele não tinha nenhuma ligação com os salões de arte. Assimilou um pouco dos impressionistas, mas esqueceu o nome de Picasso. Preferia ficar ao ar livre, observando as crianças brincarem nos Jardins de Luxemburgo, assistindo a concertos nas Tulherias e viajando de barco pelo Sena.

Em 1913, com 31 anos, Hopper se instalou em Greenwich Village, na cidade de Nova York, onde se instalou permanentemente. Lá, descobriu como a vida urbana pode ser lotada de gente e, ao mesmo tempo, solitária. A população das cidades americanas disparava, mas elas eram habitadas pelos desconhecidos que passavam, alienados uns dos outros. Hopper pegava o trem L, linha do metrô com partes elevadas, e olhava lá de cima os "relances escuros do interior de escritórios tão fugidios que deixavam impressões frescas e vívidas em minha mente". Em cada recinto, um drama separado se desenrolava, uma ilha esquecida que passava em branco num mar de gente.

Embora Hopper tenha passado mais de uma década pintando em Nova York, suas obras não venderam bem. Regularmente, ele tinha dificuldade para encontrar inspiração. Então, com 40 e poucos anos, conheceu uma bela pintora social chamada Josephine. Edward e Josephine faziam excursões para pintar à beira-mar, iam ao cinema e ao teatro. Por fim, se casaram. Hopper não estava mais tão sozinho.

Porém é claro que, como a maioria de nós descobre nos relacionamentos, o casamento de Hopper não foi o fim permanente de seus sentimentos de isolamento e pesar. Ainda se sentia solitário às vezes. Ele e a esposa não conseguiam resolver sua vida sexual. Era comum ela preferir a companhia de seu gato.

Hopper descobriu que, mesmo quando os outros nos amam muito, alguma parte essencial de nós está sempre sozinha. Esse reconhecimento é que torna sua pintura tão cativante. Sem dúvida, ao abordar a solidão, a arte pode ser muito terapêutica: ela nos consola e nos assegura que a alienação e a tristeza são normais, que sentir-se assim não nos torna muito estranhos nem muito vergonhosos. A arte triste e solitária nos permite, como espectadores, assistir a um eco de nossos próprios pesares e decepções e, assim, nos sentirmos menos perseguidos e importunados por eles.

EDWARD HOPPER, *Gasolina*, 1940

A arte de Hopper nos ajuda a notar a paisagem da solidão em nossa vida. Um efeito colateral de entrar em contato com qualquer grande artista é que começamos a notar no mundo coisas às quais o pintor teria sido receptivo. Hoje nos sensibilizamos com o que se pode chamar de hopperesco, característica não encontrada apenas nos lugares americanos que o próprio Hopper visitou, mas em qualquer ponto do mundo onde haja motéis e postos de gasolina, lanchonetes de beira de estrada e aeroportos, terminais rodoviários e supermercados 24 horas.

Os postos de gasolina lembram prontamente o famoso *Gasolina*, de Hopper, pintado treze anos depois de *Automat*. Nesse quadro, vemos um posto de combustível sozinho na escuridão que cai. O isolamento se torna comovente e sedutor. A escuridão que se espalha como uma neblina vinda do lado direito da tela contrasta com a segurança do posto. Contra o pano de fundo da noite e da floresta, nesse último posto avançado da humanidade, parece ser mais fácil desenvolver uma sensação de parentesco do que à luz do dia na cidade.

Hopper amava a atmosfera de introspecção que costuma acompanhar as viagens. Ele gostava de pintar o interior de vagões de trem semivazios que avançavam pela paisagem, em situações em que podemos nos distanciar de nós mesmos e olhar a vida de um jeito que não fazemos em

EDWARD HOPPER, *Compartimento C, vagão 293*, 1938

circunstâncias mais acomodadas. Todos conhecemos o clima de *Compartimento C, vagão 293*, de Hopper, embora talvez nunca o reconheçamos tão bem quanto quando Hopper ergue seu espelho diante dele.

Depois do casamento, a vida profissional de Hopper também começou a melhorar de repente. Era a época da Grande Depressão, mas mesmo assim seus quadros começaram a vender. Os críticos elogiavam, os museus os compravam e ele ganhou prêmios. Mas, apesar do sucesso, continuou profundamente introvertido. Em vez de fugir da solidão, ele a abraçou. Durante décadas, recusou prêmios, rejeitou oportunidades de falar e viveu simplesmente longe dos olhos do público. Morreu em 1967, mas sua arte continua a nos ajudar a ver a solidão em nossa vida de um ponto de vista mais sábio e mais maduro.

Oscar Wilde observou certa vez que não havia neblina em Londres antes de Whistler pintá-la. É claro que havia muita neblina, mas era um pouquinho mais difícil notar suas qualidades sem o exemplo de Whistler para direcionar nosso olhar. O que Wilde disse de Whistler também podemos dizer de Hopper: que havia muito menos postos de gasolina, vagões de trem, motéis e lanchonetes interessantes, estranhamente perturbadores e consoladoramente belos no mundo antes de Edward Hopper começar a pintá-los.

Oscar Niemeyer

1907-2012

Um dos aspectos mais deprimentes das viagens é descobrir que, muitas vezes, o mundo parece igual em muitos lugares diferentes. As torres do centro de Tóquio são indistinguíveis das de Frankfurt ou Seattle. Isso não é coincidência. A arquitetura moderna se baseou na ideia de que os prédios deveriam, logicamente, ser iguais em toda parte. Os primeiros personagens do modernismo se uniam na oposição ferrenha a qualquer tipo de "regionalismo", que consideravam reacionário, folclórico e simplesmente medíocre. Se bicicletas, telefones e aviões (todos arautos da nova era) não eram feitos em estilo local, po que as edificações deveriam ser? Chega de chalés, tipis e gárgulas.

O arquiteto brasileiro Oscar Niemeyer começou a carreira omo modernista ortodoxo, adotando inteiramente esse credo universalista. Ele nasceu em 1907 no Rio de Janeiro e desenvolveu a paixão pela arquitetura no início da adolescência. Quando foi estudar na Escola Nacional de Belas Artes, entrou para um grupo que venerava os grandes arquitetos modernistas europeus, principalmente Le Corbusier, que insistia, com veemência típica, em assegurar que as edificações não fizessem nenhuma concessão à cultura do local onde se localizavam.

A ambição profissional de Niemeyer se realizou quando, em 1936, Le Corbusier foi designado para ir ao Rio e prestar consultoria ao projeto do novo edifício do Ministério da Educação e Saúde. Niemeyer foi convidado a participar da equipe de arquitetos encarregada da construção desse prédio grande e prestigiado.

Enquanto trabalhava com Le Corbusier, Niemeyer manteve o máximo respeito, mas, ao mesmo tempo, não pôde deixar de notar que o hóspede era cego às particularidades da cultura e do clima brasileiros. Com encanto que se tornaria lendário, conseguiu convencer Le Corbusier a abandonar algumas de suas intenções "universalistas" mais rígidas para o prédio e a fazer concessões às condições climáticas locais. Sob sua influência, as janelas do prédio receberam *brise-soleils* contra o sol e, de forma ainda mais espetacular, Niemeyer convenceu Le Corbusier a encomendar um enorme painel de azulejos tradicionais portugueses, com motivos abstratos, para as áreas públicas do andar térreo.

Estimulado pelo sucesso no prédio, Niemeyer se sentiu pronto a romper com o modernismo europeu. Ele merece ser homenageado como talvez o primeiro arquiteto do mundo a praticar um tipo regional de modernismo. Em seu caso, um modernismo brasileiro.

Sua primeira obra totalmente original foi terminada em 1943 (quando tinha 36 anos), encomendada pelo prefeito de Belo Horizonte e futuro presidente do Brasil Juscelino Kubitschek. Era um complexo de edifícios com um cassino, um restaurante, um salão de baile, um iate clube e a peça mais famosa, um local de culto hoje chamado de Igreja de São Francisco de Assis, na lagoa da Pampulha, em Belo Horizonte.

Embora o clero local a detestasse (o arcebispo Antônio dos Santos Cabral a chamou de "abrigo antibombas do demônio, inadequado para fins religiosos"), ela logo foi reconhecida como uma obra-prima.

O complexo não tinha linhas retas em nenhum plano, pois na época Niemeyer as considerava europeias e pavorosamente autoritárias (era o apogeu do fascismo). Em teoria, a arquitetura se libertara das convenções estruturais opressoras com a invenção do concreto armado e Niemeyer propunha que essa nova liberdade fosse usada de maneira mais criativa.

Daí para a frente, incluiria curvas sob uma luz nacionalista em todos os seus edifícios, considerando-as de natureza principalmente brasileira. "Não é o ângulo reto que me atrai, nem a linha reta, dura, inflexível, criada pelo homem", disse ele. "O que me atrai é a curva livre e sensual, a curva que encontro nas montanhas do meu país, no curso sinuoso dos seus rios, nas nuvens do céu, no corpo da mulher amada." Este último ponto é revelador. Niemeyer foi profundamente sensível à beleza feminina durante a vida inteira. Ficou famoso no Rio por seus casos, muitos dos quais com pessoas muitíssimo mais jovens do que ele. Aos 92, começou a namorar uma mocinha que acabara de fazer 25 anos.

Igreja da Pampulha, Belo Horizonte, 1943

Como no Ministério da Educação, a Igreja da Pampulha tinha azulejos. Eles lembravam aos espectadores que o Brasil podia ser moderno e, ao mesmo tempo, recordar sua herança; que uma igreja podia adotar as formas de um hangar futurista, mas, simultaneamente, acomodar uma representação de São Francisco com algumas galinhas (muito encantadoras).

A sensualidade que Niemeyer apreciava na vida também fazia parte de muitas das suas edificações. A Casa das Canoas (1951) reposiciona a sensualidade como parte de uma vida madura e sofisticada. Em vez de sugerir que essa seria a seara especial dos jovens, dos despreocupados, dos belos ou dos vulgares, ele criou um lar onde se pode imaginar um contador ou funcionário do Ministério da Infraestrutura (uma pessoa responsável e trabalhadora, muito preocupada com problemas técnicos e administrativos) que saboreia o próprio corpo. É possível ter uma conversa que expande a mente e também explorar suavemente a parte de trás do joelho da amante; ou beijar a amada nas sombras quentes antes de receber um telefonema sobre projeções preocupantes das vendas regionais.

A casa parece um pouco um amigo confiante e encorajador que murmura tranquilizações na hora certa. Pode-se imaginar um casal que se sinta bastante seguro nessa casa para ser sexualmente aventureiro de um jeito que, durante anos, pareceu impossível em sua casa normal.

A tentativa mais audaciosa de Niemeyer de usar a arquitetura para definir a identidade brasileira veio com seus projetos para Brasília, a nova capital do país. Em 1956, Kubitschek pediu a Niemeyer que ajudasse a criar uma cidade totalmente planejada no centro do país, livre da corrupção da então capital, o Rio de Janeiro. O arquiteto projetou o Congresso Nacional, uma catedral, um complexo cultural, muitos ministérios e prédios comerciais e residenciais. O clima era digno, esperançoso e de acordo com o ambiente nativo. Os prédios se erguiam sobre pilotis para permitir que a vegetação crescesse sob eles, mantendo a ligação com a ecologia local e o clima tropical.

Congresso Nacional brasileiro, Brasília, 1960

É claro que as obras de Niemeyer representavam não o Brasil que existia, mas o Brasil que ele acreditava e esperava que um dia existisse. Ele sabia que a arquitetura pode indicar, com esperança e estímulo, uma nova direção. O Brasil é um país de atividade econômica frenética, com floresta tropical e aldeias amazônicas, favelas, futebol, praias e intensa discordância sobre prioridades políticas... E nada disso é visível com a contemplação do Congresso Nacional em Brasília. Em vez disso, o edifício imagina o Brasil do futuro: é um ideal de vidro e concreto armado para guiar o desenvolvimento do país. No futuro, diz o prédio, será um lugar onde a racionalidade é poderosa, onde reinam a ordem e a harmonia, onde a elegância e a serenidade são normais. Um povo calmo e ponderado trabalhará atentamente e pensará com exatidão sobre as leis. Nos escritórios das torres, secretárias eficientes digitarão notas informativas judiciosas. Os sistemas de arquivamento serão perfeitos, nada será perdido, ignorado, negligenciado nem posto no lugar errado. As negociações ocorrerão num clima de sabedoria impessoal. O país será perfeitamente administrado. Portanto o prédio pode ser visto como um ensaio sobre a lisonja. Ele insinua que essas qualidades desejáveis já estão, até certo ponto, de posse do país e de sua classe governante. Os ideais nos lisonjeiam, porque os vivenciamos não como meras insinuações de um futuro muito distante, mas também como descrições do que somos. Estamos acostumados a ver a lisonja como algo ruim, mas na verdade ela é bastante útil, pois nos estimula a viver de acordo com a imagem atraente apresentada. A criança elogiada pela primeira tentativa modesta de humor e, em consequência, chamada de engraçada está sendo guiada e auxiliada a se desenvolver além do que realmente é aqui e agora. Ela se torna a pessoa que foi lisonjeiramente descrita como já sendo. Isso é importante, porque em geral o obstáculo ao bom desenvolvimento não é a arrogância, mas a falta de confiança.

Niemeyer foi prolífico até seus últimos anos de vida, dando aulas pelo mundo inteiro, escrevendo e projetando esculturas e móveis. Morreu em 2012, com 104 anos. Recebeu um funeral de herói e milhares de pessoas participaram do cortejo. O que sua nação homenageava era um arquiteto que ofereceu um retrato viável, embora ideal, de seu país. Ele permitiu ao Brasil romper com o estéril modernismo europeu e criar edificações que refletissem melhor a singularidade da nação. Niemeyer continua a ser um exemplo para todos os arquitetos que aspiram a construir edifícios que lembrem a peculiaridade dos locais onde estão, arquitetos que podem gostar que os celulares tenham um projeto universal, mas que preferem que os próprios prédios sejam culturalmente específicos.

Louis Kahn

1901-1974

A arquitetura moderna produz obras realmente inovadoras: prédios altíssimos e resplandecentes, teatros que parecem feitos de origami, museus que lembram espaçonaves. No entanto, ao se voltar para tudo que é novo, o modernismo arquitetônico também deixou para trás, de forma dogmática, boa parte do que torna os edifícios adoráveis. Os melhores arquitetos do modernismo conseguiram evitar essa armadilha, descartando as antigas convenções embotadas, mas mantendo os aspectos belos e significativos da tradição. Talvez um dos arquitetos com mais sucesso nesse equilíbrio tenha sido um americano excêntrico e distraído chamado Louis Kahn.

Kahn nasceu em 1901. Quando jovem, estudou arquitetura na Universidade da Pensilvânia, mas sua carreira prosperou de verdade na década de 1950, depois que uma viagem a Roma o levou a uma nova apreciação dos projetos antigos. A contribuição importante de Kahn para a arquitetura moderna foi incluir esses elementos mais velhos, antigos até, em seu trabalho sem perder a inovação e a clareza do modernismo.

Um exemplo do sucesso dessa reabilitação de ideias antigas foi a afeição de Kahn pela simetria, que os arquitetos modernos consideravam

Instituto Salk no equinócio de primavera

conformista e sem imaginação. Kahn projetou o Instituto Salk, em La Jolla, na Califórnia, como um complexo de prédios idênticos nos dois lados de um chafariz central. Essa simetria era característica do estilo Beaux-Arts, mas Kahn não se perturbou com essa aparente regressão. "Se querem ver Beaux-Arts, por mim, tudo bem", disse. "Como todo mundo, estou interessado em boa arquitetura."

Kahn usou as fileiras idênticas de prédios para atrair o olhar do espectador para o centro do projeto e para o mar mais além. O espelho d'água que corre pelo centro do instituto se alinha com a trajetória do sol tanto no equinócio de outono quanto no de primavera. Assim, Kahn usou a simetria não como padrão estético, mas com grande intencionalidade, para dar a sensação de equilíbrio, concentração e ímpeto.

Ele também conseguiu criar em seus projetos uma impressão de grandeza raramente vista na arquitetura moderna. Podemos nos embasbacar com a altura de um arranha-céu, mas raramente ele provoca o assombro gerado por uma grande catedral.

Ainda assim, Kahn conseguiu reintroduzir esse maravilhamento e essa magnificência nas obras modernas. No Centro Yale de Arte Britânica, ele conduz os olhos do espectador para cima, para o teto alto com claraboias, como se fosse a cúpula de uma igreja. A largura do prédio é imponente; até as escadarias criam uma noção de espaço e altura grandiosos. O espectador sente reverência e apreciação, não só pelas obras de arte em exposição como pelos prédios, museus e pela própria ideia de cultura.

Átrio, Centro Yale de Arte Britânica, New Haven, Connecticut

A maioria dos arquitetos modernos recorreu principalmente ao aço, ao concreto e ao vidro, mas Kahn buscou uma variedade maior de materiais sensoriais. Ele chamava consultores a seu escritório regularmente para procurar novos usos para cerâmica, cobre e outras substâncias incomuns, e certa vez pôs sua turma de alunos de Yale para pensar no maior número possível de usos que conseguissem encontrar para a argila. Mais do que tudo, ele rejeitava a ideia de que os arquitetos deviam usar sempre materiais de construção modernos. Em vez disso, instruía os alunos a pedir conselhos aos materiais. "Você pergunta ao tijolo: 'Tijolo, o que você quer?' E o tijolo responde: 'Gosto de arcos.' E você diz ao tijolo: 'Olhe só, até quero, mas os arcos são caros e posso usar um lintel de concreto.' E aí você diz: 'O que acha disso, tijolo?' E o tijolo responde: 'Gosto de arcos.'" Em resumo, o tijolo deve conseguir que as coisas sejam como ele quer.

Kahn gostava especialmente de justapor com habilidade materiais inesperados, como concreto e carvalho, como fez na Casa Esherick, construída em 1959. Geralmente associamos carvalho com salas de fumar vitorianas e bibliotecas antigas e empoeiradas, enquanto o concreto nos lembra fábricas impessoais e edifícios futuristas remotos. Porém, juntos, os dois materiais demonstram virtudes muitíssimo diferentes, mas extraordinariamente complementares. A madeira dá ao espaço conforto e domesticidade, que tornam a casa um bom lugar para quem ama livros, enquanto o concreto oferece uma sensação de força e estabilidade que lhe confere um ambiente tranquilizador, um refúgio do mundo exterior. Essa combinação de materiais sugere sutilmente que podemos encontrar conforto e força juntos.

Finalmente, Kahn é lembrado como um arquiteto monumental, em ambos os sentidos, numa época em que a maioria dos arquitetos modernos rejeitou enfaticamente os monumentos como inúteis e sentimentais. Em 1938, o crítico de arquitetura Lewis Mumford declarou com firmeza: "Se é um monumento, não é moderno; se é moderno, não pode ser um monumento." Mas Kahn gostava de monumentos. Depois de sua importante viagem a Roma, ele escreveu: "Finalmente percebo que a arquitetura da Itália continuará a ser a fonte inspiradora das obras do futuro, [...] os que não veem assim deveriam olhar de novo. Nossas coisas parecem minúsculas comparadas a ela." O mármore que Kahn usou em seu Museu de Arte Kimbell, em Fort Worth, Texas, por exemplo, é uma referência clara aos prédios antigos que tanto admirava.

Quando morreu em 1974, Kahn talvez fosse o arquiteto mais famoso dos Estados Unidos. Ele continua a exercer influência profunda. Sua importância está na habilidade de transcender o modernismo dogmático e devolver os belos elementos tradicionais da arquitetura a seu lugar de direito no cânone, onde podem continuar a trazer sobriedade, elegância e esplendor para as futuras gerações.

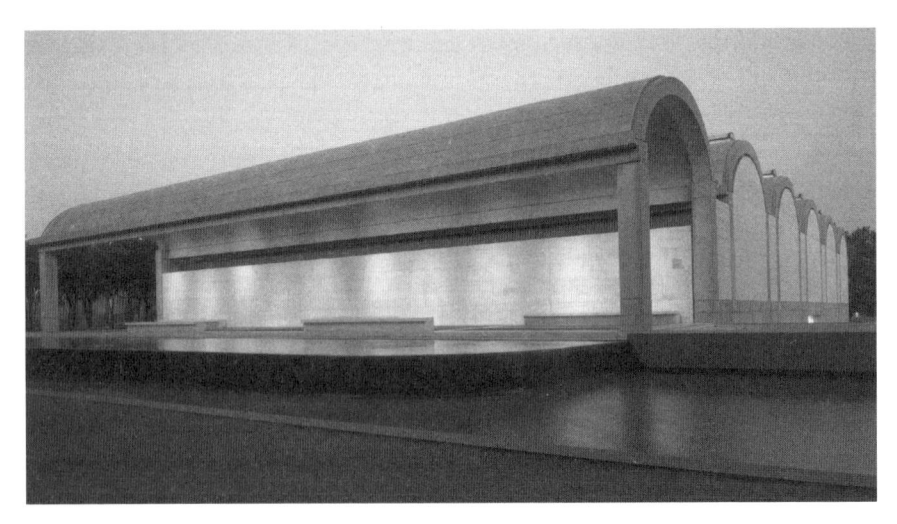

Museu de Arte Kimbell, Fort Worth, Texas

Coco Chanel

1883-1971

O mundo da moda pode parecer muito fútil. Pode-se dizer que incentiva a vaidade e o esnobismo, distribuindo o prestígio de maneira pouco útil.

Esse lado volúvel e narcisista da moda é infeliz, pois, em seu melhor aspecto, a moda gira em torno de um território importante. As roupas transmitem ideias sobre o que é admirável ou emocionante, influenciam o estado de espírito e ajudam a definir a identidade. A moda tem o potencial de ser uma parte muito séria da vida, mas foi praticamente abandonada à pretensão, à excentricidade e à tolice.

A pessoa que mais fez para concretizar o potencial positivo da moda e dirigi-lo para sua verdadeira tarefa foi a estilista francesa Coco Chanel. Ela nasceu em 19 de agosto de 1883 em Saumur, no vale do rio Loire. A mãe morreu quando ela era criança e a menina cresceu pobre e isolada. Foi educada por freiras filantrópicas. Chamou-se Gabrielle até os 20 e poucos anos, quando tentava ganhar a vida cantando em cabarés, e mudou seu nome para o mais marcante "Coco".

Ela começou desenhando chapéus. Fez muitos amigos influentes e teve várias ligações com duques britânicos e russos – talvez para compensar sua condição social muito frágil do início da vida.

Embora nem sempre prestemos muita atenção a esse fato, as roupas são instrumentos de comunicação. Somos muito suscetíveis à influência causada pelo que uma pessoa veste. Antes de Chanel, as roupas elegantes eram complicadas e caríssimas. Eram pensadas para destacar as características passivas e delicadas de quem as vestia.

Revista de moda feminina *Les Grandes Modes de Paris* (1901-1933)

Essas vestimentas exibiam uma imagem de delicadeza e refinamento. A usuária era apresentada como poética, talvez um pouco sonhadora e sensível. Parecia não ter muito apetite no jantar. Isso não pretendia ser o retrato real e exato de nenhuma pessoa específica. As roupas indicavam uma aspiração. A mulher vitoriana podia ser insegura, ter uma risada estridente e gostar de comer suspiros, mas as roupas ofereciam um retrato idealizado na direção desejada, uma imagem do que essa pessoa, idealmente, gostaria de ser.

O que Coco Chanel fez foi inventar um destino novo e melhor. Em 1926, ela apresentou uma roupa muito simples: o vestido preto básico.

Essa peça representava uma visão diferente da existência, um novo deal. O vestido passava a imagem de uma mulher enérgica e concentrada. Quem o vestisse seria inteligente, uma pessoa envolvida no funcionamento do mundo, que poderia passar o dia administrando uma empresa, trabalhando no Ministério da Fazenda ou escrevendo um romance experimental.

Ela também tornava esse ideal muito mais acessível. O vestido custava uma fração do preço de seus rivais mais esplêndidos. Era projetado para durar, não só em termos físicos, mas no sentido psicológico de não parecer datado. Assim, o vestido comprado em 1926 serviria perfeitamente bem em 1927 ou 1937. Na verdade, pretendia-se que ele durasse anos e anos – o que mudou radicalmente a economia do que é ser chique.

Coco Chanel, Paris, 1936

Outro lado da proposta de Coco foi limitar as opções. O vestido só vinha em preto, para que não fosse preciso dedicar a mente a pensar e tomar uma decisão. Ela tornava mais simples e fácil a ideia de ter estilo. O pretinho básico foi pensado para que a elegância fosse algo fácil e barato.

Ele foi concebido como o equivalente nas roupas do Ford Modelo T (que, não por acaso, também só vinha em preto). O Modelo T revolucionou a indústria automobilística quando, pela primeira vez, pôs os carros ao alcance do orçamento de muito mais gente. Em vez de ser um luxo para poucos, o transporte pessoal se tornou mais generalizado e, finalmente, normal. Coco tinha uma ambição igualmente nobre: tornar simples, atemporal e muito difundida sua visão de elegância. Chanel buscava, como publicou a revista *Vogue* num perspicaz artigo de 1926, um "uniforme para a mulher de bom gosto".

O uniforme do vestido Chanel – ou algo menos caro inspirado nele – reforça uma série de virtudes admiráveis: a ideia de que é possível ser eficiente, organizada, séria e estar no controle sem se tornar puritana nem azeda. Essas roupas destacam o longo prazo, insinuam que deveríamos nos preocupar com coisas que durassem, e não ficar mudando toda hora o que nos causa entusiasmo. Elas defendem que a elegância é uma preocupação fundamental num mundo agitado e cheio de gente – e significa eficiência sem perder a graça.

Em sua longa e muito bem-sucedida carreira, várias iniciativas de Coco Chanel se dedicaram a desenvolver uma marca característica. Ela não se limitou às roupas. Também criou joias e bolsas. E – algo importantíssimo do ponto de vista comercial – sua fragrância Chanel Nº 5.

Havia muito tempo a Igreja Católica usava fragrâncias para promover a devoção religiosa. Reconhecia-se que os aromas influenciam o estado de espírito. O cheiro do incenso ardente podia estimular a congregação a se concentrar, a sentir que algo especial estava acontecendo.

Coco queria que seu perfume provocasse associações com um tipo específico de pessoa – confiante, forte, atraente e independente.

A meta não era simplesmente expandir seu império comercial, era pegar uma experiência boa de uma parte da vida, onde talvez já fosse conhecida, e aplicá-la de forma mais ampla. Coco adorava praia e roupas de banho, gostava dos trajes que as pessoas usavam quando praticavam esportes. Nisso ela não era nada incomum. Em retrospecto, os passos que deu pareceram óbvios, mas nunca na época. Ela levava muito a sério o prazer da praia e buscava extrair a essência geral e reutilizável de um tipo local e específico de felicidade.

Chanel estava longe de ser admirável em todos os aspectos.
Durante a Segunda Guerra Mundial, quando Paris estava ocupada pelo Terceiro Reich, ela morava no Ritz e passava muito tempo com oficiais nazistas. Era mais do que amistosa e acabou trabalhando como agente, embora a exposição de sua conduta só tenha ocorrido muito mais tarde. Como muitos artistas, sua obra era melhor do que ela, que morreu em Paris em 1971, aos 87 anos.

Na utopia, ainda haveria moda, mas seria diferente do que conhecemos hoje. A moda adotaria a atitude de Chanel favorável ao estilo clássico.

Um clássico não é apenas algo famoso ou característico de uma época passada. É algo que continua relevante e útil fora da época específica em que foi criado. A verdadeira tarefa da moda não é ficar mudando todo ano. As roupas não são emblemas de vaidade ou de acúmulo consumista (como nossos temores às vezes sugerem). Elas têm o potencial de ser auxílios e sugestões, amigas em nossa busca por nos tornarmos versões mais maduras, concentradas, sensatas e equilibradas de nós mesmos.

No fim, Chanel não fez tudo que poderia ter feito com sua marca. Porém é inspirador o modo como ela deixou mais claro o que pode haver de mais sério a respeito das roupas. No mundo ideal, uma empresa de vestuário, com a ajuda de funcionários filósofos, definiria o que realmente mais importa na vida e depois se poria a fazer roupas que apoiassem e ampliassem constantemente esses compromissos éticos e morais. As roupas boas seriam louvadas pelo que realmente são: materializações de boas ideias.

Jane Jacobs

1916-2006

Há algo de admirável e emocionante nas grandes cidades que leva muitos de nós a amá-las (e alguns a temê-las). Elas são repletas de atrações esplêndidas, desconhecidos interessantes e possibilidades infinitas e inimagináveis. Porém, apesar da grande migração para a vida urbana na Era Moderna, ainda não entendemos as cidades direito. Algumas partes delas são cheias de surpresas deliciosas, outras são assustadoramente tediosas ou, pior, perigosas. Uma das pessoas mais providenciais para entendermos como as áreas urbanas funcionam foi uma mulher que passou a vida explicando como as cidades grandes são realmente vitais e complexas.

Jane Jacobs nasceu em 1916 em Scranton, na Pensilvânia, filha de um médico e uma enfermeira. Quando pequena, não apreciava a escola, que a entediava, mas gostava de contar a Benjamin Franklin, seu amigo imaginário, como era o mundo que a cercava e por que ele era construído daquele jeito. Como ela explicava, Franklin "estava interessado em coisas elevadas, mas também em detalhes básicos e práticos, como por que o beco que atravessávamos não era pavimentado e quem o pavimentaria se fosse". Mais tarde, esse tipo de pensamento a transformaria, para um público menos imaginário, numa grande escritora sobre ideias práticas.

Depois de se formar no ensino médio e trabalhar algum tempo como assistente voluntária em um jornal, ela foi morar com a irmã em Nova York durante o ápice da Grande Depressão. Em busca de emprego, Jacobs gostava de escolher uma estação diferente do metrô para descer todos os dias, e assim descobria um bairro novo a cada vez. Certo dia, ela saiu na estação da rua Christopher, em Greenwich Village, e se apaixonou pelas ruas sinuosas ladeadas de árvores. Decidiu se mudar para lá.

Em Nova York, Jacobs trabalhou primeiro como secretária numa fábrica de doces e depois como escritora e jornalista autônoma em diversas revistas. Ela também frequentou aulas sobre vários temas na Escola de Educação Geral da Universidade de Colúmbia, recusando-se a seguir um currículo de graduação. (Felizmente, como sempre explicava, suas notas eram baixas demais para que as faculdades a aceitassem e assim ela foi deixada em paz para se instruir.)

Durante a Segunda Guerra Mundial, Jacobs trabalhou no Escritório de Informações de Guerra e depois na revista *Amerika*, do Departamento de Defesa. Lá conheceu Robert, arquiteto, e se casou com ele um mês depois. Eles teriam três filhos.

Depois da guerra, Jacobs passou a trabalhar em outra revista, a *Architectural Forum*. Foi encarregada de escrever sobre um novo empreendimento habitacional da Filadélfia, projetado por Edmund Bacon. Como muitos arquitetos da época, Bacon queria transformar as cidades americanas em eixos da modernidade, cercadas por autoestradas que trariam milhares de automóveis e caminhões, coroadas com arranha-céus altos e impressionantes. Esses conjuntos habitacionais eram muito bem financiados pelo governo e considerados importantíssimos (o próprio Bacon iria figurar na capa da revista *Time* por suas contribuições).

Mas, quando foi entrevistar Bacon e visitar as obras na Filadélfia, Jacobs decidiu que não gostava muito do jeito dele de enxergar as coisas. Por exemplo, ela achou que os conjuntos habitacionais pareciam atraentes e modernos, mas as ruas em seu entorno eram vazias quando comparadas a ruas mais antigas. Ninguém queria ficar por perto dos edifícios, muito menos morar neles. Jacobs decidiu que o problema de boa parte da arquitetura moderna, principalmente de projetos como os de Bacon, era não ter relação nenhuma com o que o povo realmente precisava. Em vez disso, muitos deles resultavam simplesmente do financiamento do governo e de "reformadores" entusiasmados demais que buscavam forrar o bolso. As cidades estavam sendo arruinadas pelo planejamento de cima para baixo.

Jacobs surpreendeu seus editores com uma reportagem negativa sobre o conjunto habitacional da Filadélfia. Ainda assim, sua crítica foi bem recebida e, em 1956, ela foi convidada para uma palestra na Universidade Harvard. Lá, ela falou dos planos tolos de renovação urbana em andamento nas cidades americanas e instou os arquitetos famosos a "respeitar, no sentido mais profundo, faixas de caos que têm uma estranha sabedoria própria ainda não incluída em nosso conceito de ordem urbana". Mais tarde, ela escreveu para a revista *Fortune* um artigo sobre o assunto, "Downtown is for People" (O centro da cidade é para o povo), enfatizando as falhas de muitos projetos de renovação imobiliária. "Eles terão todos os atributos de um digno e bem cuidado cemitério", avisou.

Impressionado com seu trabalho, The New School, um instituto de pesquisa de Nova York, ofereceu um cargo a Jacobs, enquanto a Fundação Rockefeller lhe cedia recursos para escrever um estudo crítico do planejamento urbano nos Estados Unidos que resultaria em *Morte e vida de grandes cidades* (1961). O livro era uma crítica extensa aos planejadores modernistas e racionalistas e a um arquiteto em particular, Robert Moses (1888-1981). Por meio de contatos na elite, Moses chegara a se tornar um dos maiores planejadores urbanos da área de Nova York, inteligentemente usando o dinheiro do pedágio das estradas para financiar parques, piscinas, pontes e vias expressas. Seus projetos ainda podem ser vistos por toda a cidade.

Jacobs escreveu que Moses e seus colegas projetistas pareciam crianças brincando com bloquinhos. Faziam grandes torres e gritavam "Vejam o que fiz!", sem perceber que tinham feito uma bagunça social. Na opinião de Jacobs, suas teorias de planejamento urbano eram simplesmente pseudociência.

Por que então projetos tão terríveis foram concebidos? Porque eram o resultado do mau pensamento sobre as necessidades dos outros. Principalmente, faltavam-lhes encanto e originalidade, que, segundo Jacobs, eram bons para a alma. Sobre um prédio de São Francisco, ela escreveu: "Uma olhada neste Templo Budista é melhor do que uma ida ao psicanalista."

Finalmente, na opinião de Jacobs, tudo isso era um problema social que se autoperpetuava, porque a ideia de que determinadas áreas com prédios antigos ou ruas apertadas eram guetos tinha sido absorvida pelos banqueiros, que, então, não financiavam nessas áreas as pequenas restaurações que realmente poderiam melhorar a vida urbana.

Em seu livro, Jacobs apresentava uma alternativa aos projetos gigantescos e pouco amistosos de arquitetos como Moses. Ela escreveu que a melhor maneira de ver o que a cidade precisa é olhar o modo como as pessoas realmente a utilizam. "Se sair andando", escreveu, "você verá todo tipo de pista. Por que o eixo do centro da cidade é uma mistura de tantas coisas? Por que os funcionários dos escritórios da bela Park Avenue de Nova York vão para as avenidas Lexington ou Madison na primeira esquina que encontram? Por que os bons restaurantes de carne geralmente ficam em prédios antigos? Por que os quarteirões curtos tendem a ser mais movimentados do que os compridos?"

Jacobs sugeria que, em última análise, o que torna as cidades bem-sucedidas são sua "diversidade", seus recursos variados e a proximidade com que essas pessoas, empresas e comunidades tão diferentes se entrelaçam. Por fim, ela defendia uma cidade que fosse feita para as pessoas, que protegesse suas necessidades sociais e econômicas, que as deixasse felizes e confortáveis e revelasse o que realmente gostam nela. "Em resumo", insistia em perguntar: "A cidade será divertida?" Na opinião de Jacobs, uma cidade "divertida" precisa de quatro "geradores de diversidade", que podem ser formulados como diretrizes para o planejamento urbano:

1. As cidades devem ser como ecossistemas

Jacobs entendia que a cidade ideal teria "usos principais combinados", ou seja, deveria ser tanto residencial quanto comercial em qualquer área, e que cada quarteirão deveria ter atividade o dia inteiro. Isso porque são o movimento e o envolvimento que tornam as cidades lugares dinâmicos e desejáveis para morar. As cidades são quase como a hora do almoço da vida na Terra: é nelas que ocorrem todas as trocas sociais movimentadas e frenéticas e se formam novos relacionamentos. (Realmente, um dos principais argumentos de Jacobs para defender que as áreas precisam de vários tipos de uso é que, digamos, uma área com prédios de escritórios e teatros oferece aos restaurantes fregueses para o almoço e o jantar.) Para as cidades capitalizarem adequadamente seu potencial, diversos tipos de empresas e pessoas precisam viver em proximidade, de modo que as trocas aconteçam a qualquer hora do dia.

2. Os quarteirões da cidade devem ser pequenos

Quarteirões menores oferecem mais oportunidades de dobrar esquinas. Isso é bom porque assim existem mais caminhos entre um ponto e outro e mais oportunidades de descobrir lugares novos e conhecer pessoas. Quarteirões menores também significam mais espaços térreos para empresas.

3. Deve haver uma mistura de edificações novas e antigas

Como os prédios antigos já pagaram o custo de sua construção, o aluguel é mais baixo. Isso permite que pessoas e empresas mais pobres tenham onde morar e trabalhar em vez de serem expulsas, o que acontece quando há a renovação de um bairro inteiro. Alguns prédios mais novos podem então ser permitidos para atrair pessoas e empresas mais ricas. Jacobs acreditava que cada bairro deve ter coisas antigas e novas, impedindo que as áreas sejam simplesmente "ricas" ou "pobres" e estimulando pessoas com histórico bem diferente a conviver.

4. As cidades devem ser densas

Arquitetos como Moses e Le Corbusier (1887-1965) defendiam o benefício de parques e bulevares amplos e abertos. Jacobs discordava profundamente. Em sua opinião, as ruas devem ser lugares para as pessoas se encontrarem e – literal e metaforicamente – esbarrarem em coisas novas. Praças enormes e bairros comerciais arruínam essa possibilidade. Ela insistia que, ao reprojetar as cidades, "a questão toda é tornar as ruas mais surpreendentes, mais compactas, mais variadas e mais movimentadas do que antes, não menos".

Além disso, Jacobs acreditava que a densidade ajuda a manter as cidades como um espaço seguro. Ela argumentava que em bairros densos, com prédios relativamente baixos, todo mundo conhece todo mundo e sabe o que é normal ou não (esse conhecimento é uma forma do que ela chamava de "capital social"). Em consequência, o bairro tem "olhos nas ruas", como dizia, uma consciência comunitária inata e um mecanismo de segurança. Numa cidade com arranha-céus gigantescos, "ninguém [...] será mais o protetor de seu irmão". Esses projetos urbanos destroem a própria natureza das cidades, seu fluido vital de sociabilidade e interdependência.

Jacobs não foi a primeira pessoa a ter essas ideias, mas foi uma das que as exprimiram de forma mais clara e sucinta. Ela foi uma feroz adversária do desenvolvimento urbano em sua área de Nova York, o Greenwich Village, nas décadas de 1950 e 1960. Robert Moses tinha um projeto de demolir quase todo o bairro e convertê-lo numa nova autoestrada, a Lower Manhattan Expressway. O projeto incluía a "limpeza de cortiços", ou seja, a remoção de centenas de pequenas empresas e lares familiares, a serem todos substituídos por prédios de muitos andares. A casa da própria Jacobs, que ela reformara meticulosamente com o marido (chegando a acrescentar um pequeno jardim), estava entre os imóveis marcados para destruição. Em consequência, ela recrutou vários personagens de renome, como Margaret Mead e Eleanor Roosevelt, para resistir à mudança. Com o apoio da comunidade e dos meios de comunicação, os planos de Moses acabaram abandonados.

Jacobs numa entrevista coletiva em Greenwich Village

Jacobs, que se tornou uma heroína local, foi presa em abril de 1968 depois de ser acusada de incitar um quebra-quebra numa audiência pública do projeto. Embora tenha sido absolvida de praticamente todas as acusações, pouco depois ela se mudou para o Canadá. Sua decisão de deixar os Estados Unidos se baseou, em parte, na frustração crescente com a cidade de Nova York e, em parte, na preocupação em evitar que os filhos adolescentes fossem convocados para o exército durante a

Guerra do Vietnã. Jacobs logo assumiu papel semelhante em Toronto e se tornou personagem de voz ativa, que bloqueou projetos de uma via expressa (um de seus temas comuns era perguntar se as cidades eram construídas para pessoas ou carros) e fez campanha pela regeneração do bairro de St. Lawrence, amplamente aclamada como um grande sucesso de planejamento urbano.

Jacobs foi uma mulher de fortes convicções políticas. Em vida, além do melhor planejamento urbano, ela também defendeu salários iguais para as mulheres e o direito de sindicalização. Recusou diplomas honorários de quase 30 instituições, sempre dando o crédito a quem trabalhava nas linhas de protesto. *Dark Age Ahead* (Idade das trevas à frente), seu último livro, publicado pouco depois de sua morte em 2006, é um tratado pessimista sobre o declínio da civilização americana, que ela considerava ameaçada pelo excesso de capitalismo e pela falta de ênfase na educação e na comunidade. Em resumo, ela sempre trabalhou para defender a vida moderna das "reformas", que, na verdade, só pioram a vida.

Cy Twombly

1928-2011

A arte abstrata continua a provocar incômodo e confusão em igual medida. Você sabe como é: uma grande tela branca vazia com uma linha bem preta e solitária no meio. Um respingo de tinta roxa num fundo amarelo. Dez vigas de aço arrumadas numa pilha aleatória. O que isso significa? Alguém está nos fazendo de palhaços? Até uma criança poderia...

Para adotar uma abordagem mais solidária (que pode ser útil e justa), precisamos voltar ao princípio e perguntar: o que há de bom em não mostrar as coisas como são? A intenção central da arte abstrata é ir diretamente à emoção sem passar pela representação. Como a música, é melhor interpretar a arte abstrata como se reproduzisse ou ecoasse alguns estados de espírito íntimos ou lhes desse forma. Alguns podem ser relativamente claros, como "calma" ou "raiva", mas outros serão difíceis de definir usando a linguagem. Portanto, não é muito útil dizer: "Este quadro não se parece com nada." É verdade que ele não se parece com nada do mundo exterior, só que a intenção é representar o mundo interior. Deveríamos perguntar: como sentimos essa obra? Ela lembra algum dos meus estados emocionais? Que paisagem íntima da humanidade está sendo sugerida?

O grande artista abstrato Cy Twombly nasceu em 1928 na bela e ultraconservadora cidade de Lexington, no estado americano da Virgínia. Seu pai tinha sido arremessador do time de beisebol Chicago White Sox – o equivalente a um jogador de futebol com salário milionário. O artista foi batizado Edwin Parker Twombly Jr., mas passou a ser chamado de "Cy" em homenagem a um dos personagens mais destacados da história do beisebol, Cy Young. Ele frequentou a Darlington School, uma escola particular cara e elegante. Finalmente, no início da década de 1950, foi estudar artes plásticas em Nova York e passou um ano viajando pelo Mediterrâneo. A viagem mudou sua vida. Ele arranjou uma namorada aristocrata, mudou-se para Roma e inaugurou o estilo abstrato que foi sua marca registrada.

CY TWOMBLY, *Academia*, 1955

CY TWOMBLY, *Hero e Leandro*, 1985

Ele não deixou a razão para trás. Era profundamente atento às lições da arte romana e renascentista. O que ele queria fazer era dar forma aos estados interiores da humanidade, assim como os antigos mestres tinham representado os estados exteriores.

Vejamos seu *Academia*, de 1955, hoje no Museu de Arte Moderna de Nova York. Não conseguimos ver as marcas com exatidão, mas elas preenchem a tela como uma escrita misteriosa num quadro-negro. Ficamos suspensos no momento, no vértice de alguma coisa. Estamos prestes a entender, mas ainda não entendemos.

A obra de Twombly é como um espelho de uma parte de nossa vida interior especialmente projetado e construído de propósito para chamar a atenção para ela e torná-la mais clara e fácil de identificar. Essa obra se concentra no que sentimos quando o que pensamos sobre alguma coisa está bem na ponta da língua. Ela ilustra um momento da vida reflexiva que sugere ambição e confusão.

Não deveria nos surpreender que Twombly adorasse a arte figurativa e representativa. Seu artista favorito era o pintor Poussin, do século XVII (que também morou em Roma). Mas ele queria fazer algo diferente em seu trabalho.

O título do quadro *Hero e Leandro* faz referência a um casal trágico da Grécia clássica. Leandro costumava nadar 3 quilômetros todas as noites para atravessar o Helesponto e encontrar sua amante (Lorde Byron também tentou). Mas Twombly não tentou nos mostrar o torso molhado nem as ondas traiçoeiras iluminadas pela lua, como Poussin teria feito. Ele criou uma imagem de como é um certo sentimento de amor – o sentimento, talvez, de saber que a pessoa amada faz um grande esforço para chegar até nós ou a sensação de que alguém que amamos anseia desesperadamente por estar em contato conosco. É uma obra de drama e paixão, mostrando sem representar. Ao fitar a superfície complexa, macia, espiralada, somos atraídos para uma noção preciosa do preço do amor.

A carreira de Twombly foi dedicada a fazer retratos da vida interior para que aprendêssemos a transmitir seus frutos às outras pessoas. Fazer os outros compartilharem as nossas experiências é sabidamente difícil. As palavras podem parecer desajeitadas. Pode-se simplesmente dizer a um amigo íntimo: "Por dentro, sinto-me meio assim." E ele compreenderia.

Além da abstração, Twombly tinha tendência a usar alguns pequenos textos muito simples. São como anotações para si mesmo, meio rabiscadas nas costas de um relatório empresarial: uma expressão, uma ideia que surgiu na cabeça, mas ainda não tem significado definido.

Parece uma pichação, algo rabiscado na parede do vizinho para ofender, para exprimir agressões antissociais. Mas, nas mãos de Twombly, essa urgência, o entusiasmo e a ousadia, o risco que se corre, a disposição de ofender e perturbar a expectativa confortável dos outros são mobilizados em nome da cultura erudita, do verdadeiro autodesenvolvimento da ampliação e do refinamento do espírito (coisas das quais *Goethe na Itália*, tela de Tischbein, seria um resumo). É um lembrete do que deveríamos pensar e a que precisamos prestar atenção, muito mais do que aos lemas e marcas comerciais aos quais somos continuamente expostos.

Cy Twombly morreu em 2011, em sua amada Roma. Tinha 83 anos e viveu para ver suas obras conquistarem imenso prestígio e apreciação entre aqueles cuja opinião ele respeitava.

Seus quadros são, ao mesmo tempo, sobre nada e sobre tudo que há de mais poderoso, privado e, portanto, incomunicável, mas que é importante dentro de nós. Ele perdurará, tanto quanto alguns daqueles grandes romanos que admirava tão profundamente.

Andy Warhol

1928-1987

      Andy Warhol foi o personagem mais glamouroso da arte americana do século XX. É famoso por fazer gravuras de latas de sopa Campbell's e retratos em cores vivas de celebridades como Marilyn Monroe e Michael Jackson. Muita coisa em sua vida foi excêntrica: ele usava uma peruca prateada, gostava de descascar batatas deitado na cama, costumava ir a lavanderias e ficar no canto, apreciando os cheiros e sons dos produtos químicos e das máquinas de lavar. Adorava aeroportos e costumava passar várias vezes pelos procedimentos de segurança, porque dizia que os achava fascinantes e inspiradores.

  A grande realização de Andy Warhol foi desenvolver uma visão útil e generosa de duas grandes forças da sociedade moderna: o comércio e a celebridade. Ele passou a maior parte da vida como celebridade internacional, mas também apreciava os negócios. Nasceu na Pensilvânia em 1928, de pais tchecos, e morou principalmente em Nova York. Hoje, seu nome é um dos maiores sucessos comerciais do planeta (suas imagens de Elvis são vendidas por 50 a 100 milhões de dólares).

Por trás da obra de Andy Warhol, há quatro grandes ideias que podem nos ensinar um modo mais inspirado de ver o mundo e nos levar a construir uma sociedade melhor:

1. Apreciar a vida cotidiana

Passamos boa parte da vida trabalhando para chegar a algum lugar melhor: ter uma casa mais bonita, comprar coisas mais refinadas, talvez mudar para outro país. Geralmente vemos com desdém as coisas ordinárias e somos positivos em relação ao que é exótico: uma refeição do Panamá com chás japoneses, férias em Tbilisi. É normal sentir que as coisas emocionantes não estão onde estamos.

Andy Warhol visa a remediar isso levando-nos a olhar outra vez para as coisas da vida cotidiana. A lata de sopa é um objeto interessante.

Colocar várias delas na parede e olhá-las nos ajuda a ver sua beleza, a notar seu rótulo atraente, sua forma forte mas elegante, perfeitamente ajustada ao propósito que ela cumpre. Num quadro, as olhamos com o mesmo interesse que dedicaríamos a um castiçal ou uma colher desenterrada da época romana. A arte pode nos colocar num estado mental voltado à apreciação, algo difícil de manter quando estamos ocupados usando ou consumindo os objetos que nos cercam.

No mesmo espírito de redirecionar nossa atenção, Andy Warhol fez um vídeo seu comendo um hambúrguer.

Ele tenta nos levar a praticar um hábito mental: sentir que as coisas que fazemos na vida cotidiana são interessantes e dignas de nota. Warhol quer que percebamos que já levamos uma vida interessante, que paremos de nos ver com desdém e de ignorar as experiências ordinárias – abastecer o carro, deixar algo na lavanderia, pôr a refeição pronta no micro-ondas... Não precisamos fantasiar sobre outros lugares. Precisamos apenas ver que as coisas que fazemos o tempo todo e os objetos que nos cercam têm seus méritos e são encantadores à sua maneira.

2. Criar celebridades

Na década de 1960, Warhol cuidava de um séquito de boêmios excêntricos da contracultura a quem deu o título de "Superstars", como Nico, Joe Dallesandro, Edie Sedgwick, Viva, Ultra Violet, Holly Woodlawn, Jackie Curtis e Candy Darling.

Warhol entendia que as celebridades têm um poder importante: elas distribuem glamour e prestígio. Mas ele achava que o glamour tinha que ser distribuído do jeito certo para a sociedade funcionar bem.

Por exemplo, Warhol acreditava que o trabalho de uma faxineira tinha muito pouco status. Ele escreveu:

> Agora acho que deveriam fazer um curso universitário para faxineiras e lhe dar um nome glamouroso. As pessoas não querem trabalhar com determinada coisa se o nome da função não é glamouroso. Teoricamente, a ideia dos Estados Unidos é tão boa porque nos livramos de zeladores e faxineiras, mas alguém ainda tem que fazer o serviço. Sempre acho que mesmo as pessoas inteligentíssimas ganhariam muito sendo faxineiras, pois veriam muita gente interessante e trabalhariam nas casas mais bonitas. Quer dizer, todo mundo faz alguma coisa para os outros – seu sapateiro faz sapatos para você e você o diverte –, é sempre uma troca e, se não fosse o estigma que damos a alguns serviços, a troca seria sempre igual. A mãe vive fazendo coisas para o filho, então o que há de errado se uma pessoa na rua faz coisas para você?

Warhol sugeriu que o presidente usasse seu status para mudar as percepções:

> Se o presidente entrasse num banheiro público do Capitólio e as câmeras de TV o filmassem limpando os vasos e dizendo "Por que não? Alguém tem que fazer isto!", isso faria muito pelo moral das pessoas que fazem o serviço maravilhoso de manter os banheiros limpos.

Warhol percebia que a cultura das celebridades tem grande potencial. Mas ele queria que tivéssemos as celebridades certas. Se fôssemos ungir alguns "Superstars" hoje, poderíamos escolher, por exemplo, uma enfermeira, um zelador, um gerente de segurança de aeroporto, o engenheiro de uma empresa de logística, um aluno de filosofia, um economista ou uma garota de 11 anos que começou a ter aulas de desenho.

3. Combinar arte e negócios

Ele não chamava sua casa em Nova York de "estúdio", nome prestigioso usado pelos artistas desde o Renascimento para descrever seu local de trabalho. Ele a chamava de "Fábrica".

Tendemos a achar que a ideia de arte e a ideia de uma fábrica não se misturam. Mas a questão de Warhol era que arte e negócios andam muito bem juntos: "Ser bom nos negócios é o tipo mais fascinante de arte. Na era hippie, o pessoal desdenhou da ideia dos negócios. Diziam 'Dinheiro é ruim' e 'Trabalhar é ruim', mas ganhar dinheiro é arte, trabalhar é arte e bons negócios são a melhor arte."

Ele começou a gostar de negócios quando fez um acordo com um cinema local para criar um filme por semana. Isso transformou seus filmes – algo que fazia nas horas vagas – numa produção organizada. Ele aprendeu mais habilidades e passou dos curtas-metragens para os médias-metragens e longas-metragens (e também tentou aprender a logística da distribuição, mas no fim das contas concluiu que precisava de uma parceria).

Warhol trabalhando na Fábrica, 1966

A lição da Fábrica é que podemos nos organizar para produzir coisas boas de forma mais barata e confiável. Para Warhol, um exemplo disso era a Coca-Cola. Ele ressaltava que, em qualquer lugar que a gente vá, a Coca-Cola é sempre igual. Tanto o presidente quanto o faxineiro tomam a mesma Coca-Cola – e é uma bebida boa. Em geral, a arte não foi capaz de cumprir seu ideal de ser boa *e* amplamente distribuída. Os artistas fazem poucas coisas e apenas poucas pessoas conseguem possuí-las. Andy Warhol tentou se contrapor a isso. Certo dia, depois de ler que Picasso criara 4 mil obras-primas durante a vida, Warhol se dispôs a fazer 4 mil gravuras num só dia. No fim das contas, ele levou um mês para produzir 500. Mas acreditava que a arte devia ser produzida em massa e amplamente distribuída. "Se um 'quadro-mestre' for bom, todos os outros serão bons."

A lição que podemos tirar de Warhol é que a produção em massa precisa ser aplicada além das gravuras e outros tipos de "arte elevada". Precisamos do poder de organização, mercantilização e imposição de marca dos negócios para produzir e distribuir de forma confiável boas roupas, creches de alta qualidade, psicoterapia, assessoria de carreira e boa arquitetura – somente para começar a lista.

4. Extensão da marca

A maioria das obras de arte não tem impacto sobre o mundo. Mas Warhol queria ter impacto. Ele dominava muitos gêneros – de desenho, pintura e gravura até fotografia, gravação de áudio, escultura e teatro. Fundou uma revista, projetou roupas, produziu um grupo musical, fez mais de cem filmes e tinha planos de começar o próprio programa de entrevistas na TV. O que unia tudo isso era sua abordagem da vida, transmitida para tudo que fazia. Ele era sensível, notava detalhes, tinha consciência de como se sentia e se comovia com as superfícies do mundo. Também era bondoso, não agredia ninguém. Não era vingativo contra o mundo. Não se perturbava com a estranheza dos outros. Essa abertura e perfil não vingativo lhe davam liberdade para brincar e apreciar o mundo.

Juntos, todos esses valores formam sua "marca". "Extensão da marca" significa pegar os valores concretizados numa coisa e torná-los reais em outra. Por exemplo, se olharmos os valores incorporados ao automóvel popular, podemos dizer que é um carro que não dá importância às distinções de classe, que é prático, elegante, com preço acessível. Essas qualidades são necessárias em muitos lugares do mundo. A extensão da marca pode fazer o fabricante desse carro passar aos projetos de roupa ou à fundação de uma escola.

Warhol conseguiu estender seu trabalho em vários canais em parte devido a seu populismo. Ser populista significava que ele não tinha medo de buscar as pessoas onde estivessem. O programa de entrevistas é populista porque atende ao que as massas acham engraçado ou interessante.

Warhol era populista por generosidade. Ele queria traduzir as coisas pelas quais se importava (sensibilidade, amor ao glamour e ao espetáculo, ludicidade) em objetos e experiências que tocassem muita gente.

Pena que ele terminou onde terminou. Poderia ter criado o programa de TV planejado e ido adiante em parcerias cada vez mais amplas: criado uma marca de roupas, projetado um hotel, uma cadeia de escolas, um serviço de assessoria financeira, um centro médico, uma cadeia de supermercados e um aeroporto...

Essa é a tarefa ainda em aberto para quem se sente atraído pela arte, mas também quer mudar o mundo.

Ele morreu em 1987, com apenas 58 anos, depois de complicações de uma cirurgia de vesícula no Hospital de Nova York. Foi sepultado num pequeno cemitério perto de onde nasceu, em Bethel Park, Pensilvânia.

Dieter Rams

1932-presente

Dieter Rams é um dos maiores designers de objetos cotidianos do mundo. Sua mente, que em outras épocas teria sido empregada em fazer esculturas para altares ou balanças de precisão para vendedores de diamantes, se dedica a produzir calculadoras, prateleiras, cadeiras de escritório, televisores, rádios, relógios de pulso, depiladores, toca-discos, batedores de ovos, espremedores de frutas, câmeras de vídeo e barbeadores – tudo belo e bem-feito.

Sua carreira é extraordinariamente bem-sucedida. Quando entrou para a Braun, que ele tornou famosa, a empresa era uma fabricante medíocre de rádios na Alemanha. Hoje ela se tornou um gigante global na produção de bens de consumo. Como chefe de projeto, o trabalho de Rams foi parar em centenas de milhões de lares. A Apple adotou seu trabalho com entusiasmo e se inspirou em seu rádio de bolso T3 para criar o primeiro iPod.

O iPod tirou sua inspiração do rádio de bolso T3

Por que o design é importante? Em parte porque coisas mal projetadas nos atrasam e entristecem – o grampeador que não funciona, o saco de salgadinhos que não abre, o controle remoto da TV que é impossível de entender. Todas essas coisas são símbolos da má comunicação e da falta de empatia. O mau design também é deprimente, dado o preço que cobra do planeta. O capitalismo moderno parece empacado, enchendo o mundo de quinquilharias – boa parte das quais acaba flutuando pelo oceano Pacífico e sufocando tartarugas marinhas e albatrozes.

Rams nos mostra que o capitalismo não precisa criar produtos de má qualidade. Sua vida e sua obra são um guia para os valores que deveríamos tornar mais centrais em nossa vida e em nossas empresas. Há cinco lições subjacentes a tirar de seu trabalho:

1. O valor da simplicidade

Rams queria reduzir tudo às poucas coisas que mais importam. É possível perceber isso no projeto de um de seus primeiros produtos, o rádio de mesa RT 20. Rams se inspirou no projeto do Sk Phonosuper, que criara anteriormente com Hans Gugelot. É possível ver as semelhanças das duas peças quando postas lado a lado.

O rádio RT 20, projetado por Dieter Rams e fabricado pela Braun, Alemanha, 1963

Há muito mais coisas que podem ser feitas com um rádio. É possível acrescentar mais visores e controles, um despertador, um cabo para caixas externas e assim por diante. Rams foi na direção oposta. Ele sacrificou funções valiosas, mas não prioritárias, para alcançar a simplicidade.

A simplicidade é tão satisfatória porque a nossa vida está repleta de coisas e a experiência de ter opções demais é um peso constante para nós. Quando vemos simplicidade, sabemos que ela tem valor. Porém, em muitos outros contextos da vida, achamos difícil e até embaraçoso ser simples. Quando somos promovidos a gerentes, podemos nos sentir um pouco sem graça ao usar uma caneta Bic. Ou talvez sintamos a necessidade de enfeitar um pouco o relatório, embora tudo que realmente queremos dizer possa ser dito num único parágrafo.

Nosso verdadeiro eu pode ansiar secretamente por algo básico, mas talvez tenhamos perdido o contato com nós mesmos a tal ponto que pareça esquisito buscá-lo. Por exemplo, num restaurante caro há a pressão de pedir algo elaborado, mesmo que lá no fundo só tenhamos vontade de pedir torradas com queijo.

Abraçar a simplicidade pode nos fazer sentir vulneráveis. Mas na verdade a simplicidade é uma conquista que vem da clareza duramente conquistada a respeito do que realmente importa.

2. O valor da modéstia

Ao projetar uma escova de dentes, Rams passou semanas pensando sobre e experimentando a razão entre o cabo e as cerdas, a largura do cabo, o número de sulcos para o polegar se agarrar. Porém nada desse trabalho fica óbvio no produto final. Isso decorre do princípio da modéstia que orienta a vida de Rams e que data do poeta romano Horácio: "A arte está em esconder a arte."

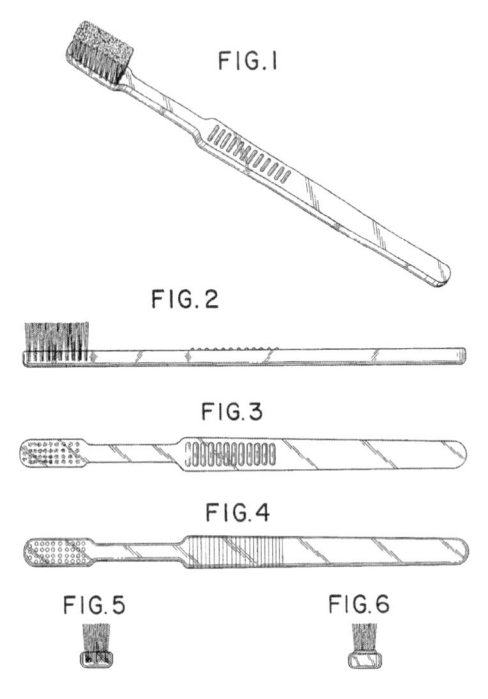

Patente de escova de dentes. Número da publicação: US D305386 S

Rams era uma pessoa modesta. Embora fosse formado em arquitetura (e carpintaria), queria fazer produtos que melhorassem a vida dos outros em vez de projetar prédios únicos e espetaculares para promover a própria glória. E os produtos que projetou também estão imbuídos de modéstia; eles não tentam chamar nossa atenção por nenhuma razão. Ficam contentes em fazer parte do cenário e cumprir sua função.

A modéstia é o oposto da exibição. Faz parte de um ideal de serviço mais amplo, que é uma ideia central do bom capitalismo. Ninguém está aqui para atrair a atenção, mas para ajudar o cliente a ter uma vida melhor, como um garçom discreto. Deve haver por aí poucas ferramentas mais silenciosas e úteis do que o 606 Universal Shelving System (Sistema Universal de Prateleiras 606), que Rams projetou para a empresa Vitsoe e continua em produção desde 1960.

Sistema universal de prateleiras 606, de Dieter Rams para a Vitsoe

A verdadeira modéstia vem da confiança. A modéstia é a falta de medo de ser ignorado.

3. Empatia com o consumidor

Um dos princípios de Rams é que deve ser fácil conviver com o objeto e vê-lo pela primeira vez. Seus objetos transmitem o modo de usar não pelo manual de instruções, mas por sua aparência.

A capacidade de criar uma experiência bem recebida por outra pessoa é um grande talento. Não são muitos os conseguem fazer isso bem, porque isso deriva de uma fonte incomum. Isto é, a experiência de usuário de Rams é guiada pela recordação de como é ficar angustiado. Ele está em contato com o que é estar perdido, sentir-se abandonado, frustrado. Embora seu trabalho pareça sereno, ele vem da consciência de como é fácil nos zangarmos, nos atrapalharmos e ficarmos vergonhosamente confusos com instruções que qualquer adulto normal deveria ser capaz de entender.

Somos mais simplórios do que fingimos ser. Na verdade, queremos que as coisas sejam fáceis de usar, mas não dizemos prontamente aos outros que somos um pouco burros – embora todo mundo seja, em vários aspectos. E é por isso que o trabalho do designer (ou do hoteleiro ou do atendimento ao consumidor) é recordar com ternura o fato de que somos todos infantis e estamos um pouco perdidos. Rams é como um pai que torna o mundo mais amigável para nós.

Ele não cria mesmo produtos para crianças de 6 anos. Na verdade, ele mistura ideias sobre nossa natureza infantil a um contexto de elegância e dignidade.

Recordar que todos se enrolam mais facilmente do que gostariam deveria ser a base da reforma da arquitetura, dos hotéis, do projeto das ruas, dos sites na internet, da fabricação de automóveis, das companhias telefônicas e da escrita de livros.

4. Ser clássico

Rams é clássico, ou seja, ele acessou coisas que não mudam. Isso significa que não temos de comprar produtos novos o tempo todo. Um livro clássico, por exemplo, são as *Máximas* de La Rochefoucauld. Ele é um clássico porque suas lições essenciais ainda nos são úteis muitas centenas de anos depois de ter sido escrito.

Em termos gerais, a economia global precisa ser mais clássica. A indústria da moda, para tomar o setor menos clássico atualmente, poderia atender melhor às nossas necessidades de vestimentas dignas e versáteis em muitos contextos e dar menos ênfase a nosso impulso de nos destacarmos.

Temos uma ideologia romântica que tende a enfatizar o que é novo. Rams, por sua vez, está interessado no que é permanente. Sua meta é criar um produto que não fique desatualizado, para que nunca tenhamos de jogá-lo fora.

5. Arte e design de produtos

Se para você fosse importante dedicar mais atenção e cuidado às pequenas coisas da vida cotidiana em 1650, talvez se voltasse à pintura. O pintor holandês Johannes Vermeer era um defensor de uma maior atenção aos objetos humildes da vida cotidiana. Em *A ruela* (avaliado em 100 milhões de libras esterlinas), ele retrata uma vida governada pela simplicidade e pelo recato.

Vermeer nota os detalhes: a limpeza e a ordem com que se vive, as cadeiras robustas ao ar livre, a vassoura básica. Rams valoriza as mesmas coisas que Vermeer, mas transformou esses valores em produtos que podemos usar em nossa vida.

Não há linha divisória entre a arte e o design de produtos. A princípio, os quadros pretendiam fazer parte da vida cotidiana, pendurados na cozinha ou no corredor para que pudessem se infiltrar na vida. Hoje só podemos ver a obra de Vermeer uma ou duas vezes, de tantos em tantos anos, mas é possível comprar e conviver todos os dias com a obra de Rams.

Rams eleva o design de produtos a uma nova categoria. O verdadeiro artista de nossa época projeta telefones e despertadores, não pedaços de tela. Toda a intensidade, todo o foco, o alto padrão e a busca de integridade encontrados na arte podem ser levados para o terreno do design cotidiano. É ali que está a possibilidade de afetar as pessoas que veem as horas ou apertam o botão de soneca do despertador.

Conclusão

Rams nos mostra como pode ser o bom negócio: elegante, duradouro, digno. Todo o capitalismo deveria ser assim. Idealmente, os empresários estudariam sua obra e se dedicariam aos valores da simplicidade e da modéstia que estão no cerne de sua visão de mundo. Atualmente, a mentalidade de Rams é única, mas deveria se tornar predominante e generalizada.

Christo e Jeanne-Claude

Christo, 1935-2020
Jeanne-Claude, 1935-2009

Tradicionalmente, os artistas criavam coisas pequenas e adoráveis. Esforçavam-se para tornar alguns centímetros quadrados de tela absolutamente perfeitos ou para cinzelar um único pedaço de pedra em sua forma mais expressiva.

Durante vários séculos, as obras de arte costumavam ter entre um e dois metros de largura. E, embora os artistas articulassem sua visão nesse espaço restrito, os projetos em grande escala eram entregues no atacado a governos e incorporadores privados, que em geral trabalhavam com ambição muito menor. Os governos e o livre mercado criaram muitas coisas grandes e feias.

Conhecemos tão bem essa divergência que quase não pensamos nela. Vemos essa polarização como um fato inevitável da natureza em vez do que realmente é: uma falha cultural.

É devido a essa falha que os artistas Christo e Jeanne-Claude se destacam como tão importantes. Eles apontam o caminho para um novo tipo de arte e um novo tipo de vida pública. Foram os artistas mais ambiciosos a questionar a ideia de que os artistas deveriam trabalhar num cavalete minúsculo e os mais ávidos por produzir obras numa vasta escala industrial.

Outros artistas fizeram experiências mais amplas e nos abordaram de modo mais íntimo. O que há de distinto e importante em Christo e Jeanne-Claude é que eles queriam fazer obras de arte capazes de preencher áreas equivalentes às de aeroportos, estradas, supermercados, zonas industriais, estações de triagem ferroviária, fábricas e parques tecnológicos.

Por volta de 1961, Christo e Jeanne-Claude começaram a explorar o impacto de seu trabalho com coisas muito grandes, em Colônia, onde produziram as obras *Pacotes no cais* e *Barris de petróleo empilhados*. Eles embrulharam seu primeiro prédio público, o Kunsthalle Bern, na Suíça, em 1967-1968.

A ideia avançou ainda mais quando embrulharam todo um trecho de litoral na Austrália. Em seguida, penduraram uma enorme cortina alaranjada num vale do Colorado e cercaram várias ilhas da baía de Biscayne, no coração de Miami, com 604 mil metros quadrados de tecido flutuante de polipropileno cor-de-rosa.

Ilhas cercadas, baía de Biscayne, Grande Miami, Flórida, 1983

Depois eles embrulharam a Pont Neuf, em Paris, e, em 1991, num projeto simultâneo, instalaram 3.100 guarda-sóis em dois vales, um de 29 quilômetros, nos Estados Unidos, e outro de 19 quilômetros, no Japão. Em 1995, realizaram um projeto monumental em Berlim: embrulharam o Parlamento Alemão, a sede tradicional da autoridade nacional e também o foco de lembranças dolorosíssimas, devido à sua associação com a ascensão do Partido Nazista. O evento como um todo foi considerado um ato simbólico de renovação nacional.

Christo e Jeanne-Claude foram muito além da própria arquitetura tradicional, em geral considerada o primeiro passo para além das artes plásticas. Eles ocuparam um espaço normalmente concedido a planejadores urbanos e engenheiros civis que constroem portos de carga ou a paisagistas que criam parques pelas cidades.

Parlamento Alemão embrulhado, Berlim, 1995

Christo e Jeanne-Claude podem parecer muito inovadores, porém, de certo modo, seu conceito de arte é profundamente tradicional. Por "arte", eles querem dizer "criar coisas belas". Eles podem embrulhar coisas ou cercá-las, mas o que os guia é a busca por tornar o mundo mais bonito. Só que não um pouquinho de cada vez. A escala de suas iniciativas para embelezar o mundo tem sido estupenda e inspiradora.

A *Cortina do vale*, ao receber a luz do sol, era visível a quilômetros. Milhões de pessoas perambularam pelo Central Park depois de sua encantadora intervenção.

No entanto, talvez a maior obra de Christo e Jeanne-Claude tenha sido indicar a direção da viagem, que não termina com as coisas grandiosas que, por acaso, fizeram.

Uma escolha fundamental é não parar após imaginar algo maravilhoso, mas descobrir como tornar a coisa imaginada real. Em vez de imaginar um Central Park revitalizado, eles o revitalizaram. Em vez de imaginar a Alemanha renovando seus sentimentos sobre seu histórico centro do governo, eles fizeram acontecer. A tarefa ideal do artista não é apenas sonhar com um mundo melhor ou se queixar dos defeitos atuais (embora ambas sejam atitudes honradas), mas, na verdade, tornar o mundo melhor e mais elegante.

Os portões, Central Park, Nova York, 2005

Christo e Jeanne-Claude se identificam como artistas. Mas, para agir em grande escala, eles precisaram utilizar muitos talentos tradicionalmente associados aos negócios e ao que consideramos o domínio do empreendedor.

O casal teve que negociar com prefeituras e governos; teve que redigir planos de negócios, obter financiamento em grande escala, empregar o tempo e o talento de centenas e até milhares de pessoas, coordenar um esforço imenso e lidar com milhões de usuários ou visitantes. Enquanto, ao mesmo tempo, agarravam-se à elevada ambição associada ao trabalho do artista.

Além disso, foi fundamental que Christo e Jeanne-Claude descobrissem como lucrar fazendo tudo isso. O lucro não era o objetivo principal, mas a lucratividade possibilitou os projetos seguintes (eles nunca receberam subsídios públicos nem privados). Christo e Jeanne-Claude fizeram fortuna com o que criaram.

O modo como ganhavam dinheiro era fascinante: eles financiavam um projeto vendendo os planos e desenhos que haviam feito para ele. Era como se Platão financiasse um novo Estado vendendo exemplares de *A República* (só que, ao contrário de Platão, Christo e Jeanne-Claude fizeram sua utopia acontecer).

Eles são um exemplo importantíssimo da proposição fundamental de que a criação da beleza não é um luxo comercial, mas tem o potencial de ser uma plataforma central do bom comércio. Eles insinuam um ideal formidável: se criar algo belo se tornasse um modo importante de aumentar o valor acionário da empresa, a força imensa do investimento talvez se alinhasse na direção certa.

Christo e Jeanne-Claude nos mostram que, idealmente, os artistas devem adotar para si as melhores qualidades dos negócios. Em vez de considerar essas qualidades opostas ao que defendem, os artistas, seguindo a direção do casal, devem vê-las como o que lhes permite cumprir sua missão de embelezar o mundo. No futuro, o artista pode passar tanto tempo estudando Administração na Wharton School of Business ou no Institut Européen d'Administration des Affaires quanto Artes Plásticas no Royal College of Art.

Literatura

Jane Austen

1775-1817

Jane Austen é amada principalmente como uma guia encantadora da vida elegante no período da Regência britânico (1811-1820). Ela é admirada por retratar um mundo de casas elegantes, bailes, criados e rapazes bem-vestidos conduzindo caleças. Mas a visão que tinha de sua tarefa era radicalmente diferente. Ela era uma moralista ambiciosa – e severa. Tinha aguda consciência dos defeitos humanos e um desejo profundo de tornar as pessoas melhores: menos egoístas, mais sensatas, mais dignas e mais sensíveis às necessidades dos outros.

Nascida em 1775, Jane Austen cresceu numa pequena aldeia de Hampshire, onde o pai era pároco anglicano. Eles tinham um status social elevado, mas não possuíam muito dinheiro. Ela começou a escrever jovem. Com apenas 21 anos, um romance seu foi rejeitado por uma grande editora. Durante a maior parte de sua vida adulta, a Grã-Bretanha esteve em guerra com Napoleão. Dois irmãos seus se tornaram almirantes. Ela escreveu grande parte de seus livros numa minúscula mesinha octogonal. Era excelente dançarina e muito interessada em se vestir bem, além de ser bem-arrumada, elegante e perspicaz. Nunca se casou, embora duas vezes tenha ficado tentada. Em geral, morou em casas de campo agradáveis com a irmã Cassandra.

O romance foi a arma que escolheu na luta pela reforma da humanidade. Ela terminou seis: *A abadia de Northanger*, *Orgulho e preconceito*, *Razão e sensibilidade*, *Mansfield Park*, *Emma* e *Persuasão*.

Algumas das principais lições que ela quis nos ensinar são:

1. Deixem que nossos amantes nos eduquem

Em *Orgulho e preconceito*, o Sr. Darcy e Elizabeth Bennet começam a história se detestando, mas aos poucos percebem que estão apaixonados. Eles formam um dos grandes casais românticos. Ele é bonito, rico e bem relacionado; ela é bonita, inteligente e vivaz. Mas exatamente por que foram feitos um para o outro?

Jane Austen é muito clara. Eles foram feitos um para o outro por uma razão em que não costumamos pensar muito hoje em dia: porque cada um deles podia educar e aperfeiçoar o outro. Quando chega na vizinhança, o Sr. Darcy se sente "superior" a todos porque tem mais dinheiro e uma posição social mais elevada. Num momento crucial, Elizabeth fala com ele cara a cara, condenando sua arrogância e seu orgulho. A atitude parece extremamente ofensiva, mas depois ele admite que era exatamente o que precisava:

> O que você disse de mim que eu não merecesse? [...] A recordação do que eu disse então, de minha conduta, meus modos, minha expressão [...] é indizivelmente dolorosa para mim. Sua reprimenda, tão bem aplicada, jamais esquecerei. [...] Você me ensinou uma lição, realmente dura a princípio, mas muito vantajosa. Por você, fui corretamente humilhado.

Elizabeth compartilha com o leitor sua visão do amor como educação. Eles combinam um com o outro porque:

> Era uma união que traria vantagens a ambos. Com o desembaraço e a animação dela, a mente dele poderia suavizar-se, seus modos melhorarem; e, com a capacidade de avaliação, as informações e o

conhecimento de mundo dele, ela receberia um benefício da maior importância.

É uma lição que nos parece estranha porque ainda tendemos a pensar no amor como gostar de uma pessoa por quem ela já é, com total aceitação. Austen diz que a pessoa certa para nós não é simplesmente alguém que nos deixe confortáveis e à vontade; ela tem que ser capaz de nos ajudar a superar nossos defeitos e nos tornar mais maduros, mais sinceros e bondosos – e precisamos fazer algo semelhante por ela.

Em *Orgulho e preconceito*, Darcy e Elizabeth aperfeiçoam um ao outro e, por fim, a romancista permite que eles terminem noivos. A história os recompensa porque eles se desenvolveram bem. É por isso que o romance parece tão bem construído. Não é meramente engenhoso. Ele ilustra uma verdade básica: o casamento depende de maturidade e educação.

2. Não devemos deixar de julgar os outros, mas é preciso julgar com mais atenção

Mansfield Park começa quando a calada e tímida Fanny Price vai morar com os Bertrams, seus primos muito mais ricos, em Mansfield Park, sua grande casa de campo. Os Bertrams são inteligentes, elegantes, confiantes, bem de vida. Em termos sociais, são estrelas, e Fanny é um personagem realmente de menor importância (a prima Julia a olha com desdém porque ela não sabe onde ficam os vários países europeus). Porém Jane Austen julga as pessoas por um critério completamente diferente.

Austen troca a lente normal pela qual as pessoas são vistas na sociedade – que se concentra em qualidades como riqueza e poder – pela lente moral – que se concentra nas qualidades do caráter. Em vez de se preocupar com quem tem o vestido mais bonito, a melhor carruagem ou o maior número de criados, ela observa quem é vaidoso, egoísta ou cruel, quem tem integridade, humildade e verdadeira dignidade.

Por essa lente, os ricos e poderosos podem se tornar pequenos, enquanto os personagens esquecidos e reservados podem crescer. No mundo do romance, a virtude se espalha sem relação com a riqueza material: os ricos e bem-educados não são (como no esquema de status dominante) imediatamente bons nem os pobres e sem instrução, maus. A virtude pode estar na criança feia, no carregador de malas, no corcunda do sótão ou na moça que não sabe nada de geografia. Sem dúvida, Fanny não tem vestidos elegantes, não tem dinheiro nem sabe francês, mas, no fim de

Mansfield Park, ela se revela a mais nobre, enquanto os outros membros da família, apesar dos títulos e realizações, caem em confusão moral.

Jane Austen não é inimiga do status. Ela só quer vê-lo distribuído adequadamente, o que sempre acontece no fim dos seus romances. Fanny é elevada e se tornará a senhora de Mansfield Park. Sua prima Julia, egoísta e cabeça-oca, cai em desgraça.

3. Leve o dinheiro a sério

Jane Austen é muito franca a respeito de dinheiro. Ela nos conta detalhes da situação financeira das pessoas. Em *Orgulho e preconceito*, explica que o Sr. Bingley tem uma renda de 4 mil libras por ano (o que, claramente, é muito), enquanto a de Darcy é mais que o dobro. Em vez de achar que não é muito educado falar do dinheiro dos outros ou de sua falta, ela considera que esse é um assunto muito adequado à literatura de alto nível, porque o modo como lidamos com nossas finanças tem um efeito imenso sobre a nossa vida.

Ela visa a tratar dos dois maiores erros que as pessoas cometem em relação ao dinheiro. Um é o de se impressionarem demais com o que o dinheiro pode fazer. Em *Mansfield Park*, Julia Bertram se casa com o Sr. Rushworth (o personagem mais rico de todos os romances de Jane Austen), mas eles se tornam muito infelizes e o casamento rapidamente se desfaz. Porém a autora está igualmente convencida de que é um erro grave se casar sem dinheiro suficiente. Em certo momento de *Razão e sensibilidade*, parece que Elinor Dashwood e Edward Ferrars, que fora isso formam um bom casal, não conseguirão se casar: "nenhum deles estava suficientemente apaixonado para pensar que 350 libras por ano [um pouco abaixo da renda da classe média] lhes permitiria os confortos da vida".

Elinor é da opinião de que "a riqueza tem muito a ver com felicidade", embora com "riqueza" não queira dizer grandes luxos, mas apenas o suficiente para viver cuidadosamente com conforto moderado. Sem uma base econômica razoável, o casamento é uma tolice.

Jane Austen se volta para uma atitude sutil mas fundamental. O dinheiro, em certos aspectos, é importantíssimo, mas, em outros, não. Não podemos apenas ser a seu favor ou contra ele. É claro que parece simples na teoria, porém, na prática, continuamos errando.

4. Não seja esnobe

Em *Emma*, a heroína – a própria Emma – põe Harriet Smith, uma moça bonita da aldeia, sob sua proteção. Harriet é uma jovem muito agradável, modesta e despretensiosa. Mas Emma decide que ela deveria ser muito mais do que isso. Quer que ela arrume um casamento impressionante com o elegante vigário. Harriet se deixa levar pelos elogios excessivos de Emma e recusa o pedido de casamento muito adequado de um fazendeiro porque acha que ele não é suficientemente bom – embora, na verdade, tenha um ótimo coração e seja muito próspero. Acontece que o vigário se horroriza com a ideia de Emma, e Harriet fica de coração partido.

No romance, a situação é engraçada, mas a questão por trás é séria: sem querer, Emma é cruelmente esnobe. Ela se dedica ao tipo errado de hierarquia. Jane Austen não acha que a cura do esnobismo seja pensar que todas as pessoas são iguais. A seus olhos, isso seria imensamente injusto. A cura real é prestar atenção ao verdadeiro mérito. Em essência, o fazendeiro é uma pessoa melhor do que o vigário, mas os modos e convenções sociais tornam fácil ignorar esse fato.

Poucas pessoas são deliberadamente esnobes. E Jane Austen toma cuidado ao atribuir esse defeito a Emma, que, em muitos aspectos, é um personagem encantador. Porém, no fim, ela se corrige. Vemos que Emma reconhece seu erro, sente muito e aprende uma lição para o resto da vida. Em outras palavras: Jane Austen não zomba do esnobismo como um comportamento de gente medonha e desprezível. Na verdade, ela vê o esnobe com pena, como alguém que leva uma vida frustrada (ainda que materialmente confortável) e precisa de instrução, orientação e reforma. Mas é claro que, em geral, o esnobe não recebe essa ajuda.

Austen não impõe simplesmente seu conceito de verdadeira hierarquia como o faria um pregador. Ela angaria nossa compaixão e conduz nossa repugnância até seu oposto com a habilidade e o humor de uma grande romancista. Ela não nos diz por que sua noção do que são as verdadeiras prioridades é importante, mas nos mostra sua importância dentro do contexto de uma história que também nos faz rir e nos cativa a ponto de querermos terminar o jantar mais cedo para continuarmos lendo (como um dos primeiros críticos de Austen, Richard Whately, mais tarde arcebispo de Dublin, explicou no *Quarterly Review* de 1822: "A Srta. Austen tem o mérito de ser, evidentemente, uma escritora cristã; mérito que é muito aumentado, tanto no quesito do bom gosto quanto no da utilidade prática, por sua religião não ser nada descabida. Ela pode desafiar o crítico mais exigente a chamar qualquer de seus romances de 'sermão dramático'."). Depois de terminar um dos seus romances, somos convidados a voltar à esfera de onde Austen nos tirou e a reagir aos outros como ela nos ensinou: identificando e nos afastando da ganância, da arrogância e do orgulho e nos atraindo pela bondade – dentro de nós e nos outros.

Durante seus 41 anos, Jane Austen teve vários períodos produtivos, morando numa casa agradável e bem-ordenada na pequena aldeia de Chawton, em Hampshire. Seus romances eram cada vez mais bem recebidos e ela começou a ganhar algum dinheiro com eles (embora nunca tenha se tornado famosa, pois eles sempre foram publicados anonimamente em vida). Em 1816, quando tinha 40 anos, sua saúde declinou rapidamente. Ela morreu no ano seguinte e foi sepultada na Catedral de Winchester.

Austen, de forma modesta e memorável, descreveu sua arte como "o pedacinho (de duas polegadas de largura) de marfim sobre o qual trabalho com pincel tão fino que produz pouco efeito depois de tanta labuta", mas seus romances são permeados de ambições maiores. Com o que chamou de um estudo de "três ou quatro famílias de uma aldeia campestre", sua arte é uma tentativa de criticar e, assim, mudar a vida. Ela parte do pressuposto de que as coisas emocionantes e importantes estão acontecem em outro lugar e que, infelizmente, as estamos perdendo.

Austen poderia ter escrito sermões. Em vez disso, escreveu romances. Infelizmente, nos recusamos a ler seus livros como ela gostaria. A ambição moral do romance praticamente desapareceu no mundo moderno, mas é realmente o melhor que uma obra literária pode fazer. Na verdade, a satisfação que sentimos quando lemos Austen existe porque ela quer que o mundo seja de um certo modo que achamos muito atraente: esta é a razão secreta e praticamente não reconhecida de ela ser uma escritora tão amada.

Johann Wolfgang von Goethe

1749-1832

Sempre foi difícil pronunciar seu nome. Benjamin Disraeli, primeiro-ministro britânico do século XIX, virou motivo de gozação no Parlamento por dizê-lo da forma errada. Se você não sabe alemão, a pronúncia não é muito óbvia. O melhor é começar com "guê" e terminar com "tâ": Guê-tâ.

Em geral, Johann Wolfgang von Goethe é considerado um dos grandes heróis culturais da Europa, comparável a Shakespeare, Dante e Homero. Ele se destacou numa grande variedade de áreas: escreveu muitos poemas, foi um grande sucesso como romancista e fez contribuições científicas à fisiologia, à geologia, à botânica e à óptica. Também foi diplomata, guru da moda, funcionário público, pornógrafo, reitor de universidade, artista de talento, viajante aventureiro, diretor de uma companhia teatral e presidente de uma empresa de mineração.

Em vida, os admiradores de Goethe ficaram impressionados com suas obras literárias. Porém, mais do que qualquer de seus livros, o que emocionava as pessoas na época era o modo como ele vivia, o tipo de pessoa que era. Sua vida era mais importante do que os livros (o que ajuda a explicar por que, ao contrário de Jane Austen ou Marcel Proust, suas obras literárias são relativamente desconhecidas).

Goethe nasceu em 1749 na cidade de Frankfurt. A família levava uma vida confortável. Tinham enriquecido havia pouco tempo com a administração de uma estalagem.

Os pais de Goethe foram muito cuidadosos com sua educação: ele foi instruído principalmente em casa, escrevia poemas para os amigos, tinha aulas de pintura, aprendeu italiano. Ia muito ao teatro e fez amizade com atrizes. Como membro da classe alta, usava espada em público desde os 12 anos.

Estudou na Universidade de Leipzig e, mais tarde, fez mestrado em Direito na Universidade de Estrasburgo. Costumava matar aulas para subir até uma plataforma panorâmica no alto da torre de uma catedral próxima. Ele tinha medo de altura, mas se obrigava a isso porque gostava de superar obstáculos e adorava a vista.

Podemos aprender algumas lições vitais com Goethe:

1. Do romantismo ao classicismo no amor

O primeiro emprego de verdade de Goethe, depois da faculdade de Direito, foi como assistente de um tribunal nacional que julgava casos entre os muitos pequenos Estados alemães que, na época, formavam o Sacro Império Romano-Germânico. Enquanto trabalhava, ele se apaixonou pela noiva de um colega. Então cometeu uma imensa indiscrição e escreveu o caso de amor como um romance. Chamou-o de *Os sofrimentos do jovem Werther*. Werther, o personagem principal, é um autorretrato mal disfarçado.

O livro conta a história da paixão de Werther/Goethe por uma moça, Charlotte. É uma descrição muito detalhada de todas as pequenas etapas do caminho da paixão: eles dançam e, em certo momento, seus pés se tocam sem querer debaixo da mesa; sorriem, escrevem bilhetinhos de paquera um para o outro. Estar apaixonado parece a experiência mais importante da vida. Werther se pergunta: "O que é a vida sem o amor romântico? Uma lanterna mágica sem lâmpada."

Esse romance profundamente encantador foi sucesso em toda a Europa nos 25 anos seguintes. Napoleão se gabava de tê-lo lido sete vezes. A história tem um fim sofrido. Charlotte não ama Werther de verdade e, finalmente, o rejeita. Em desespero, ele se mata. O desenlace trágico mostra que Goethe começava a ver as limitações da visão romântica da vida. O amor romântico é profundamente atraente, mas também traz problemas imensos.

O problema central, aos olhos de Goethe, é o seguinte: o amor romântico espera "congelar" um momento lindo. É uma noite de verão depois do jantar. Werther passeia no bosque com sua amada. Ele quer que seja sempre assim e sente que eles deviam se casar, montar uma casa juntos, ter filhos. Mas, na realidade, o casamento não será nem um pouco parecido com a adorável noite de calor. Haverá exaustão, contas a pagar, brigas e a sensação de confinamento. Comparado às esperanças extremadas do romantismo, o amor real, sempre e necessariamente, é uma terrível decepção.

Foi por isso que Goethe aos poucos se afastou do romantismo rumo a uma ideologia do amor que ele chamou de classicismo, marcada por certo grau de pessimismo, pela aceitação dos problemas que, com o tempo, afligem todos os casais e pela necessidade de abandonar parte das esperanças inebriantes dos primeiros dias em nome da tranquilidade e da competência administrativa. Goethe foi um crítico da ideologia romântica não por ter o coração frio ou por lhe faltar imaginação, mas porque compreendia profunda e intimamente sua atração e, portanto, seu perigo.

A carreira de Goethe nos mostra uma jornada para longe do romantismo inicial de Werther, rumo a uma visão clássica e madura da vida. Sua peça posterior, *Ifigênia em Táuride*, desenvolve por completo a alternativa clássica ao romantismo.

Ifigênia é uma princesa grega da época da Guerra de Troia, filha do principal rei dos gregos, Agamêmnon. Ela e sua família se envolvem numa sequência horrível de brigas e assassinatos: um exagero dramático dos traumas da vida familiar ordinária.

Em geral, o ciclo de paixão intensa continua de uma geração a outra, e Goethe imagina Ifigênia como a pessoa que finalmente traz perdão e paz.

Ifigênia vê seu papel na vida como o de "tornar os homens suaves". Ela sempre incentiva os outros a se acalmarem e serem misericordiosos. Está comprometida com o amor, mas um amor marcado não pela louca paixão, mas pela compreensão, pela empatia e pelo desejo de harmonia:

> Recordar que todos vamos morrer
> Deveria levar à ternura o mais duro coração;
> Não temos de mostrar aos outros
> A maior bondade que já conhecemos?

Os primeiros leitores de Goethe, criados no romantismo, demoraram a entender a mensagem. Goethe estaria dando as costas ao amor romântico? Onde estava toda a paixão? Eles descreveram a história de Ifigênia como "observar a neblina cinzenta". Goethe, na meia-idade, não se perturbou. Já não aguentava mais *Werther* e exprimiu com ênfase sua opinião: "Romantismo é doença, classicismo é saúde." Mas ele enfrentava um problema cultural básico: o romantismo parece mais emocionante. Goethe identificou um dos problemas centrais da cultura: como fazer as coisas boas para nós competirem com sucesso pela nossa atenção com a comovente matéria da paixão?

2. A dignidade da administração

Em abril de 1775, não muito depois do grande sucesso de *Werther*, Goethe começou a trabalhar como funcionário público.

Carlos Augusto, duque de Weimar, o nomeou assessor-chefe e administrador-mor para ajudá-lo a governar o país.

Goethe ficou nesse emprego praticamente pelo resto da vida. Seu principal cargo foi como ministro das Estradas – que eram fundamentais para melhorar o comércio. Ele supervisionou operações estatais de extração de prata, cumpriu missões diplomáticas e tomou decisões importantes para a educação e o planejamento urbano. Passava muito tempo em reuniões do gabinete duas vezes por semana (que envolviam escrever muito e ler muitos documentos informativos).

Parece uma escolha estranha para um personagem criativo de tanto sucesso. Era como se o vencedor do Prêmio Nobel de Literatura se tornasse funcionário público do Ministério da Agricultura. Costumamos supor que arte e literatura não combinam com o entusiasmo pela administração governamental.

Porém Goethe não pensava assim. Com o passar dos anos, ele dedicou muito tempo à redação de relatórios e a reuniões sobre os prós e contras de comprar equipamento de drenagem especializado, o melhor material para revestir estradas e como lidar com a vizinha agressiva, a Prússia.

Ele sentia que precisava de responsabilidade, poder e experiência para se tornar uma pessoa mais sábia e madura – e um melhor poeta e filósofo. Mas, com isso, também conseguiu outra coisa: colocar as próprias ideias em prática.

Mais tarde, ocupou o cargo de ministro das Artes, no qual conseguiu criar o melhor teatro da Alemanha e apresentar a estreia de muitas peças da época. Em termos modernos, foi como se tivesse se estabelecido como um grande produtor de cinema. O encontro com o poder, a responsabilidade, o dinheiro, os orçamentos (mecanismos que governam o mundo) permitiu a Goethe seguir um caminho de desenvolvimento importantíssimo. De pensador criativo e solitário que, em essência, trabalhava sozinho, ele passou a ser alguém capaz de transformar ideias em ações. Em vez de escrever que seria muito bom ter um teatro nacional, ele conseguiu criá-lo; em vez de só dizer que as cidades deveriam ter áreas verdes, conseguiu pôr em andamento a máquina governamental para criar um parque urbano de verdade.

3. A viagem como terapia

Em setembro de 1786, depois de 10 anos no serviço público de Weimar, quando seu aniversário de 40 anos se aproximava, Goethe foi tomado pelo medo de estar desperdiçando a própria vida. Estava cansado dos invernos frios, das reuniões intermináveis, da carga de trabalho que dificultava encontrar tempo para escrever. Então foi para a Itália – primeiro para Vicenza e Veneza, onde ficou muito impressionado com os edifícios de Andrea Palladio.

Em seguida, foi a Roma, que se tornou sua base principal. Ele passou quase dois anos na Itália. Goethe tinha uma ideia muito clássica sobre a razão para viajar. A viagem exterior pretendia possibilitar uma viagem interior rumo à maturidade. Ele sentia que havia uma parte sua que só poderia ser descoberta na Itália: "Anseio por uvas e figos."

Mas, como muitos visitantes de Roma, ele se decepcionou ao chegar lá.

Numa coletânea de poemas que escreveu sobre a experiência – as *Elegias romanas* –, ele descreve a grande cidade que parece cheia de ruínas sem vida, famosas mas que nada significavam para ele: "Falai-me, pedras!", implora. É um sentimento que muitos visitantes posteriores tiveram.

Ele percebeu que não precisava de um guia mais elaborado, mas da pessoa certa com quem ter um caso, alguém que dividisse com ele seu amor a Roma e lhe mostrasse o real significado do lugar. Num poema, ele descreve a mulher que encontra – que chama de Faustina. Eles passam tardes preguiçosas na cama. Ela não é uma grande intelectual e lhe conta sobre a sua vida, sobre os edifícios por onde passa a caminho da feira – o Panteão, uma igreja barroca projetada por Bernini –, que ela não sabia que eram famosos e considera apenas como prédios que há ali, de que por acaso gosta. Em seu quarto, ao lado de Faustina, Goethe percebe que está entrando no espírito da cultura clássica: um relacionamento simples e confortável com o sexo e a beleza; e a ideia de que os poetas clássicos eram pessoas como ele.

Para Goethe, a razão para viajar não é relaxar ou ter uma pausa da rotina. Ele tinha em mente um objetivo maior: a meta da viagem é ir a um lugar onde possamos encontrar o ingrediente que falta para nossa maturidade.

Porém Goethe não ficou na Itália. Depois de quase dois anos, já tinha se desenvolvido o suficiente e resolveu voltar a Weimar e continuar o trabalho político e criativo.

4. Viver a vida plenamente: o herói fáustico

Uma das coisas mais extraordinárias sobre Goethe é quanto realizou, como seus horizontes eram amplos e como eram variados seus interesses. Ele explorou isso principalmente em *Fausto*, sua obra mais famosa. Goethe trabalhou em *Fausto* a vida inteira. Os primeiros esboços remontam à sua adolescência. E ele só decidiu que tinha terminado a obra com 80 e poucos anos. *Fausto* tem duas partes e, juntas, a apresentação da peça leva cerca de 13 horas. O próprio Goethe nunca a assistiu integralmente – e poucas pessoas o fizeram desde então.

Fausto é um acadêmico e erudito medieval. É muito culto, mas não faz muita coisa: é frustrado no amor, não ganhou dinheiro, não tem poder. Seu conhecimento é estéril. Sua vida parece sem sentido e ele deseja morrer.

Mas então ele é visitado por um demônio chamado Mefistófeles que lhe oferece energia ilimitada, boa aparência e a capacidade de fazer o que quiser. A pergunta é: o que Fausto quer fazer? O primeiro perigo para ele é continuar a ser um acadêmico que resiste ao impacto do mundo.

Com a ajuda do diabo, ele poderia ser o supremo leitor: poderia pôr as mãos nos manuscritos mais raros e antigos. Porém ele se cansa das palavras e anseia por ação.

O segundo perigo é que usará seus novos poderes para saciar todos os apetites sensuais. Ele se tornará um hedonista puro. Fausto então avança um pouco por esse caminho: entra em um bar e deixa todo mundo muito bêbado, vai a uma imensa orgia – e aí percebe que está em busca na verdade de beleza e amor, e isso o afasta do sexo e do álcool.

O terceiro perigo é Fausto se tornar um líder político confiante, embora superficial. Mas, na segunda parte da peça, ele persegue um propósito grandioso: ele finalmente organiza o desenvolvimento de um novo país, na linha da República Holandesa, que na época era a sociedade mais esclarecida e bem-sucedida do mundo.

Fausto é um conto de moralidade para todos nós. Ele nos mostra tanto as armadilhas da vida quanto a maneira de evitá-las. Fausto sabe muito, mas resiste a ser acadêmico; adora sexo, mas não cede à devassidão. Gosta do poder, mas não o usa para a megalomania, senão para trabalhar a serviço de fins nobres.

O caminho da carreira de Fausto não é diferente do de Goethe. Em essência, Fausto traça para nós uma teoria de como ter uma vida plena. Ele se interessa muito por ideias, mas não é erudito. Visita a Itália, mas não fica lá. Volta ao trabalho. Experimenta o governo e aprende a exercer o poder, mas, depois de dominar esse aspecto, segue em frente. A ideia fáustica é que, para nos desenvolvermos plenamente, temos que flertar com coisas que são muito perigosas, sem perder a noção de um propósito mais elevado.

5. Ciência para artistas

Goethe foi o último europeu a fazer algo extraordinário: escrever grandes romances e peças e também ter um papel significativo na área da ciência. Seu interesse ia da geologia e da meteorologia à fisiologia e à química. Mas seus trabalhos mais importantes foram na botânica – em 1790, ele publicou seu estudo *Metamorfose de plantas* – e na óptica, com a pesquisa resumida na *Teoria das cores*, publicada em 1810.

A partir daí, essa combinação de um trabalho muito significativo nas artes e nas ciências desaparece completamente da civilização europeia. Goethe nos dá alguma orientação para explicar por que isso aconteceu. Ele é um herói para as pessoas de sensibilidade mais artística e literária, atraídas a distância para o tema mais amplo da ciência, mas que não se apegam tanto assim a seus detalhes.

Goethe gosta da ciência que nós mesmos podemos fazer, observando atentamente o mundo que nos cerca.

Ele fez boa parte de sua pesquisa em óptica em seu estúdio, com velas e pedaços de papel coloridos. Gostava do treinamento que isso lhe dava ao se perguntar o que realmente via. Assim, poderia combater a tendência a ver apenas o que já esperava. Além disso, era algo útil para dirigir a atenção para o exterior, um alívio da nossa preocupação constante com nós mesmos.

Goethe se interessava muito pelo aspecto psicológico de nossa relação com o tipo de coisa que a ciência investiga: plantas, luz, pedras. Em vez de excluir as questões do significado pessoal, Goethe as vê como centrais na investigação plena e adequada da natureza.

Ele se espantava ao ver que diversos tipos de rocha têm características diferentes. E ficava muito comovido com a continuidade entre a vida humana e a vida de plantas e animais. A razão de estudar a mandíbula do elefante era entender os vestígios de nossa evolução. Goethe pensava na natureza humana como um refinamento gradual da natureza animal.

Ele se preocupava muito com a direção que a ciência estava tomando, que ele associava especialmente ao trabalho de Isaac Newton. Na visão de Goethe, o cientista acadêmico profissional não se interessava pelo significado pessoal das coisas que investigava.

Sua questão não era que Newton estivesse tecnicamente errado; é que ele não gostava da direção de suas iniciativas.

Conclusão

À medida que envelhecia, Goethe continuou trabalhando. E continuou buscando amor – e sexo.

Goethe morreu em 1832, em sua casa em Weimar. Tinha 82 anos. Temos muito a aprender com ele. Não costumamos ouvir pessoas dizendo que queriam ser mais parecidas com Goethe. Mas, se tivéssemos esse desejo, o mundo seria um lugar mais vibrante e humano.

Liev Tolstói

1828-1910

Liev Tolstói acreditava no romance não como fonte de entretenimento, mas como ferramenta de educação e reforma psicológica.

A seus olhos, esse era o meio supremo para conhecer os outros – sobretudo aqueles que, por fora, podem parecer repulsivos – e assim expandir nossa humanidade e tolerância.

Ele nasceu em 1828 em Iasnaia Poliana, uma imensa propriedade familiar 160 quilômetros ao sul de Moscou. Intermitentemente, esse seria seu lar pelo resto da vida.

Os pais morreram quando era pequeno e Tolstói foi criado por parentes. Não terminou a universidade. Um professor o descreveu como "incapaz e indisposto a aprender".

Ele passou alguns anos jogando, bebendo e perseguindo ciganas antes de se alistar como oficial de artilharia na Guerra da Crimeia.

Casou-se com 30 e poucos anos. A esposa Sofia, de uma família sofisticada e de alta cultura, tinha apenas 18 anos. O casal teve 13 filhos, dos quais nove sobreviveram à infância.

Foi um casamento difícil. Havia imensas brigas sobre sexo e amargura de ambos os lados. Liev deixou crescer uma barba compridíssima, tornou-se fanático pela forma física e passava quase o tempo todo no escritório.

O que fez lá foi escrever vários livros de imenso sucesso, entre eles *Guerra e paz*, *Ana Kariênina* e *A morte de Ivan Ilitch*.

Tolstói não acreditava na ideia de arte pela arte. Estava profundamente envolvido na crença de que a boa arte deveria nos tornar menos moralistas e condenatórios – além de ser um complemento da religião para desenvolver nossa reserva de bondade e moralidade. Esse seu lado combativo e moral tem sido muito ignorado pelos críticos modernos, que não querem sujar a arte com uma ideia de missão, mas na verdade esse é o lado mais importante do escritor e nenhum de seus esforços pode ser adequadamente apreciado sem levarmos esse fato em consideração.

O primeiro grande romance de Tolstói foi *Guerra e paz*, publicado em 1869, quando ele tinha 41 anos. No livro, conhecemos Natasha Rostóv, uma moça encantadora, de espírito livre.

No começo, ela fica noiva de Andrei, um homem bondoso e sincero que a ama profundamente, mas que, em termos emocionais, também é muito distante. Enquanto Andrei viaja pela Itália, Natasha conhece um esbanjador cínico e bonito chamado Anatole e cai sob seu feitiço. Ele quase consegue seduzi-la e convencê-la a fugir com ele, mas a família dela a impede no último minuto. Todos ficam consternados e furiosos com Natasha. Esse tipo de loucura destrói as expectativas da moça e envergonha profundamente seus familiares.

Pelos padrões do mundo, Natasha fracassou terrivelmente. Se encontrássemos uma notícia sobre uma pessoa como ela, rapidamente a consideraríamos além do alcance da empatia normal: ela tinha tudo, mas só pensou em si mesma e teve o que merecia.

Ainda assim, a visão de Tolstói é que, se percebermos como são as coisas para Natasha dentro de sua mente, não poderemos negar-lhe nossa empatia. Na verdade, ela não é permissiva, frívola nem totalmente desprovida de devoção. É apenas uma mocinha sem experiência sexual que se sente abandonada pelo namorado sonhador. É alguém que tem uma natureza profundamente impulsiva e calorosa e se deixa levar facilmente pela alegria e pela felicidade. Também sente um receio agudo de decepcionar os outros, que é o que a leva a se aproximar do manipulador calculista Anatole.

Tolstói nos mantém do lado de Natasha e, com isso, nos faz ensaiar um passo que ele considera fundamental para a vida ética: se enxergássemos com maior exatidão a vida interior dos outros, não os veríamos como costumamos, de maneira fria e unidimensional – e os trataríamos com a bondade de que realmente precisam e que merecem. Ninguém deveria ficar fora do círculo de empatia e perdão.

Para Tolstói, uma tarefa específica do romance é nos ajudar a entender os chamados personagens "detestáveis". Um dos personagens a princípio mais desprezíveis de sua ficção é o marido de Ana Kariênina, heroína de seu grande romance homônimo, o rígido e pomposo Kariênin. O romance, uma tragédia, conta a história da bela, inteligente, vivaz e generosa Ana, que é casada e cuja vida desmorona quando ela se apaixona por Vronski, um jovem e esplêndido oficial de cavalaria.

O conde Aleksei Aleksándrovitch Kariênin, marido de Ana, é um alto funcionário do governo, meticuloso, afetado e preocupado com status, em geral insensível em relação a Ana e incapaz de atender a seus anseios emocionais. Enquanto o caso entre Ana e Vronski se desenrola, a maior preocupação do marido é que provoque fofocas sociais que prejudiquem sua posição pública. Ele parece não ter nenhum sentimento pelo casamento em si. Parece ser simplesmente bruto e frio.

Mas então Ana dá à luz a filha do amante, adoece e, numa cena muito tocante, Kariênin fica profundamente comovido, chora pela bebê, pela mãe e perdoa Ana:

> Não, você não pode me perdoar! [diz Ana.] [...] Ele, de súbito, [sentiu] [...] também uma serenidade espiritual que nunca antes experimentara [...] um alegre sentimento de amor e de perdão dirigido aos inimigos enchia sua alma. Ficou de joelhos e, depois de deitar a cabeça na dobra do braço de Ana, [...] desatou a soluçar como uma criança.

Kariênin, até então frio, se apaixona pela bebê de Ana:

> Quanto à recém-nascida, porém, experimentava um sentimento especial, não só de piedade, mas também de carinho. A princípio, por mero sentimento de compaixão, ocupou-se daquela criatura fraca

e recém-nascida [...]. Várias vezes por dia, caminhava até o quarto das crianças [...]. Às vezes, durante meia hora, contemplava calado o rostinho enrugado, penugento e vermelho-açafrão da criança que dormia e acompanhava os movimentos da testa franzida e das mãozinhas rechonchudas, de dedos dobrados, que com as palmas viradas para cima esfregavam os olhinhos e o intercílio.

Graças ao sensato Tolstói, vemos aspectos inteiramente inesperados do homem. Sua vida interior não é nada do que esperávamos, a julgar pelo exterior. Mas a questão de Tolstói é que Kariênin não é um personagem excepcional nesse aspecto. Ele é apenas a mistura normal de maldade e muita bondade. É extremamente comum que pessoas bastante desagradáveis tenham reservas imensas de ternura guardadas dentro de si, que tenham dimensões muito diferentes e, com frequência, muito melhores em seu caráter do que sugere sua aparência hostil.

Somos convidados a uma viagem comparável em relação a outro personagem da ficção de Tolstói, o herói de *A morte de Ivan Ilitch* (publicado em 1886). No início do romance, conhecemos Ivan, juiz de um importante tribunal, no topo da sociedade, que parece egoísta, vaidoso e cínico. Mas um dia, enquanto ajudava a pendurar cortinas, cai de uma escada e toma consciência de uma dor interna, o primeiro sintoma de uma doença que logo é diagnosticada como fatal. Ele terá apenas alguns meses de vida. Enquanto a saúde piora, Ivan passa muito tempo sentado no sofá de casa.

Sua família, consciente de que sua morte será inconveniente para sua posição social e financeira, começa a se ressentir dele e de sua doença. Ele é mal-humorado com eles também. Porém, por dentro, Ivan passa por uma série de epifanias. Ele rememora a vida e se penitencia por sua superficialidade. Torna-se sensível à natureza – e à bondade ordinária de seu criado pessoal, um homem humilde e não instruído, de origem camponesa. E fica furioso com a maneira estúpida como todos evitam prestar atenção ao único fato realmente fundamental da vida: todos morremos. Ele percebe que nossa mortalidade deveria estar constantemente diante da mente e inspirar bondade e empatia constantes. No momento de sua morte, Tolstói o imagina sentindo finalmente pena e perdão por todos que o cercam.

Como é típico em sua escrita, Tolstói conta com detalhes os vastos dramas filosóficos e psicológicos que ocorrem dentro da cabeça de seu herói. Todos à sua volta – os médicos e a família – veem um homem taciturno que passa muito tempo virado para a parede, que vive dizendo "Vá embora, me deixe em paz" e que, às vezes, uiva de sofrimento. Ainda assim, somos capazes de ver um visionário, um profeta e um homem de coragem moral e generosidade extraordinárias. Ao escrever sobre Ivan, Tolstói queria que víssemos sua vida como uma representação de todo o potencial humano, se pudéssemos despertar para ele antes que fosse tarde demais.

Quando tinha uns 70 anos, Tolstói reuniu seus pensamentos sobre a escrita num longo ensaio, *O que é arte?*.

Esse é um de seus livros mais importantes. Nele, Tolstói propõe que a arte tem uma grande missão. Por meio da grande arte, nos diz ele, "sentimentos inferiores, menos bondosos e menos necessários para o bem da humanidade são expulsos e substituídos por sentimentos mais bondosos, que nos servem melhor, individual e coletivamente. Esse é o propósito da arte".

Como escritor extremamente habilidoso e sedutor, Tolstói sabia que os romances precisam ser divertidos, senão simplesmente não os lemos. Porém também estava convencido de que igualmente têm que aspirar a ser algo além disso: sustentáculos importantes de nosso caminho difícil em direção à maturidade e à bondade. E eles conseguem, pois são capazes de entrar em algo que precisamos conhecer, mas ao qual raramente temos acesso: a vida interior dos outros.

Em *O que é arte?*, Tolstói escreveu principalmente sobre a obra de outros autores, mas na verdade são as próprias realizações que ele, de forma modesta e indireta, resume. Os grandes escritores não deveriam apenas ajudar seus leitores a passar o tempo. Sua escrita tem que ser uma forma de terapia, uma tentativa de nos educar para a saúde emocional e o bom senso ético.

À medida que iam envelhecendo, a tensão entre Liev e a esposa Sofia aumentava. Ele se queixava de que tinham "ideias totalmente opostas sobre o significado da vida". Mas insistia que, apesar de Sofia estar "cada vez mais irritável, despótica e incontrolável", ele continuava a amá-la, embora admitisse que desistira de tentar exprimir seus sentimentos. "Não há tragédia maior do que a tragédia do leito conjugal", escreveu. Finalmente, com 82 anos, Tolstói não aguentou mais e abandonou a esposa e a família. Fugiu no meio de uma noite gelada de novembro, pegou pneumonia e morreu na estação ferroviária próxima, onde esperava um trem.

O funeral de Tolstói foi uma imensa cerimônia pública. Milhares de pessoas compareceram, vindas de toda a Rússia e do mundo.

Isso se justificava, pois sua proposta central tem enormes consequências sociais. Ele percebeu que nossa visão de como são os outros é uma grande força motriz dos relacionamentos, da economia e da política. E defendia a ideia provocante de que a arte poderia ser o principal veículo para obtermos ideias mais precisas – e, em geral, muito mais bondosas – sobre o que acontece na mente (e na vida) dos outros.

Seu corpo foi levado de volta à sua casa e sepultado no jardim, sob algumas árvores onde ele gostava de brincar quando menino.

Marcel Proust

1871-1922

Marcel Proust foi um escritor francês do início do século XX, responsável pelo romance oficialmente mais longo do mundo: *Em busca do tempo perdido*, que tem 1.267.069 palavras – o dobro de *Guerra e paz*.

O livro foi publicado em francês em sete volumes, no espaço de 14 anos:

No caminho de Swann, 1913
À sombra das raparigas em flor, 1919
O caminho de Guermantes, 1920
Sodoma e Gomorra, 1922
A prisioneira, 1923
A fugitiva, 1925
O tempo recuperado, 1927

O livro foi imediatamente reconhecido como obra-prima, classificado por muitos como o maior romance do século ou, simplesmente, o maior de todos os tempos.

O que o torna tão especial é não ser apenas um romance no sentido puramente narrativo. É uma obra que entremeia descrições geniais de pessoas e lugares com toda uma filosofia de vida.

A pista está no título: *Em busca do tempo perdido*.

O livro conta a história de um homem – uma versão mal disfarçada do próprio Proust – durante sua busca pelo significado e propósito da vida e descreve sua jornada no intuito de deixar de desperdiçar o tempo e começar a apreciar a vida.

Marcel Proust queria que seu livro nos ajudasse. Adrien Proust, seu pai, fora um dos maiores médicos de seu tempo, responsável por erradicar a cólera na França. Perto do fim da vida, seu frágil e indolente filho Marcel, que vivera da herança e decepcionara a família por nunca arranjar um emprego normal, disse à governanta Celeste: "Se eu pudesse fazer pela humanidade tanto bem com meus livros quanto meu pai com seu trabalho..." A boa notícia é que ele foi muito bem-sucedido.

O romance de Proust mapeia a exploração sistemática do narrador de três fontes possíveis do significado da vida.

A primeira é o **sucesso social**.

Proust nasceu numa família burguesa confortável, mas, desde a adolescência, começou a pensar que o significado da vida podia estar na alta sociedade, que, em seu tempo, significava o mundo dos aristocratas, de duques, duquesas e príncipes. Não deveríamos nos considerar superiores por não termos interesse nesses tipos, pois essa categoria tem seu equivalente hoje: celebridades e grandes empresários.

Durante anos, o narrador dedica sua energia a abrir caminho pela hierarquia social e, por ser encantador e erudito, acaba fazendo amizade com grandes figuras da alta sociedade parisiense, o duque e a duquesa de Guermantes.

Mas logo se dá conta de algo inquietante. Essas pessoas não são os modelos extraordinários que acreditou que fossem. A conversa do duque é chata e grosseira. A duquesa, embora tenha boas maneiras, é cruel e vaidosa.

Marcel se cansa deles e de seu círculo. Ele percebe que virtudes e vícios se distribuem por toda a população, sem relação com renda ou renome. Ele se liberta para se dedicar a uma variedade maior de pessoas.

Embora Proust passe muitas páginas ridicularizando o esnobismo social, o faz com um espírito subjacente de compreensão e empatia. A ânsia da escalada social é um erro extremamente natural, ainda mais quando se é jovem. É normal imaginar que, em algum lugar do mundo, deve haver uma classe de pessoas superiores e que nossa vida pode ser sem graça principalmente porque não temos os contatos certos. Mas o romance de Proust traz a tranquilização definitiva: a vida não está acontecendo em outro lugar.

A segunda coisa que o narrador de Proust investiga em sua busca do significado da vida é o **amor**.

No segundo volume do romance, o narrador vai com a avó para o balneário elegante de Cabourg (o Caribe da época).

Lá, ele desenvolve uma paixão avassaladora por uma linda adolescente chamada Albertine. Ela usava cabelo curto, tinha um sorriso de menino e seu jeito de falar era casual e encantador.

Durante cerca de 300 páginas, o narrador só consegue pensar em Albertine. Sem dúvida o significado da vida é amá-la. Mas, com o tempo, também vem a decepção. Chega o momento em que o narrador finalmente consegue beijar Albertine:

> O homem, criatura claramente menos rudimentar do que o ouriço-do-mar ou mesmo a baleia, é ainda assim desprovido de vários órgãos essenciais e, principalmente, não possui nenhum que sirva para beijar. Ele substitui esse órgão ausente por seus lábios e desse modo talvez consiga um resultado levemente mais satisfatório do que acariciar o ser amado com uma presa de chifre.

A suprema promessa do amor, aos olhos de Proust, é que podemos deixar de ser sozinhos e conseguir fundir adequadamente nossa vida com a de outra pessoa que entenderá todas as nossas partes. Mas o romance chega a conclusões sombrias: ninguém consegue entender ninguém completamente. A solidão é endêmica. Somos peregrinos esquisitos e solitários que tentam dar beijos de presas uns nos outros, no escuro.

Isso nos leva ao terceiro candidato ao significado da vida, o único bem-sucedido: a **arte**.

Para Proust, os grandes artistas merecem louvor porque nos mostram o mundo de um jeito novo, apreciativo e vivo.

Para ele, o oposto da arte é algo que chama de "hábito". Segundo Proust, boa parte da vida é arruinada por uma cobertura ou mortalha de familiaridade que se posta entre nós e tudo que importa. Ela amortece nossos sentidos e nos impede de apreciar tudo, da beleza do pôr do sol ao nosso trabalho e aos nossos amigos.

As crianças não sofrem pelo hábito e por isso se entusiasmam com algumas coisas simples, mas muito importantes, como poças de água, pular na cama, areia e pão fresco.

Mas nós, adultos, estamos irremediavelmente estragados e, por isso, buscamos estimulantes cada vez mais potentes (como a fama e o amor).

Aos olhos de Proust, o truque é recuperar o poder de apreciação da criança na idade adulta para arrancar o véu do hábito e, portanto, começar a olhar a vida cotidiana com uma sensibilidade nova e mais agradecida.

Para o escritor, é isso que um grupo da população faz o tempo todo: os artistas.

Os artistas são pessoas que arrancam o hábito e devolvem a vida à sua merecida glória – por exemplo, quando dedicam a atenção apropriada a ninfeias ou postos de gasolina.

O objetivo de Proust não é insinuar que devemos necessariamente ser artistas ou viver em museus, mas nos fazer olhar o mundo, nosso mundo, com parte da mesma generosidade do artista, o que significa ter prazer com coisas simples – como a água, o céu ou um raio de luz numa parede irregular.

Não é por coincidência que o pintor favorito de Proust era Vermeer, artista que sabia extrair o encanto e o valor do cotidiano.

O espírito de Vermeer paira sobre o romance. Ele também se dedica ao projeto de nos conciliar com as circunstâncias cotidianas da vida – e alguns trechos mais cativantes de Proust descrevem o encanto do cotidiano, como ler no trem, dirigir à noite, sentir o perfume das flores na primavera e olhar as mudanças da luz do sol sobre o mar.

Proust é famoso por ter escrito sobre os bolinhos franceses chamados "madeleines". A razão para isso tem a ver com sua tese sobre arte e hábito. No início do romance, o narrador nos conta que vinha se sentindo deprimido e triste havia algum tempo até que, certo dia, toma uma xícara de chá e come uma madeleine. De repente, o sabor o leva vigorosamente para o passado (do modo que os sabores fazem às vezes), aos anos da infância, quando, menino ainda, ele passava o verão na casa da tia no campo. Uma torrente de lembranças lhe vem e o enche de esperança e gratidão.

JULIAN MERROW-SMITH, *Madeleine*, 2005

Graças à madeleine, o narrador de Proust passa pelo chamado **momento proustiano**: um momento de recordação súbita, involuntária e intensa em que o passado surge pronta e espontaneamente com um aroma, um sabor ou uma textura.

Por meio de seu rico poder evocativo, o momento proustiano nos ensina que a vida não é necessariamente sem graça nem emoção; apenas nos esquecemos de olhá-la do jeito certo, esquecemos como é estar vivo, plenamente vivo.

O momento do chá é essencial no romance porque demonstra tudo que Proust quer nos ensinar sobre apreciar a vida com mais intensidade. Ele ajuda o narrador a perceber que não é sua vida que se tornou medíocre, mas a imagem dela que ele possuía na memória voluntária:

> A razão pela qual a vida pode ser considerada trivial, embora em certos momentos nos pareça tão bela, é que formamos nosso julgamento, habitualmente, não com base na vida em si, mas naquelas imagens bem diferentes que não guardam nada da vida – e, portanto, a julgamos de forma depreciativa.

É por isso que os artistas são tão importantes. Suas obras são como longos momentos proustianos. Eles nos lembram que, na verdade, a vida é bela, fascinante e complexa e, portanto, dissipam nosso tédio e nossa ingratidão.

A filosofia da arte de Proust é transmitida num livro que, em si, é um exemplo do que ele diz: uma obra de arte que traz de volta à vida a beleza do mundo e o interesse por ele.

Ao lê-lo, nossos sentidos voltam a despertar. Mil coisas que normalmente esquecemos de notar são trazidas à nossa atenção. O autor nos torna, por algum tempo, tão inteligentes e sensíveis quanto ele – e, só por essa razão, deveríamos nos assegurar de ler o 1,2 milhão de palavras que transmitem vida e que ele reuniu com tanta habilidade.

Virginia Woolf

1882-1941

Virginia Woolf foi uma escritora preocupada, acima de tudo, em registrar em palavras o entusiasmo, a dor, a beleza e o horror do que chamava de "Era Moderna". Nascida em 1882, tinha consciência de si como uma escritora tipicamente modernista, em conflito com a série de pressupostos solenes e complacentes da literatura do século XIX.

Ela percebeu que uma nova era, marcada por uma evolução extraordinária no urbanismo, na tecnologia, na técnica militar, no consumismo e na vida em família precisaria ser registrada por um tipo diferente de escritor. Ao lado de James Joyce e Proust, ela foi incansavelmente criativa na busca de novas formas literárias que fizessem jus às complexidades da consciência moderna. Seus livros e ensaios mantêm o poder de transmitir a emoção e o drama do século XX.

Virginia Woolf nasceu em Londres. Seu pai era um escritor famoso e montanhista, a mãe, uma modelo de renome. A família hospedava muitos membros influentes e importantes da sociedade literária vitoriana. Woolf era muito cética em relação a esses figurões e acusava-os de serem pomposos e tacanhos. Ela e a irmã não tiveram permissão para ir estudar em Cambridge como os irmãos e tiveram de roubar a própria educação no escritório do pai.

Quando a mãe morreu, Woolf, então com 13 anos, teve o primeiro de uma série de colapsos mentais que a perseguiriam pelo resto da vida, causados, em parte, pelo abuso sexual que sofreu nas mãos do meio-irmão George Duckworth.

Apesar da doença, tornou-se jornalista e, em seguida, romancista – e personagem central do Grupo de Bloomsbury, que incluía John Maynard Keynes, E. M. Forster e Lytton Strachey. Ela se casou com um dos colegas, o escritor e jornalista Leonard Woolf.

Ela e Leonard compraram uma prensa portátil, deram-lhe o nome de The Hogarth Press e editaram livros na própria sala de jantar. Eles publicaram os ensaios políticos e os romances radicais de Woolf quando ninguém o faria e produziram a primeira edição completa em inglês das obras de Freud.

Em apenas quatro curtos anos, entre a Primeira e a Segunda Guerra Mundial, Woolf escreveu quatro de suas obras mais famosas: *Mrs. Dalloway* (1925), *Rumo ao farol* (1927), *Orlando* (1928) e o ensaio *Um teto todo seu* (1929).

Em março de 1941, sentindo a chegada de outro surto de doença mental, ela se afogou no rio Ouse.

Seu trabalho tem muitas coisas importantíssimas a nos ensinar:

1. Observe tudo

Virginia Woolf está entre os grandes observadores da literatura inglesa. Talvez o melhor texto que escreveu tenha sido o ensaio "A morte da mariposa", publicado postumamente em 1942. Ele contém suas observações sobre a ocasião em que, sentada em seu escritório, observa uma humilde mariposa presa numa vidraça. Raramente pensamentos tão profundos foram extraídos de uma situação aparentemente tão insignificante (embora para ela não existissem situações insignificantes):

> Não se podia deixar de observá-la. Tinha-se consciência de um estranho sentimento de pena dela. As possibilidades de prazer pareciam, naquela manhã, tão enormes e tão variadas que ter apenas o tempo que cabe a uma mariposa na vida, e de uma mariposa diurna,

ainda por cima, parecia um destino difícil, e seu zelo de aproveitar ao máximo suas parcas oportunidades, patético. Ela voou vigorosamente até um canto de seu compartimento e, depois de esperar ali um segundo, voou até outro. O que lhe restava senão voar para um terceiro canto e depois ao quarto? Era tudo que ela podia fazer, apesar da vastidão do céu, da fumaça distante das casas e da voz romântica, vez ou outra, de um vapor lá no mar.

Woolf reparava em tudo que eu e você costumamos nem olhar: o céu, a dor nos olhos dos outros, as brincadeiras das crianças, o estoicismo das esposas, os prazeres das lojas de departamentos, o interesse dos portos e docas... Talvez Emerson (um de seus escritores favoritos) falasse em termos gerais, mas registrou tudo que tornava Woolf especial ao observar: "Na obra de um escritor de gênio, redescobrimos nossos pensamentos negligenciados."

Virginia Woolf em Monk's House, 1932

Em outro grande ensaio, "Sobre estar doente", Woolf lamentou a raridade com que os escritores se rebaixam a descrever a doença, um descuido que parecia característico de um esnobismo contra o cotidiano na literatura:

> A língua inglesa, que pode exprimir os pensamentos de Hamlet e a tragédia de Lear, não tem palavras para o calafrio e a dor de cabeça. [...] A mais reles escolar, quando se apaixona, tem Shakespeare, Donne, Keats para lhe revelar seus sentimentos; mas, quando um sofredor tenta descrever a dor de cabeça a um médico, na mesma hora a linguagem seca.

Essa seria sua missão: durante a vida inteira, Woolf tentou se assegurar de que a linguagem cumprisse mais precisamente a tarefa de definir quem realmente somos, com todas as nossas vulnerabilidades, confusões e sensações corporais.

Woolf elevou sua sensibilidade à mais alta forma artística. Ela dispunha da confiança e da seriedade de usar o que lhe acontecia – os detalhes sensoriais de sua vida – como base para ideias maiores.

2. Aceite o cotidiano

Woolf sempre foi profunda, mas nunca temeu o que os outros consideravam trivial. Ela confiava que as ambições de sua mente – amar a beleza e se envolver com grandes ideias – eram absolutamente compatíveis com o interesse em compras, bolos e chapéus, temas sobre os quais escrevia com eloquência e profundidade quase sem igual.

Em outro ensaio muito bom, chamado "Maré da Oxford Street", ela celebra a vulgaridade cafona dessa imensa rua comercial de Londres:

> Os moralistas apontam o dedo do desdém [para a Oxford Street] [...] [ela] reflete, dizem, a frivolidade, a ostentação, a pressa e a irresponsabilidade de nossa era. Mas talvez estejam tão deslocados em seu desdém quanto estaríamos se disséssemos do lírio que deveria ser moldado em bronze ou da margarida que deveria ter pétalas de esmalte imperecível. O encanto da Londres moderna é que não foi construída para durar; ela foi construída para passar.

Num ensaio que o acompanha, igualmente aberto ao lado desprestigiado da vida moderna, Woolf vai visitar as gigantescas docas de Londres:

Mil navios com mil carregamentos são esvaziados toda semana. E não só cada pacote dessa mercadoria vasta e variada é erguido e depositado com exatidão, mas cada um é pesado e aberto, amostrado e registrado, e novamente costurado e posto em seu lugar, sem pressa, nem desperdício, nem afobação, nem confusão, por pouquíssimos homens em mangas de camisa que, trabalhando com a máxima organização no interesse comum [...] mesmo assim são capazes de parar em seu trabalho e dizer ao visitante ocasional: "Gostaria de ver que tipo de coisa achamos às vezes em sacos de canela? Olhe essa cobra!"

3. Seja feminista

Woolf tinha profunda consciência de que homens e mulheres se encaixam em papéis de gênero rígidos e, por isso, não percebem sua plena personalidade. A seus olhos, para crescermos, precisamos desafiar os gêneros de alguma forma. Precisamos buscar experiências que confundam os limites entre o que significa ser "um homem de verdade" e "uma mulher de verdade".

Woolf teve alguns romances lésbicos na vida e escreveu um ousado e magnífico texto gay, *Orlando*, um retrato de sua amante, Vita, descrita como um nobre que se torna mulher.

"É fatal ser um homem ou mulher pura e simplesmente; é preciso ser fêmino-masculino ou másculo-feminino." (*Um teto todo seu.*)

Em *Os três guinéus*, seu tratado antibélico, Woolf defendia que só daremos fim à guerra se repensarmos o hábito de:

> lançar sexo contra sexo [...], toda essa reivindicação de superioridade e atribuição de inferioridade pertence ao estágio escolar da existência humana, no qual há "lados" e é necessário que um lado derrote o outro lado e tem a máxima importância subir numa plataforma e receber das mãos do próprio diretor um prêmio altamente ornamental.

Woolf desejava desesperadamente elevar a condição das mulheres em sua sociedade. Ela reconhecia que o problema em geral se reduzia a dinheiro. As mulheres não tinham liberdade, principalmente liberdade de espírito, porque não controlavam a própria renda: "As mulheres sempre foram pobres, não há 200 anos meramente, mas desde o início dos tempos. As mulheres sempre tiveram menos liberdade intelectual do que os filhos de escravos atenienses. As mulheres, portanto, nunca tiveram a chance de um cão de escrever poesia."

Seu grande grito de união feminista, *Um teto todo seu*, culminou numa exigência política específica: para ficar no mesmo nível intelectual dos homens, as mulheres não precisavam apenas de dignidade, mas também de direitos iguais à educação, uma renda de "500 libras por ano" e "um teto só seu".

Provavelmente Woolf foi a melhor escritora em língua inglesa para descrever nossa mente sem o jargão da psicologia clínica. A geração vitoriana, anterior à dela, escrevia romances concentrados em detalhes exteriores: cenas urbanas, casamentos, testamentos... Woolf vislumbrava uma nova forma de expressão que se concentraria em como é, por dentro, conhecer a si e aos outros.

Livros como os de Woolf, que não são excessivamente sarcásticos, não envolvem tramas aventurosas nem estão aninhados na convenção, são um contrato. Ela espera que baixemos o volume do exterior, experimentemos seu ponto de vista e dediquemos energia a frases sutis. Em troca, ela nos oferece a oportunidade de perceber os tremores que costumamos não ver e de apreciar mais as mariposas, as dores de cabeça e nossa sexualidade fluida e fascinante.

Créditos

OS ESTOICOS p.26 Vista da região de formação de estrelas S106, Telescópio Hubble, NASA. ©NASA, ESA, the Hubble Heritage Team (STScI/AURA), and the Subaru Telescope (National Astronomical Observatory of Japan).

BARUCH SPINOZA p.53 Baruch Spinoza andando com livro na mão em Amsterdã, rejeitado pela comunidade local judaica. ©Bildarchiv Pisarek/Akg-Images/Latinstock.

FRIEDRICH NIETZSCHE p.69 Edvard Munch, *Friedrich Nietzsche*, 1906. ©Universal History Archive/UIG via Getty Images.

MARTIN HEIDEGGER p.75 Vincent van Gogh, *Um par de sapatos*, 1887. ©Akg-Images/Latinstock.

KARL MARX p.107 Uma cadeira de jacarandá feita à mão. ©Photo by De Agostini/Getty Images.

JOHN RUSKIN p.116 John Ruskin, *O Palácio dos Doges*, Veneza, 1852. ©Photo by Ashmolean Museum/Heritage Images/Getty Images.

HENRY DAVID THOREAU p.121 A cabana de Thoreau no lago Walden. Cortesia do Thoreau Institute, Walden Woods Project.

BUDA p.144 A arte sustentando a filosofia: uma roda de oito raios, lindamente esculpida, comumente usada como símbolo budista. Os oito raios representam o caminho óctuplo. ©Mark Stephens Photography/Shutterstock.com.

LAO-TSÉ p.149 Buda, Confúcio e Lao-Tsé como "os três provadores de vinagre". ©Akg-Images/Latinstock.

SIGMUND FREUD p.220 Consultório de Freud em Londres, com um divã para os pacientes se sentarem ou se deitarem enquanto eram analisados. ©Marion Kalter/Akg-Images/Latinstock.

ANNA FREUD p.224 Anna Freud caminhando com o pai, Sigmund, 1913. ©Akg-Images/Latinstock.

JOHN BOWLBY p.240 As enfermarias do hospital privavam as crianças da ligação com as mães. ©WS Collection/Alamy Foto de Stock.

ANDREA PALLADIO p.248 Villa Barbaro, Vêneto, Itália, 1560. ©L. M. Peter/Akg-Images/Latinstock.

JOHANNES VERMEER p.253 Johannes Vermeer, *A leiteira*, 1657. ©André Held/Akg-Images/Latinstock. p.254 Johannes Vermeer, *Moça com brinco de pérola*, 1665. ©André Held/Akg-Images/Latinstock. p.255 Johannes Vermeer, *Vista de Delft*, 1660-1661. ©Akg-Images/Latinstock. p.256 Johannes Vermeer, *A ruela*, 1658. ©Akg-Images/Latinstock.

CASPAR DAVID FRIEDRICH p.259 No alto: Caspar David Friedrich, *Mulher diante do sol nascente*, 1818-1820. ©Akg-Images/Latinstock. Abaixo: Caspar David Friedrich, *O mar de gelo*, 1824. ©Akg-Images/Latinstock. p.260 Caspar David Friedrich, *Lua nascente sobre o mar*, 1822. ©Akg-Images/Latinstock.

HENRI MATISSE p.264 Henri Matisse, *A janela*, 1916. Detroit Institute of Arts, EUA/City of Detroit Purchase/Artwork. ©Succession H. Matisse/AUTVIS, Brasil, 2018/Imagem digital ©Bridgeman Images. p.265 No alto: Henri Matisse, *Dançarina e cadeira rococó sobre fundo preto*, 1942. ©Succession H. Matisse/AUTVIS, Brasil, 2018/Imagem digital ©Bridgeman Images. Abaixo: Henri Matisse, *Árvore da vida*, na capela de Nossa Senhora do Rosário, Vence. Chapelle du Rosaire, Vence, França. ©Succession H. Matisse/AUTVIS, Brasil, 2018/Imagem digital ©Bridgeman Images.

EDWARD HOPPER p.267 Edward Hopper, *Automat*, 1927. ©Akg-Images/Latinstock. p.269 Edward Hopper, *Gasolina*, 1940. ©Artepics/Alamy Foto de Stock. p.270 Edward Hopper, *Compartimento C, vagão 293*, 1938. ©Artepics/Alamy Foto de Stock.

OSCAR NIEMEYER p.274 Igreja da Pampulha, Belo Horizonte, 1943. ©Alexandre Rotenberg/Shutterstock.com. p.275 Congresso Nacional brasileiro, Brasília, 1960. ©Tacio Philip Sansonovski/Shutterstock.com.

LOUIS KAHN p.278 Instituto Salk no equinócio de primavera. ©Sameer Mundkur. p.279 Átrio, Centro Yale de Arte Britânica, New Haven, Connecticut. ©Photo by View Pictures/UIG via Getty Images. p.280 Museu de Arte Kimbell, Fort Worth, Texas. ©Photo by Carol M. Highsmith/Buyenlarge/Getty Images.

COCO CHANEL p.282 Revista de moda feminina *Les Grandes Modes de Paris* (1901-1933). Por empréstimo da Coleção M. A. Ghering-van Ierlant. Cortesia de Rijksmuseum, Amsterdã. p.283 Coco Chanel, Paris, 1936. ©Photo by Lipnitzki/Roger Viollet/Getty Images.

JANE JACOBS p.291 Jacobs numa entrevista coletiva em Greenwich Village. ©The Granger Collection/TopFoto.

CY TWOMBLY p.294 Cy Twombly, *Academia*, 1955. ©Peter Horree/Alamy Foto de Stock. p.295 Cy Twombly, *Hero e Leandro*, 1985. Fotografia: Dulwich Picture Gallery, cortesia Thomas Ammann Fine Art e Cy Twombly Dulwich Picture Gallery, cortesia Thomas Ammann Fine Art AG, Zurique e Cy Twombly.

ANDY WARHOL p.300 Warhol trabalhando na Fábrica, 1966. ©Photo by Herve GLOAGUEN/Gamma-Rapho via Getty Images.

DIETER RAMS p.304 O iPod tirou sua inspiração do rádio de bolso T3. Rams, Dieter (b. 1932), Pocket Radio Model No. T3, 1958 (manufacturer: Braun AG, Frankfurt), Plastic casing. 3 1/4 X 6 X 1 5/8 (8.3 X 15.2 X 4.1cm). Gift of the manufacturer. Acc. num. 595.1965. Moma NY USA © 2018. Imagem digital, The Museum of Modern Art, Nova York/Scala, Florença. p.305 O rádio RT 20, projetado por Dieter Rams e fabricado pela Braun, Alemanha, 1963. Rams, Dieter (b. 1932), RT 20, 1963, W.13-2007. Victoria & Albert Museum Londres UK. ©2018. Photo Scala, Florença/V&A Images/Victoria and Albert Museum, Londres. p.306 Patente de escova de dentes. Número da publicação: US D305386 S. http://www.google.com/patents/USD305386. p.307 Sistema universal de prateleiras 606, de Dieter Rams para a Vitsoe. 606 Universal Shelving System de Dieter Rams para Vitsoe. www.vitsoe.com.

CHRISTO E JEANNE-CLAUDE p.311 *Ilhas cercadas*, baía de Biscayne, Grande Miami, Flórida, 1983. ©Bettmann/Corbis/Getty Images. p.312 *Parlamento Alemão embrulhado*, Berlim, 1995. ©Photo by Thomas Koehler/Photothek via Getty Images. p.313 *Os portões*, Central Park, Nova York, 2005. ©Matthew Peyton/Getty Images.

MARCEL PROUST p.340 Julian Merrow-Smith, *Madeleine*, 2005. ©Copyright 2005-2012 Julian Merrow-Smith.

VIRGINIA WOOLF p.344 Virginia Woolf em Monk's House, 1932. ©Photo by Culture Club/Getty Images.

CONHEÇA OS TÍTULOS DA
COLEÇÃO THE SCHOOL OF LIFE

Calma

Relacionamentos

Grandes pensadores

Um trabalho para amar

Para saber mais sobre os títulos e autores da Editora Sextante,
visite o nosso site e siga as nossas redes sociais.
Além de informações sobre os próximos lançamentos,
você terá acesso a conteúdos exclusivos
e poderá participar de promoções e sorteios.

sextante.com.br